RegTech
监管科技

人工智能与区块链
应用之大道

杜宁　王志峰　沈筱彦　孟庆顺　等著

中国金融出版社

责任编辑：张智慧　王雪珂
责任校对：潘　洁
责任印制：陈晓川

图书在版编目（CIP）数据

监管科技——人工智能与区块链应用之大道（Jianguan Keji：Rengong
Zhineng yu Qukuailian Yingyong zhi Dadao）/杜宁等著 . —北京：中国金
融出版社，2018.7
　　ISBN 978 - 7 - 5049 - 9518 - 6

　　Ⅰ.①监…　Ⅱ.①杜…　Ⅲ.①科学技术—应用—金融监管—研究—
中国　Ⅳ.①F832.29

中国版本图书馆 CIP 数据核字（2018）第 059991 号

出版
发行　**中国金融出版社**

社址　北京市丰台区益泽路 2 号
市场开发部　（010）63266347，63805472，63439533（传真）
网 上 书 店　http://www.chinafph.com
　　　　　　（010）63286832，63365686（传真）
读者服务部　（010）66070833，62568380
邮编　100071
经销　新华书店
印刷　保利达印务有限公司
装订　平阳装订厂
尺寸　169 毫米 ×239 毫米
印张　24
字数　300 千
版次　2018 年 7 月第 1 版
印次　2018 年 7 月第 1 次印刷
定价　89.00 元
ISBN 978 - 7 - 5049 - 9518 - 6
如出现印装错误本社负责调换　联系电话（010）63263947

积极发展监管科技
完善现代金融监管

　　金融与科技深度融合是现代金融体系的重要特征。习近平总书记在党的十九大报告中明确提出，要着力加快建设实体经济、科技创新、现代金融、人力资源协同发展的产业体系，不断增强我国经济创新力和竞争力。当前，全球正迎来新一轮科技革命和产业变革，信息化浪潮蓬勃兴起，驱动着包括金融业在内的经济社会各领域加速向数字化、网络化、智能化的更高阶段发展。近年来，以互联网、大数据、人工智能为代表的新一代信息技术在金融领域的应用不断深化，给金融功能的实现形式、金融市场的组织模式、金融服务的供给方式带来了潜移默化的影响，为现代金融体系建设提供了新动能，为经济社会发展注入了新活力，当然也给金融监管带来了新的机遇和挑战。

　　纵观人类金融发展史，随着社会发展和科技进步，金融监管与创新发展总是在"魔高一尺、道高一丈"的动态博弈和螺旋式上升中寻求更高水平的平衡。当前，科技驱动的各类金融创新不断涌现，金融账户数据的关联性和交互性不断增强，金融服务和产品上线交付速度持续加快，各类金融资产的转换更加便捷高效，金融活动的实时性和不间断性越发明显，金融风险构成的交叉性和复杂度日益上升。这些变化对金融监管的一致性、穿透性、精准性和实时性提出了更高要求。因此，有必要按照金融治理体系和治理能力现代化的总体方向，推动金融监管与科技深度融合，对侧重于机构监管、分段监管、事前监管的传统金融监管模式进行适应性调整和优化，以更好地契合建设现代金融体系的内在要求。

在这样一个时代背景下，监管科技应运而生。从监管的角度看，监管科技是科技驱动型的现代金融监管方式，主要依托数字化监管协议、实时化数据采集、智能化风险感知、自动化监管工具等科技手段，优化金融监管流程，提升金融监管效能，从而以更高效率、更低成本实现维护行业秩序、防控金融风险和保护金融消费者的监管目标。目前，监管科技正在全球范围内兴起，并日益成为监管部门、金融机构和科技公司等多方关注的焦点领域。总体来看，监管科技尚处于发展起步阶段，监管工具应用有待深入探索，标准规则体系需要建立完善，安全保障机制尚不健全，还需要政产学研各方共同努力、持续推动。

行业实践的发展离不开理论研究的总结和指导。我欣喜地看到，杜宁、王志峰、沈筱彦、孟庆顺等几位青年研究者能够紧跟金融与科技融合发展的时代脉搏，敏锐地洞察到发展监管科技的现实意义和实践价值，从理论、技术、应用、展望等方面对监管科技进行全方面、多维度剖析，携手完成了一部兼具研究性和普及性的专业好书。当然，对于监管科技这样一项新兴事物来说，无论理论上，还是实践上，还有许多基础性工作有待做实做深做细。我衷心希望能有更多的有识之士参与到监管科技的研究和发展工作中，为中国建立完善现代金融监管体系、促进经济金融高质量发展积极贡献力量。

是为序。

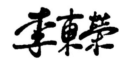

中国互联网金融协会会长

2018 年 6 月

发展监管科技　为金融监管赋能

　　无论是在资本市场上，还是在具体的金融实务中，金融科技（FinTech）日益引发广泛的关注。这种关注是多角度的，其中既有对金融科技提升效率的期待，也有金融科技可能引发的冲击的担忧，还有对监管滞后的批评。因此，在当前讨论金融科技，就必须同时讨论金融监管科技应当如何相应发展。

　　金融科技通常被界定为金融和科技的融合，具体说就是把科技应用到金融领域，通过技术工具的变革推动金融体系的创新。金融科技的外延囊括了支付清算、电子货币、网络借贷、大数据、区块链、云计算、人工智能、智能投顾、智能合同等领域，正在对银行、保险和支付等领域的核心功能产生越来越大的影响。近几年来，随着大数据、云计算、区块链、人工智能等金融科技服务从概念阶段真正落实到金融平台的日常运营层面，中国诞生了一批具有相当影响力的金融科技企业，并日渐成为国际金融科技发展的重要引领者之一。目前，中国市场上的金融科技对金融业的渗透在进一步深化。具体来说，中国市场上的金融科技越来越从渠道渗透转向风险定价，更多实现金融与技术场景的跨界融合。金融科技的立足点在于金融，而金融的核心在于风险管理，监管科技的目的在于有效预防和控制风险，因此，金融科技和监管可以说是从不同的路径和角度来推动金融体系风险管理能力的提高和金融资源配置效率的改进。

虽然监管科技在中国发展十分活跃，但是对其内涵、理论、技术、应用场景等还未形成系统的框架，当然这也与金融科技迅速变化的特征有关。十九大确立了"一行两会"为核心的金融监管架构，提出"深化金融体制改革，守住不发生金融风险底线"。在全面深化金融监管体制改革的背景下，大力应用科技手段和提高监管效能就成为了一个核心命题。从这个意义上讲，本书可以说是一次有意义的尝试。杜宁、王志峰等作者，或是监管一线的从业者，或是金融机构的管理者，或是专业机构的研究人员。他们怀着对监管科技未来的期待，利用业余时间投身于监管科技的研究工作中，在这本书中提出了一系列富有参考价值的成果。

从全书看，本书从理论—技术—应用—展望四个层面对监管科技进行了全景式的扫描，逻辑上层层递进，适合金融从业人员深入了解监管科技的发展情况。同时，他们不仅提出"金融需要监管，监管是为了业务更好地发展，新时代的金融发展需要监管科技兼顾风险与效率，监管科技是新时代金融监管的有效手段"，还提出"应当实现继承式发展和创新式发展的统一，构建五位一体的发展生态"的观点。这本书中既有对国内外监管科技发展和应用现状的案例研究，同时还对量子技术、区块链等前沿技术进行了探索。

在中国，监管科技是一个全新的领域。金融科技与监管科技密切相连，前者是后者发展实践的基础，后者是前者健康发展的重要保证，监管层有必要充分运用监管科技来保障中国金融科技的健康发展。但需要注意的是，中国的金融科技在发展过程中，既有与其他国家同样的"普遍性"，也必然带有与其国情相伴生的"特殊性"，监管科技还有着非常多的问题值得我们去深入研究。

本书作为年轻从业者和研究者关注监管科技发展的一个缩影，具有积极的价值和意义，也希望未来有更多的研究者可以参与到监管科技的实践和研究中来。

是为序。

中国银行业协会首席经济学家、
国家"十三五"发展规划专家委员会委员
2018 年 6 月

监管科技应用路径研究[*]

　　金融是国家重要的核心竞争力，金融安全是国家安全的重要组成部分。党中央、国务院高度重视防范化解金融风险，党的十九大、中央经济工作会议、全国金融工作会议均对新时代金融监管工作提出了新的、更高要求。同时近年来信息技术蓬勃发展，在此背景下监管科技（RegTech）应运而生，旨在利用现代科技成果优化金融监管模式，提升金融监管效率，降低机构合规成本。

监管科技应用的必要性

　　首先，是应对金融风险新形势的需要。由于金融科技背景下服务方式更加虚拟、业务边界逐渐模糊、经营环境不断开放，金融风险形势更加复杂。一是跨行业、跨市场的跨界金融服务日益丰富，不同业务之间相互关联渗透，金融风险错综复杂，风险传染性更强。二是金融科技利用信息技术将业务流转变为信息流，在提升资金融通效率的同时，打破了风险传导的时空限制，使得风险传播速度更快。三是金融产品交叉性和关联性不断增强，风险难以识别和度量，风险隐蔽性更大，传统监管措施很难奏效。在此背景下，金融管理部门通过监管科技手段构建现代金融监管框架，研发基于人工智能、大数据、应用程序编程接口（API）等

＊　原文发表于《清华金融评论》2018 年第 3 期。

的金融监管平台和工具，采取系统嵌入、应用对接等方式建立数字化监管协议，有效增强金融监管信息的实时性、准确性、可追溯性和不可抵赖性，为及时有效识别和化解金融风险、整治金融乱象提供支撑。

其次，是解决金融监管瓶颈的需要。随着我国金融业快速发展，金融管理部门在规范、管理和监督金融机构、金融市场等过程中面临挑战。在时效性方面，传统监管模式大多采用统计报表、现场检查等方式，依赖金融机构报送监管数据和合规报告，这种监管模式存在明显的时滞性。在穿透性方面，部分金融创新产品过度包装，业务本质被其表象所掩盖，准确识别跨界嵌套创新产品的底层资产和最终责任人存在一定难度。在统一性方面，金融机构合规人员在业务经营范围、数据报送口径、信息披露内容与准则、金融消费者权益保护等方面存在理解偏差，造成监管标准难以做到一致。监管科技借助技术手段对金融机构进行主动监管，通过对监管政策、合规性要求等的数字化表达，采用实时采集风险信息、抓取业务特征数据等方式，推动监管模式由事后监管向事中监管转变，有效解决信息不对称问题、消除信息壁垒，有利于缓解监管时滞性、提升监管穿透性、增强监管统一性。

再次，是降低机构合规成本的需要。自2008年全球金融危机爆发以来，各国纷纷进行以宏观审慎政策为核心的金融监管体制改革，对金融机构合规管理、创新管理提出了更高要求。一方面，监管要求趋于严格，监管新政策推出的速度明显加快，金融机构需要投入更多的人力、物力、财力等资源去理解和执行监管新规，从而增加了合规管理成本。另一方面，金融创新日新月异，金融机构对监管要求了解不深入、不及时，可能导致创新滞后而贻误商机、丢失市场，也可能因忽视监管、拔苗助长形成风险而面临规范整治，增加了创新管理的成本。为此，金融机构迫切希望借助数字化、自动化手段增强合规能力，减少合规工作的资源支出，在加快金融创新的同时及时跟进监管要求，提高自身的合规效率和市场竞争力。

最后，是顺应大数据时代变革的需要。随着大数据时代的脚步渐行渐近，金融业作为典型的数据密集型行业，每天都在生成和处理海量数据资源，对以数据为基础的金融监管产生了深刻影响。一方面，数据已经成为金融服务的重要生产资源，金融机构需要在"了解你的客户（KYC）"基础上进一步"了解你的数据（KYD）"，将尽职调查的对象由每一家机构、每一位客户扩大到每一个字节、每一个比特，甚至可以实现对每笔交易的精细化、精准化风险管理。另一方面，数量巨大、来源分散、格式多样的金融数据超出了传统监管手段的处理能力。监管科技有助于风险管理理念的转变和风险态势感知能力的提升，运用大数据技术及时、有效地挖掘出隐藏在金融海量数据中的经营规律与风险变化趋势，实现金融风险早识别、早预警、早发现、早处置。

监管科技应用框架

为提升监管科技应用效能，应当建立以金融管理部门为中心、以金融机构为节点、以数据为驱动、具有星型拓扑结构的技术监管框架。事前将监管政策与合规性要求"翻译"成数字化监管协议，并搭建监管平台提供相关服务；事中向金融机构嵌入监管"探针"自动化采集监管数据，进而实现风险态势的动态感知与智能分析；事后利用合规分析结果进行风险处置干预、合规情况可视化展示、风险信息共享、监管模型优化等。监管科技的应用框架如图1所示。

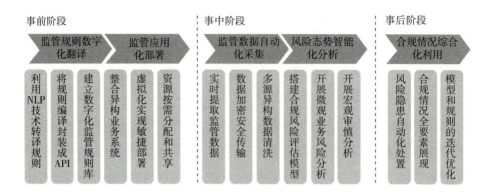

图1　监管科技的应用框架

一是监管规则数字化"翻译"。以文本形式呈现的监管规则在一定程度上存在理解成本较大、语义含糊等问题。因此，首先要利用信息技术手段将文本规则翻译成数字化协议，提升金融监管的一致性与权威性。一是充分运用自然语言处理（NLP）等技术转译监管规则，精准提取量化指标，建立规则中所涉主体间的关联关系模型，实现监管规定数字化存储与展现。二是利用计算机程序设计语言将监管规则编译为"程序代码"，从关键操作流程、量化指标、禁止条款等方面进行编程开发，封装为具有可扩展性的监管API等监管工具，实现机器可读、可执行、可对接。三是建立健全数字化监管规则库，充分整合归集不同领域、不同业态的数字化监管规则，利用深度学习、多级融合算法等手段及时挖掘发现监管漏洞、分歧和新需求，增强金融监管自我完善、自我更新、自我提高的能力。

二是监管应用平台化部署。监管平台是承载监管科技应用的关键信息基础设施。监管平台的建设既要有效整合不同架构的业务系统、处理多源异构的监管数据，也要具备服务敏捷部署、资源动态分配的支撑能力。一是利用微服务架构、容器技术等手段，将监管功能切分成粒度较小的微服务置于容器中运行，屏蔽金融机构业务系统差异；同时整合相关联的微服务形成微服务簇，共同完成大型复杂的监管任务。二是运用虚拟化技术实现监管服务敏捷部署，搭建适应监管要求快速变化的应用环境。三是充分发挥云计算按需分配、弹性扩展的资源配置优势，根据监管负载需要实时动态调配信息技术（IT）资源，最大限度提高对监管业务需求的响应速度和支撑效率。

三是监管数据自动化采集。金融监管就是数据监管，金融数据的采集汇聚是数据监管的基础，因此要建立完善监管数据采集体系，为金融监管提供有效支撑。在数据提取环节，优化监管数据报送手段，利用 API、系统嵌入等方式，实现金融管理部门与金融机构之间的实时数据交互，减少人工干预，降低合规成本。在数据传输环节，利用密码技术、数据安全存储单元等支撑监管数据传输，通过属性、对象和访问类型标记元数据，增强监管数据采集过程的安全性和可靠性。在数据清洗环节，针对海量异构金融数据，特别是由于数据来源广、关联系统多等原因而产生的低质量数据，综合运用数据挖掘、模式规则算法、分析统计等手段进行多层清洗，使获得的数据具有高精度、低重复、高可用优势，为风险态势分析等提供更为科学合理的数据支持。

四是风险态势智能化分析。风险分析是金融监管的核心环节。要基于人工智能技术实现金融风险的智能化监测，提升金融风险态势感知能力。一是搭建合规风险评估模型。基于支持向量机和神经网络等机器学习算法建立金融业务风险分析模型，将采集到的监管数据按照不同层次和粒度进行融合，形成适合模型处理的标准数据集，并根据监管需求进行快速重组、调整和更新，提升模型适应性。二是开展微观行为分析。根据合规风险评估模型对金融机构的业务流、信息流和资金流进行全方位分析，把整个业务链条穿透连接起来，透过数据分析业务本质，精准识别信贷、支付、征信等金融业务风险。三是开展宏观审慎分析。利用规则推理、案例推理和模糊推理等方式，模拟不同情景下的金融风险状况，开展跨行业、跨市场的关联分析，提升系统性、交叉性金融风险的甄别能力。

五是合规情况综合化利用。针对风险态势智能分析得到的不同结果，合理运用、因事制宜、精准施策，提升金融监管的有效性。一是借助深度学习等技术实现风险隐患的自动化处置，针对不同的风险类型触发最优的风险处置和缓释措施，如对欺诈交易采取自动中断，对系统性金融风险实行早期预警。二是利用可视化等技术将合规情况进行全方位、全要素展现，同时借助云平台等促进风险态势互通，实现风险信息在监管科技参与主体间的全局共享，最大限度隔离风险。三是借助数据分析和模式识别等技术，将风险态势分析结果、合规情况报告、历史监管数据等进行自动抽取、反复迭代，促进算法的重构与优化，建立更准确、完整、合规的分析评估模型和内部管理规则。

监管科技的实施策略

第一，建立监管科技标准体系。监管科技应用涉及大量的数据、系统和业务规则，标准作为"通用语言"是监管科技规范应用的前提和基础，是不可或缺的规则。因些，应加强监管科技标准化顶层设计，从基础标准、技术标准、应用标准、管理标准等方面健全监管科技标准化体系。积极推进监管规则数字化关键共性标准的制定和实施，统一监管科技数据元，制定贯穿监管数据采集、交互、存储、自动化处理等各个环节的标准规范。借鉴国际监管科技成果经验，遵循业界通常做法，在系统设计、场景应用、接口统一等方面做好安全与便利之间的有效平衡，确保监管科技应用规范的先进性与可操作性。

第二，开展监管科技应用试点。监管科技作为金融科技的重要分支，尚处于起步阶段，大规模推广应用的条件还不成熟，现阶段应用试点是一条很好的途径。因此应选择金融科技发展基础较好、具备一定条件的地区，在支付、征信、反洗钱等金融领域开展试点，验证监管科技在工作机制、政策措施、技术平台等方面的可行性与有效性，探索适合监管科技应用的工作协调机制，形成以点带面的示范作用。同时要做好监管科技试点经验总结，形成一批可复制、可推广的经验做法，在试点过程中不断研究新情况、解决新问题、总结新经验，为监管科技发展打好基础、探索新路。

第三，做好监管科技政策衔接。监管科技作为金融监管的新范式，并没有改变监管的本质，而是传统金融监管方式的有益补充。因此要在坚持依法合规、保持政策连续性的基础上，着力加强监管科技与现有金融监管体系的有效衔接。在法律层面，坚持立法与监管科技应用相适应，加快完善监管科技相关法律法规，通过立法明确监管科技应用基本原则，完善监管数据安全管理要求，为做好数据自动化采集、风险智能化分析等工作提供法律保障。在制度层面，围绕科技与监管深度融合的新特点，优化金融统计指标体系，分业态、分市场细化监管数据粒度、采集范围等，进一步完善金融监管框架。

第四，深化监管科技协同合作。推动监管科技落地实施是一项系统工程，涉及金融业务、信息技术、公共管理等多个领域，需要政产学研用等各方的协调联动、通力合作。一是强化监管信息的互联互通，破除监管数据壁垒，健全纵横联动、信息通畅的矩阵式管理机制，实现信息汇聚共享和关联分析，构建金融协同监管的数据生态圈。二是做好新技术应用研究与联合攻关，发挥参与各方在人才、技术基础等方面的优势作用，建立健全良好的协同协作机制，聚焦金融监管重点和难点，攻坚克难、共同积极探索监管科技创新应用。三是加强对外交流合作，促进与国际组织、其他国家地区金融管理部门的紧密联系与沟通，探索开展多形式、多层次的监管科技合作与示范项目，提升我国监管科技全球化水平。

第五，加强相关技术应用风险防控。监管科技作为新时代金融监管的科技武装，有助于提升金融监管效能、降低机构合规成本。但从实践经验来看，新技术在部署应用过程中往往会引入一些潜在风险，因此要牢固树立安全发展观，注意做好技术应用风险防控。一是稳妥部署监管科技应用，加强业务连续性管理，确保监管科技手段不影响现有金融信息系统、不改变金融业务流程、不降低金融服务效率。二是加快构建新兴技术在金融监管领域应用的成熟度、匹配度检验体系，综合实际监管场景深入研判技术的适用性和安全性，强化新技术合理选型，基于成熟、稳定的技术开展监管科技应用。三是建立健全监管科技应用校准机制，加强双向信息反馈与运行结果比对验证，持续优化完善应用模型，准确反映市场实际情况，提升监管科技的可信性和可靠性。四是探索建立监管数据安全防护机制，利用标记化、散列加密等技术提高监管数据安全水平，避免监管数据泄露风险。

中国人民银行科技司司长

和谐，是这个世界最好的样子

2017 年，杜宁和我谈起他要把自己对金融、科技与监管的理解和调研情况写成一本书。从那一天起，我就期待着这本书的问世。

杜宁对新事物一直保持着敏锐的洞察力。时常听他讲起做网上银行技术审核体系、升级银行卡磁条卡为 IC 卡、搭建电子支付和移动金融标准体系以及筹建互联网金融协会时的经历。这些生动的故事背后，是他对金融与科技互促互融的深刻认知。后来，杜宁去国家科技自主创新示范区核心区——北京市海淀区政府挂职。在这片富有创造力的热土，他带领团队、结合自身工作经验和海淀的实践，展开了在金融监管科技领域的探索，也为自己找到了一个新的起点。

监管科技并非金融业的专属名词。随着国家"互联网＋"战略的逐步深化，各行各业都希望借助高科技来促发展、防风险、保合规、强管理。我所处的共享经济行业，一方面正在努力运用人工智能、智慧交通等新技术，改善民生，创造就业，提升产业效率，赋能现代城市管理；另一方面也和监管部门深度合作，建立预测和分析模型，开发技术工具，主动应对数字经济、平台经济时代新的风险生态。就像杜宁在书中总结的那样，监管科技的使命不仅是防风险，更是有助于促进产业健康、可持续与高质量的发展。安全和发展本来是相辅相成的，有效的监管既是保障，也是赋能。

近日，杜宁同学的新书终于付梓。我很高兴看到一个思想者和践行者的梦想从播种到结果。正是这样的努力，将帮助我们实现书中所展望的目标：金融、科技与监管和谐发展。而和谐，正是这个世界最好的样子。

柳青

2018 年 6 月

目　　录

前言 ……………………………………………………………………… 1

第一篇　理论篇

第一章　金融、监管与科技 ……………………………………… 5

　第一节　金融需要监管 ………………………………………… 5

　　一、经济发展和转型升级离不开金融的支持 ………………… 5

　　二、科技进步是金融发展的助推器 …………………………… 9

　　三、金融监管的目的在于让好业务更好地发展 …………… 12

　第二节　金融推动监管 ……………………………………… 15

　　一、金融危机推动各国监管体制顺势变革 ………………… 16

　　二、金融危机推动监管模式向功能监管和行为监管转变 … 22

　　三、金融危机推动监管目标从微观走向宏观 ……………… 23

　　四、金融危机推动各国设置专业化监管机构 ……………… 24

　第三节　科技在金融监管中的作用 ………………………… 25

　　一、监管科技是新时代金融监管的有效手段 ……………… 25

　　二、监管科技需要兼顾金融服务的风险与效率 …………… 26

　　三、监管科技利用技术创新不断满足合规要求 …………… 28

第二章　监管科技的概念及特点 ……………………………… 33

　第一节　监管科技的概念及辨析 …………………………… 33

一、监管科技概念沿革 …………………………………… 33

二、本书范畴 …………………………………………… 36

三、监管科技的发展视角 ………………………………… 38

四、相关概念辨析 ………………………………………… 49

第二节　监管科技的特点与作用 ………………………… 54

一、监管科技的十大特点 ………………………………… 55

二、监管科技的八大作用 ………………………………… 57

第二篇　技术篇

第三章　概述 ……………………………………………… 65

一、技术的重要性 ………………………………………… 65

二、值得关注的新兴技术 ………………………………… 65

三、对新兴技术的关注视角 ……………………………… 70

四、新一代信息技术间的关系 …………………………… 73

第四章　云计算 …………………………………………… 77

一、云计算概述 …………………………………………… 77

二、云计算在我国金融业的应用推广情况 ……………… 91

三、金融业云计算应用需要加强监管 …………………… 96

四、云计算在监管科技中的作用 ………………………… 102

第五章　大数据 …………………………………………… 104

一、大数据概述 …………………………………………… 104

二、金融与大数据 ………………………………………… 117

三、大数据在监管科技中的作用 ………………………… 125

第六章　物联网 …………………………………………… 129

一、物联网概述与在我国的发展 ………………………… 129

二、物联网在金融领域的应用 …………………………… 134

三、物联网金融应用需关注的问题 …………………………… 136

四、物联网在监管科技中的应用 …………………………… 137

第七章　人工智能 …………………………………………… 139

一、人工智能的起源与定义 ………………………………… 139

二、从技术角度看人工智能及其发展史 …………………… 143

三、人工智能在金融业的应用 ……………………………… 148

四、人工智能技术应用潜在的风险 ………………………… 150

五、人工智能在监管科技中的作用 ………………………… 154

第八章　区块链 …………………………………………… 158

一、区块链概述 …………………………………………… 158

二、金融业区块链应用的监管重点 ………………………… 178

三、区块链技术在监管科技中的作用 ……………………… 185

第九章　量子技术 ………………………………………… 190

一、量子技术发展综述 …………………………………… 190

二、量子技术发展对监管科技产业的影响 ………………… 199

第三篇　应用篇

第十章　监管科技应用分类 ……………………………… 209

一、国际上对监管科技应用的分类 ………………………… 210

二、国内学者对监管科技应用分类 ………………………… 213

三、监管科技应用分类辨析 ………………………………… 215

第十一章　全球监管科技应用概况 ……………………… 222

一、产业发展情况 ………………………………………… 222

二、典型监管科技应用解决方案综述 ……………………… 227

第十二章 我国监管科技应用典型案例介绍 ⋯⋯⋯⋯⋯ 246

一、客户尽职调查 ⋯⋯⋯⋯⋯⋯⋯⋯⋯⋯⋯⋯⋯⋯ 246

二、数据采集与监管报告 ⋯⋯⋯⋯⋯⋯⋯⋯⋯⋯⋯⋯ 260

三、交易监测 ⋯⋯⋯⋯⋯⋯⋯⋯⋯⋯⋯⋯⋯⋯⋯⋯ 276

四、风险预测与分析 ⋯⋯⋯⋯⋯⋯⋯⋯⋯⋯⋯⋯⋯⋯ 285

五、机构内控及合规管理 ⋯⋯⋯⋯⋯⋯⋯⋯⋯⋯⋯⋯ 297

第四篇 展望篇

第十三章 发展原则 ⋯⋯⋯⋯⋯⋯⋯⋯⋯⋯⋯⋯⋯⋯ 309

一、依法监管原则 ⋯⋯⋯⋯⋯⋯⋯⋯⋯⋯⋯⋯⋯⋯ 309

二、协同监管原则 ⋯⋯⋯⋯⋯⋯⋯⋯⋯⋯⋯⋯⋯⋯ 310

三、适度监管原则 ⋯⋯⋯⋯⋯⋯⋯⋯⋯⋯⋯⋯⋯⋯ 311

四、分类监管原则 ⋯⋯⋯⋯⋯⋯⋯⋯⋯⋯⋯⋯⋯⋯ 313

五、积极监管原则 ⋯⋯⋯⋯⋯⋯⋯⋯⋯⋯⋯⋯⋯⋯ 314

第十四章 发展目标 ⋯⋯⋯⋯⋯⋯⋯⋯⋯⋯⋯⋯⋯⋯ 316

一、监管主体的发展 ⋯⋯⋯⋯⋯⋯⋯⋯⋯⋯⋯⋯⋯⋯ 316

二、监管对象的发展 ⋯⋯⋯⋯⋯⋯⋯⋯⋯⋯⋯⋯⋯⋯ 322

三、新参与者的发展 ⋯⋯⋯⋯⋯⋯⋯⋯⋯⋯⋯⋯⋯⋯ 323

四、构建良好监管科技生态系统 ⋯⋯⋯⋯⋯⋯⋯⋯⋯⋯ 326

第十五章 憧憬 ⋯⋯⋯⋯⋯⋯⋯⋯⋯⋯⋯⋯⋯⋯⋯⋯ 328

一、打造金融发展的国际高地 ⋯⋯⋯⋯⋯⋯⋯⋯⋯⋯⋯ 328

二、引领监管潮流，保持世界领先 ⋯⋯⋯⋯⋯⋯⋯⋯⋯ 329

三、打造世界金融科技高地 ⋯⋯⋯⋯⋯⋯⋯⋯⋯⋯⋯⋯ 332

参考文献 ⋯⋯⋯⋯⋯⋯⋯⋯⋯⋯⋯⋯⋯⋯⋯⋯⋯⋯ 335

后记 ⋯⋯⋯⋯⋯⋯⋯⋯⋯⋯⋯⋯⋯⋯⋯⋯⋯⋯⋯⋯ 354

前　言

　　"科学技术是第一生产力"，我们对这句话有着亲身的感受和深刻的认识，尤其是近年来，科技的发展极大地提升了国家的实力，也切切实实改善了我们生活的质量、改变了我们生活的习惯。我们欣喜地看到，国家一直高度重视科技的发展，出台了推动科技发展的系列规划和制度，在北京市海淀区等地致力于打造世界一流的科技创新中心。中国，必将成为此轮科技进步的主导力量。

　　"创新决定了可以飞多高，而质量决定了可以飞多远"。在科技创新高速发展、快速更新迭代的同时，如何保障新技术应用顺利推进、有效提升创新质量，是摆在金融科技工作者面前的重要课题。

　　金融与科技是天然的最佳搭档，金融需要高科技来支撑其不断提升服务效率和服务质量、增强风险防范能力、提高普惠能力，而高科技往往在金融领域率先实现产业化而开始良性发展之旅，因此，金融科技同时成为当前科技发展和金融转型升级的聚焦点。

　　监管科技堪称金融科技的另一面。善用监管科技，可以在金融科技创新的同时，避免为创新而创新，保障其始终遵循金融的本质，围绕如何服务实体经济、如何防范系统性风险、如何协助精准扶贫和实现绿色金融而不断创新发展，练好外力同时也练好内功；善用监管科技，有助于建立高水平监管体系，实现科技友好型管理，对高科技金融应用不是怀疑和观望，而是鼓励与引导，变"道高一尺魔高一丈"为"魔高一尺道高一丈"；善用监管科技，可以同步推动金融业务与管理高水平、可持续、高质量发展，也将为其他行业协调好创新发展和规范发展提供最佳范例。

　　"金融"与"监管"仿佛一球的两半，只有两者合一，加之"科技"的助力，三者实现真正的、有效的融合，才能形成完整的高能量球，才能够行稳致远。本书的写作团队成员均在金融领域多年从事科技创新与规划工作、宏观经济研究和金融监管，实操经验丰富，对科技、金融与监管的理解深刻而独到。

　　当前，监管科技"小荷才露尖尖角"，在世界范围内还处于起步阶段，新技术还在不断完善，新产业还在不断孕育，机遇与风险并存。希望本书能够为社会大众普及一定的金融科技常识，深化金融创新过程中的合规合法理念。同时，也希望行业实践者和产业从业者在利用人工智能、区块链等前沿技术开展金融科技创新时，能心存"大道"，同步重视监管科技的应用与实践。

2018 年 6 月

第一篇　理论篇

第一章 金融、监管与科技

第一节 金融需要监管

原始社会以来，实现物质的增长和分配是人类永恒的追求。高效率的金融体系是促进产出增长和实现资源有效配置的基础，经济发展和转型升级离不开金融的支持。与此同时，技术逐步成为推动金融业变革的重要驱动力，尤其是信息技术的突飞猛进，极大地促进了以信息处理为主的金融业。金融科技的崛起和全面应用是当前最重要、最深入的金融创新，将全面改变已有的金融体系、格局和商业模式。但金融与风险相伴而生，人们早就意识到了风险和收益的并存性，利益总会驱动着人类甘冒巨大的风险而乐此不疲。在这一过程中，金融风险的特征和产生路径不断变化，金融监管也需要持续改进，以防范、化解风险。金融监管的目的在于保障金融业务平稳健康发展，需要不断改进监管手段，对风险进行安全有效的控制。

一、经济发展和转型升级离不开金融的支持

经济发展与转型升级，在宏观上表现为人均产出的增长，在中观层面上表现为产业结构优化，在微观层面上表现为企业生产效率的提高。无论是在传统社会还是在现代社会，无论经济发展与转型升级的进程中存在资金的富裕或短缺，都会产生对金融的需求。随着经济与转型升级步伐的加快，金融发挥的作用也愈加明显：在调剂资金余缺方面，对经济资源进行跨越时空的配置，满足不同经济主体的需求；在商品和服务交易过程中，为买卖双方结算提供快捷、便利的支付清算手段。为了聚

集资源，并实现优化配置，金融还发挥着融通资金和股权细化的功能。市场与风险相伴而生，在应对市场不确定性因素方面，金融体系可以提供有针对性的风险防范、转移、分散方案。市场信息可以成为价格信号，金融体系在对市场信息进行搜集、识别和处理的基础上影响市场价格，进而影响市场决策机制，起到稳定市场的作用；现实中的市场机制并不是完美的，存在不完全竞争的局面，金融体系可以通过对市场主体进行利益捆绑，自发激励其实现合作博弈（见图1-1）。

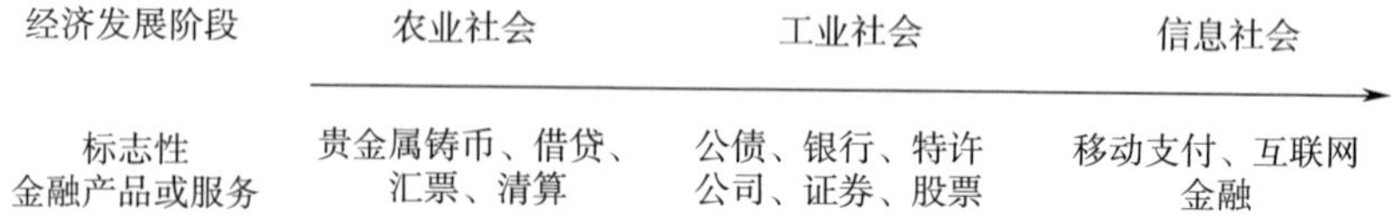

经济发展阶段	农业社会	工业社会	信息社会
标志性 金融产品或服务	贵金属铸币、借贷、 汇票、清算	公债、银行、特许 公司、证券、股票	移动支付、互联网 金融

图 1-1 金融支持经济发展和转型升级的基本脉络

（一）农业社会阶段金融的影响力有限

在传统社会阶段，生产的主要形式是手工劳动。在交换手工产品时，产生了对货币的需求，一般等价物从原始社会的贝类逐步发展到贵金属铸币，极大地便利了社会化生产。在这个阶段，虽然生产力水平低下，但也诞生了部分金融活动——如古巴比伦、古希腊和之后的罗马时代就已经开始了借贷活动[①]——只是生产力的低下导致剩余产品较少，资本仅仅起到维系简单再生产的作用，金融功能发挥空间有限，对于经济增长的促进作用相对较小。

在为经济起飞创造前提条件的阶段，手工业从农业中分离出来。社会分工促进了劳动生产率的提高和生产规模的扩大，商业逐渐兴起，开始进行简单的扩大再生产。但是人口增长导致人均资源占有量下降，人均产出增长缓慢。储蓄和投资需求均相对较小，主要的金融需求在于便利交易。这一阶段的重要特征是经济活动开始突破地域限制，国际贸易开始快速增长。国际贸易的发展推动了金融功能的拓展，产生了对大量

---

① 《汉谟拉比法典》即包含商业借贷的相关规定。

贷款和汇票的需求。清算所开始在各地的贸易集市上建立，以集中冲销债务，欧洲资本市场开始形成。这一时期，金融的发展对于促进贸易的发展起到了巨大的作用。

（二）工业社会阶段金融直接助推国力强大

在经济起飞阶段，随着农业劳动生产率的进一步提高，商品经济得到长足发展，大量劳动力从第一产业转移到制造业。资本也在部门间快速转移，大量地向工业领域集中。近代工业和交通运输业的兴起带动了其他产业的快速发展，制造业成为推动经济增长的主导力量。1960年美国 W. W. 罗斯托在《经济成长的阶段》一书中阐述了经济起飞必须具备的三个相关条件①，其中之一就是生产性投资占国民收入的比例提高到10%以上，这需要金融体系发挥动员储蓄的作用，以此引导资源配置。1694年，为了帮助政府融资，英国政府以8%的利率发行了120万英镑公债，建立了英格兰银行。随后，重新组建了英国东印度公司，并成立了南海公司②，创造了大规模筹集资金的资本市场。同时，伦敦证券市场的发展与金融创新的不断出现，满足了英国投资者进行产业与技术创新的资本需求，使得英国成为当时世界经济的领头羊。

在经济成熟阶段，国家的产业以及出口的产品开始多样化，高附加值的出口产业不断增多，生产者和消费者热衷于新的技术和产品，投资的重点从劳动密集型产业转向了资本密集型产业。在这一阶段，机器的大规模使用使资本成为最重要的生产要素，仅仅依靠企业自身的资本积累难以满足社会化大生产快速发展的需要，外部融资成为企业实现资本集中的重要手段。金融促进了大型企业集团的形成和国家竞争力的提升，成为国之重器。从19世纪后期开始，美国铁路、制造业和矿业企业纷纷

---

① 三个相关条件：提高生产性投资率，使积累占国民收入的10%以上；建立和发展一种或多种重要的制造业部门即主导部门；进行制度上的变革，迅速出现一种政治、社会和制度结构推动现代部门的扩张。三个条件互相联系，缺一不可。

② 南海公司表面上是一家专营英国与南美洲等地贸易的特许公司，但实际上像英格兰银行一样是一所协助政府融资的私人机构。

通过发行股票进行融资，纽约证券交易所的股票市场成为美国证券市场的重要组成部分。1900 年，工业股票已成为美国股票市场的主体，这标志着美国股票市场发展进入了一个新的阶段，金融聚集资本的作用得到充分体现，同年美国超过英国成为世界第一大经济强国。

（三）信息社会阶段金融不断满足新兴消费需求

进入信息社会之后，人均国民收入水平明显提高。在满足一般生活必需品消费基础上，人们对耐用消费品和劳务服务的需求空前增长，导致消费结构发生重大变化，汽车、家用电器等耐用消费品开始进入大众家庭。特别是近 20 年来，随着互联网的普及，人们的生活方式和习惯又发生了新的变化，网络购物的兴起极大地刺激了消费。消费逐渐成为经济增长的主要驱动力。由于社会化生产能力逐渐超出了市场需求的增长，需求成为制约经济增长的主要因素，消费信贷开始兴起。消费信贷缓解了收入与支出在生命周期中的不匹配[①]，实现了价值的跨时空交换，有利于促进经济平稳增长。与此同时，金融产品创新的步伐在不断加快，金融市场建设也在不断完善，股票、基金、信托、保险、商业银行理财产品等多样化、多层次的金融消费产品的出现，影响着居民消费市场需求，从而促进产业结构调整。可以说，在信息社会里，人们对高质量生活的追求，尤其离不开高质量的金融服务。

金融体系的六大基本功能

一是为在时空上实现经济资源配置提供渠道，即金融体系提供了促使经济资源跨时间、地域和产业转移的方法和机制；

二是清算和支付功能，即金融体系提供了便利商品、劳务和资产交易的清算支付手段；

---

① 生命周期理论认为，个人的收入在各个阶段不同，却希望消费能够比较稳定，因而收入高时有储蓄，收入低时需要借贷或消耗储蓄。

三是融通资金和股权细化功能，即金融体系通过提供各种机制，汇聚资金并导向大规模的无法分割的投资项目；

四是风险管理功能，即金融体系提供了应付不测和控制风险的手段及途径；

五是信息提供功能，即金融体系通过提供价格信号，帮助协调不同经济部门的非集中化决策；

六是解决激励问题，即金融体系解决了在金融交易双方拥有不对称信息及委托代理行为中的激励问题。

二、科技进步是金融发展的助推器

在18世纪中后期第一次工业革命之前的数百年间，西方科技进步基本停滞，经济也基本上没有增长。但从19世纪中期第二次工业革命以来，西方出现了几次大规模的科技进步，生产力快速提高。这一趋势已经并且还将继续深刻影响金融业的发展进程，为金融产品创新、金融业态转变、金融风险管理改进以及金融消费行为改变提供强大动力。

（一）科技进步对金融发展的推动作用愈发明显

在互联网和计算机尚未出现的时期，科技进步对金融发展的影响主要集中体现在货币领域。冶炼和铸造技术的发展，使贵金属货币得以产生，人类从物物交换时代走向了商品流通时代。造纸和印刷术的发展，又使社会进入了信用货币时代，以国家信用为支撑的纸币成了普遍的支付工具。而包括电报、电话在内的通信技术的广泛应用，为跨时空的价值交换提供了更加便利的条件，促使本票、支票、汇票、信用卡的产生和应用。

互联网和计算机技术成熟和应用后，金融服务效率显著提升。随着数据处理能力不断增强，信息通信手段不断升级，移动互联广泛普及，为金融高度发展提供了坚实的基础和良好的外部环境。近年来，人工智能、区块链等新技术的发展，又掀起了新科技革命，再次改变金融业的底层物质技术基础，开启了金融科技时代。快捷、安全、个性化的金融需求也对金融市场供给提出了新的挑战。随着个人生活场景全面线上化的逐步实现，消费升级带动的新金融需求对科技进步的依赖程度也会逐步加深。总之，科技在金融领域的应用直接推进了金融商品和服务迭代升级，使经济社会不断进入新的阶段。图 1－2 显示了历史上科技在金融领域的标志性应用。

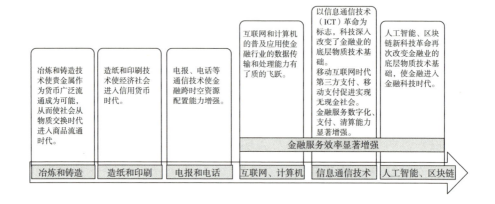

图 1－2　科技在金融领域的应用历史

（二）科技进步通过创新金融产品推动金融发展

首先，科技激发金融产品创新思路。以资产证券化为例，刚开始引入的时候，经济原因固然是最主要的，但金融工程学的出现，无疑为推动这项产品创新提供了重要的条件。金融工程的成果使许多本来想做但又无能为力的金融创新成为现实。

其次，科技为金融产品创新提供物质技术基础。科技进步使得交易成本不断下降。比如，在引入科技手段特别是信息技术之前，金融市场交易的报价和成交只能面对面地讨价还价和交割，服务效率很低，实现电子化之后，计算机强大的数据存储和处理能力，使询价、报价、发布指令甚至自动交易等得以实现，同时也解决了非面对面交易的信任问题，大大扩展了金融交易的半径、效率和质量，加快了储蓄向投资的转化，节约了成本。

最后，科技还为金融业务提供了安全支持。金融产品与普通商品的一个重要区别，是它不具备"实体性"，在存续期间内高度依赖存储介质的高安全性。当前，金融产品的信息主要通过电子计算机系统存放和处理，任何技术故障或人为破坏都可能造成数据的丢失或篡改，使金融产品的所有者遭受损失。新技术及配套管理机制的发展为各类金融信息搭建起涵盖物理层、数据层、应用层以及用户层的全方位立体式安全体系。

（三）科技进步通过提升监管及合规能力推动金融健康发展

监管水平的发展，既与金融业发展阶段相辅相成，又与科技发展水平紧密联系，在这两种驱动力的共同作用下，经历着提速、突破、纠偏、再发展的螺旋式上升路径。

一个经济体在特定时期所采用的金融监管方式在很大程度上与当时的金融产业发展水平相关。监管水平对金融业生产力起着规范、制约的作用，其根本目标是引导金融业沿着符合国家整体战略的方向发展，同时要保证金融业这个风险经营行业的系统性风险处于可控水平上。在监管手段或方法有限、效率低下的情况下，为保持金融稳定，防范业务风险，监管方必然会更多地禁止或限制金融机构涉足部分高风险、高收益的业务，这种做法客观上抑制了金融生产力的发展。反之，当科技水平能够支撑监管机构的监测和把控能力，则监管方将更加自信地支持金融业开展业务和创新，从而推动金融业整体水平提升。这个关系类似"生产力决定生产关系，生产关系反作用于生产力"的经典论断。正如 IBM 的资深专家保罗·西罗伦（Paolo Sironi）在《FinTech Innovation》一书中所提到的："监管即使不是（金融服务变革）的主导力量，也是一股重要的驱动力量。"

同时，正如任何行业、领域一样，金融治理现代化水平又受制于科技所能够提供的手段和工具（见图 1-3）。

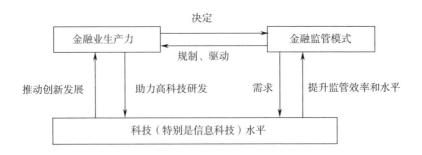

图1-3 金融、监管与科技之间的作用关系

从上面这个简化的关系可以看出，科技生产力的水平从直接（通过促进金融创新发展）和间接（通过提升监管效率和水平）两个方向，推动金融业的整体协调发展，科技在这个过程中扮演着金融发展催化剂的重要角色。"科学技术是第一生产力"的论断在金融监管领域同样是有效的。

三、金融监管的目的在于让好业务更好地发展

金融监管的目的是让金融市场中，好的业务可以更好地发展，为市场持续健康发展扫清障碍，防范、化解金融风险，特别是系统性风险。

（一）信息缺陷引发金融风险

风险由不确定性引发，而不确定性往往又是由信息缺陷导致的。按照信息缺陷的性质，风险可以分为外生性和内生性两种。外生性风险的引发原因是信息不完全。表现在经济层面，就是一个经济体内的所有成员无法准确描述经济现状和预测未来。内生性风险的原因是信息不对称。由于不同个体对信息的拥有量是不同的，也就形成了所谓的私人信息。随着大数据等技术的不断进步，信息处理能力提升，可获得的有效信息不断增加，风险可望获得缓解。但受技术条件限制，人们对客观事物的认识永远不可能是完整的，只能无限接近。金融产品的复杂性与不断发展创新，要求投资者具备相关专业知识，并结合充分的产品信息才能做出相关决策，专业的信息处理能力正是金融中介存在的价值。

（二）控制系统性金融风险需要有效的金融监管

金融与风险相伴而生，信用风险、市场风险、经营风险和流动性风险等风险的存在是市场经济优胜劣汰的客观结果。但是，由于金融的外部性，倘若控制不得当，就会演变为系统性金融风险，妨碍经济增长。Caldara 等（2014）发现金融冲击对宏观经济有着显著的不利影响，并且自从 20 世纪 80 年代中期以来，金融冲击已经成为经济周期性波动的主要原因之一。Iacoviello（2015）在动态随机一般均衡模型下对由银行挤兑引发的金融危机进行了分析，结果表明，在 20 世纪 30 年代的大萧条时期，由金融冲击所引起的损失累计达到了总产出的三分之二左右。1990 年日本房地产和股市泡沫破裂引发金融危机后，日本经济增长出现了断崖式下跌。1981 年至 1990 年，日本 GDP 平均实际年增长率是 4.64%，高于发达经济体平均水平和世界平均水平。而 1991 年至 2000 年，日本 GDP 的平均实际年增长率仅为 1.14%，较发达经济体平均增速低 1.72%，较世界平均增速低 2.14%。2001 年至 2007 年，日本 GDP 平均实际年增长率回升至 1.41%；但 2008 年国际金融危机爆发后，该指标进一步降至 0.41%（见图 1-4）。

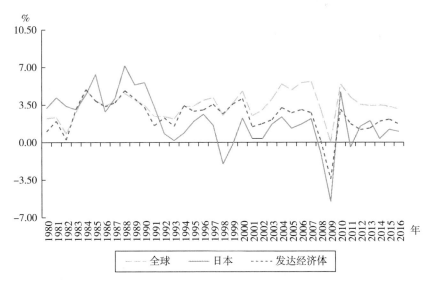

数据来源：Wind。

图 1-4 日本 GDP 增速变化

在监管滞后的情况下，金融体系可能偏离支持实体部门发展这一核心功能，引发金融危机。美国 1987 年股灾和 2007 年次贷危机便是过度金融创新引发金融危机的典型案例。

面对金融危机，各国均积极启动金融监管改革，对金融系统性风险进行全面控制。例如，在 2008 年国际金融危机发生后，主要经济体均出台监管改革方案，起到了稳定市场的作用，有效降低了金融危机对全球金融市场的冲击。

美国财政部于 2008 年 3 月发布了《现代化金融监管体制的重构》蓝皮书。2008 年 10 月 3 日，美国总统布什批准了《2008 年紧急经济稳定法案》，推出有史以来最大规模的 7 000 亿美元的金融救援计划，制订陷入困境的资产救济计划，并对预算、税务方面的问题进行了针对性规定。2009 年 6 月美国财政部发布《金融监管体制改革：一个全新的基础——美国金融监管体制的重构》。奥巴马政府于 2010 年 7 月 21 日签署了金融监管改革法案，设立消费者金融保护署（CFPA），以保证美国消费者在选择使用住房按揭、信用卡和其他金融产品时，得到清晰、准确的信息，同时杜绝隐藏费用、掠夺性条款和欺骗性的做法。以上监管规则的实施，是对金融危机的积极回应，有助于控制系统性金融风险，使得美国逐步摆脱了金融危机的阴影。英国方面，危机后多家金融机构出现问题，濒临倒闭，英国政府不得不出资救助，其监管改革的核心是由英格兰银行来承担主要的宏观和微观审慎监管职能，负责维护整个金融体系的稳定及银行集团的稳健经营。中国同样受到了金融危机的影响，外需萎靡，对出口依赖程度较深的东部地区首当其冲，中小企业经营出现困难，失业率也开始上升。面对困难重重的宏观经济形势，为了防止风险蔓延，我国政府推出了应对政策，并推出了一系列配套措施，扩大内需，刺激消费，维持经济稳定增长，保持社会的稳定，取得了良好的效果。

>> **历史上的两次"金融危机"**

1987 年 10 月 19 日，美国股市遭遇"黑色星期一"，当天美国道琼斯指数暴跌了 508.32 点，跌幅达 22.62%，市值蒸发了 5 000 亿美元，相当于当年美国国内生产总值的八分之一。此次美国股市暴跌幅度超过了 1929 年 10 月 29 日那场股灾，成为继 1929—1933 年大萧条后又一重挫美国经济的股市灾难。事后，美国当局专门成立了特别小组来调查股市崩盘的原因，最终认为 1982 年推出的指数套利与组合保险是导致这次股灾的罪魁祸首。

2007 年 4 月 2 日，美国第二大次级抵押贷款机构新世纪金融公司向法院申请破产保护，次贷危机爆发。2007 年 7 月 10 日，标普降低次级抵押贷款债券评级，引发全球金融市场大震荡。至 2008 年 9 月美国投行雷曼兄弟公司倒闭，进一步导致全球金融市场急剧下跌和流动性收紧，最终演变为一场国际金融危机。事后，经济学家对次贷危机的起因进行了研究分析。凯瑟琳·嘉吉（Kathryn Judge，2011）认为，住房贷款证券化（MBS）和担保债务凭证（CDO）等金融衍生产品在 2007—2009 年的金融危机中扮演着非常重要的角色；福维奥·柯赛（Fulvio Corsi）等人认为，难以管理的复杂金融衍生品所产生的风险对金融危机起到了根本性的作用。

第二节　金融推动监管

早在 17 世纪，随着商品经济的快速发展，逐渐兴起的银行业就频繁遭遇挤兑风险。针对市场上银行各自发行银行券的混乱局面，为了统一货币发行、稳定金融市场，设立中央银行便成为各国建立的最早的金融监管制度。然而危机仍未消失，20 世纪 30 年代，美国银行业大量资金流入股市，助涨了股市泡沫破裂，引发了严重的经济大萧条。美联储痛定思痛,开始以更严格的金融监管施加于金融机构和金融市场。20 世纪四五十年代,战后重建过程中的需求增加以及第三次技术革命爆发,推动美国金融市场再次迅速发展,金融自由化和国际化程度进一步提高,金融风险也逐渐由金融机构风险、金融市场风险,转变为系统性风险。20 世纪 90 年代中期以来,墨西哥、亚洲、俄罗斯等国家和地区相继爆发金融危机,或出现较大的金融动荡,促使金融监管者们不断思索维护金融稳定的问题。2008 年国际金融危机后,金融监管再次收紧,提高对金融稳定的重视程度,主要国际组织和机构,如全球金融稳定理事会(FSB)以及全球主要经济体的金融监管部门均提出加强宏观审慎监管的理念。

一、金融危机推动各国监管体制顺势变革

金融监管体制从来没有一个"放之四海而皆准"的通用模式,也不存在"一劳永逸、亘古不变"的监管体系。各国监管体制都是根据自身的国情和金融市场需要,在不断摸索中逐步形成和调整的。

次贷危机后,主要发达国家都对原有的金融监管框架进行了程度不同的修补和改革,体现出"功能监管"的趋势。其中主要强化了"宏观审慎监管"(macro - prudential regulation),以之作为连接货币政策和"微观审慎监管"(micro - prudential regulation)的桥梁。同时,金融监管改革相对基于分业经营的"机构监管",功能监管主要是为了适应金融机构混业经营的态势,以求更好地解决监管空白和监管套利问题。

(一)美国历经松紧交替的三次监管体制变革

金融监管体制变革的历史实际上就是一部金融风险演变的历史。美国三次金融监管体制大变革,呈现出松紧交替的特点(见图 1 - 5)。

第一次金融监管体制变革是在 20 世纪 30 年代大萧条之后。以《格拉斯—斯蒂格尔法案》为标志,对银行业跨业经营的金融创新进行严格限制,使各类金融业务回归本源,分业经营。

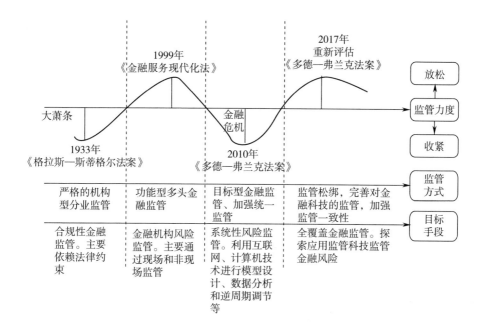

图1-5　美国金融监管历史演变

第二次金融监管体制变革发生在20世纪90年代后期。随着金融国际化和自由化浪潮的兴起，美国彻底废除了《格拉斯—斯蒂格尔法案》对金融混业经营的限制，1999年通过的《金融服务现代化法案》为日益繁荣的金融创新铺平了道路。

第三次金融监管体制变革出现在2008年全球金融危机爆发之后。针对当时金融监管制度对金融创新的过度放任，美国于2010年通过了《多德—弗兰克华尔街改革和消费者保护法》（以下简称《多德—弗兰克法案》），该法案被认为是金融监管史上最严厉的监管改革。该法案在微观监管方面提高了资本充足率、资产质量、流动性、压力测试、合规报告、金融业务限制等要求，在宏观上强调防范系统性金融风险、加强消费者保护。《多德—弗兰克法案》中的"沃尔克规则"，特别强调要严格限制银行机构从事自营交易。

随着全球经济逐步走出金融危机的阴影，2017年美国开始酝酿第四次金融监管体制改革，意图再次"松绑"金融监管，缓解《多德—弗兰克法案》过度而僵硬的监管程序，降低美国金融机构面临的高合规成本。改革提议主要包括：削弱监管职权，要求消费者金融保护局等机构放松监管；放宽金融机构自营交易限制；简化资本、流动性和杠杆监管规则。与监管改革相伴随的是金融监管方式与监管手段的变化。2018年3月，美国国会参议院通过一项对中小型银行放松监管的法案，这标志着特朗普政府离推翻金融危机后的一系列严厉金融监管规定更近一步。

（二）英国监管体制从分业监管到统一监管再到"双峰"监管

英国向来都是金融监管领域大刀阔斧的变革者，同时也是各种金融监管体制创新的先行者（见图1-6）。

20世纪70年代前	20世纪70~80年代	20世纪80年代末至2008年	2008年至今	
				时期
	二级银行危机	破产并购事件	金融危机	监管
1946年《英格兰银行法》	1979年《银行法》《存款人保护法》	《2000年金融市场服务法案》	《2009年银行法》《2012年金融市场服务法案》	标志事件
自律管理为主，监管为辅的自由主义	银行、证券、保险分业监管	统一监管	超级央行和"双峰"监管	监管方式
"君子协定""道义劝说"式的非正式监管	英格兰银行监管银行业，贸易工业部下设的保险业董事会监管保险业，证券与投资管理局及下设的三家行业自律组织监管证券业等	新设金融服务管理局全面监管应对混业风险	审慎监管局确保金融系统稳健发展，金融行为监管局负责营造公平竞争的市场环境	目标手段

图1-6　英国金融监管历史演变

20世纪70年代以前，英国在金融领域长期奉行自律管理为主、监管为辅的自由主义政策，在相当长的时期内依靠中央银行——英格兰银行的权威，对大银行实行"君子协定""道义劝说"式的非正式监管，以保证合意的贷款规模和投向。1946年首部《英格兰银行法》规定，经财政部批准，英格兰银行可对银行的经营行为进行指导，但并未付诸实践。

第一阶段：20世纪70~80年代的分业监管格局。大量游离于英格兰银行控制范围、规模较小的二级银行（Secondary Banking），由于经营不善，于1973—1974年陷入破产危机，并波及大银行。此轮危机促使英国政府意识到加强金融监管的重要性。1979 年，英国首部《银行法》颁布，正式赋予英格兰银行金融监管权。同年，首部《存款人保护法》发布，金融监管逐步走上正轨，分业监管格局由此确立。在这个阶段，英格兰银行负责监管银行业，贸易工业部下设的保险业董事会负责监管保险业，证券与投资管理局及其下设的三家行业自律组织分别负责对证券公司、投资与基金公司和养老金的监管。

第二阶段：20 世纪 80 年代末至 2008 年国际金融危机之前的统一监管格局。进入 20 世纪 80 年代，以电子化、多元化为特征的金融创新，使银行、证券、保险业务之间彼此渗透。经过 90 年代的并购浪潮，英国已拥有全球混业程度最高的金融体系，同时金融业的风险也急剧上升。1991 年国际商业信贷银行破产、1995 年巴林银行破产等一系列事件，引发了公众对金融监管体系的质疑。与此同时，英国金融业经营模式也发生巨变，商业银行纷纷收购兼并证券经纪商，涌现出一批综合经营的金融控股集团，对此，分业监管难以适应，暴露出了诸多缺陷。这些问题促使英国监管者进行了第一次监管体制大改革。1997 年英国政府提出了金融监管改革方案，将银行监管职能从英格兰银行剥离，新设一个全能的金融监管机构——金融服务管理局（Financial Service Authority，FSA），负责对银行、证券和保险业进行统一全面的监管。《2000 年金融市场服务法案》（FSMA）实施，标志着英国正式确立了统一的金融混业监管体制。

第三阶段：2008 年国际金融危机后宏观审慎监管体系下的超级央行和"双峰"监管模式。金融危机前，英国金融监管体系由财政部、金融服务局、英格兰银行三方组成，曾被认为是全球最"先进"的监管制度，英国也被誉为全球金融业最稳定的国家。然而，在此轮国际金融危机中，英国也成为受冲击最严重的经济体之一。2007 年 9 月，英国第五大贷款机构——北岩银行爆发流动性危机，酿成了自 1866 年以来英国首次银行挤提事件，也引发了人们对监管体制缺陷的反思。2009 年，英国开始对金融监管体制进行彻底而全面的改革，核心思想是构建一个强有力的中央银行。《2009 年银行法》确立了英格兰银行作为中央银行在维护金融稳定中的核心地位，成为此次英国金融监管体制改革的前奏。

2013 年 4 月 1 日，《2012 年金融服务法案》生效，宣告英国新的金融监管框架正式建立：英格兰银行负责货币政策、宏观审慎管理与微观审慎监管；撤销统一监管机构 FSA；在英格兰银行内部成立金融政策委员会（Financial Policy Committee，FPC），负责宏观审慎监管。英格兰银行下设审慎监管局（Prudential Regulation Authority，PRA），与单独设立的金融行为局（Financial Conduct Authoriy，FCA）一同负责微观审慎监管，形成由审慎监管局和金融行为局构成的"双峰"监管模式。在"双峰"监管模式下，审慎监管局对各类金融机构进行审慎监管，确保金融系统稳健发展，主要监管银行、存款、保险、信贷和大型投资机构；金融行为局负责对金融机构的业务行为实施监管，保护金融消费者权益，构建信息透明、公平竞争的市场环境，监管对象为小型投资机构、保险经纪、基金等。

（三）中国金融监管格局逐步由"一行三会"调整为"一委一行两会"

改革开放以来的 40 年间，中国金融监管体制历经了几次根本性变革。一是 1998 年成立中央金融工作委员会，中国人民银行跨区设置大区分行，1999 年设省级监管办事处，中国人民银行的证券、保险监管职能相继划归中国证监会和保监会。二是 2003 年中国银监会从中国人民银行分立出来，形成"一行三会"的分业监管格局。三是 2018 年 3 月通过的国务院机构改革方案，整合原有银监会和保监会的职能，组建国务院直属的中国银行保险监管委员会，同时将拟定银行业和保险业重要法律法规草案和审慎监管基本制度的职责划入央行，从而形成"一行两会"的监管格局。

在亚洲金融危机之前的很长一段时间里，我国金融业主要实行综合经营的模式，中国人民银行的货币政策并不具有独立性。一方面，综合经营的金融业并没有形成各个业务板块之间协同发展的局面，反而造成了银行业、证券业、保险业之间风险的相互传递，最终导致金融市场秩序混乱。另一方面，受计划经济思维的影响，人民银行货币政策的制定和实施严格依照现金和信贷计划，缺乏市场经济的灵活性，不能有效配置金融资源。

1997 年的亚洲金融危机也给中国敲响了警钟，面对国际国内严峻的金融形势，我国启动了金融监管体制变革的步伐。1997 年 11 月，中共中央发布《关于深化金融改革整顿金融秩序防范金融风险的通知》，提出建立集中统一的证券市场监管体制。1998 年明确证监会为国务院直属事业单位，进一步明确和强化了其全国证券期货市场主管部门的职能。同年，组建了中国保监会。党的十六届二中全会审议通过的《关于深化行政管理体制和机构改革的意见》，以及 2003 年 3 月全国人大审议通过的《国务院机构改革方案》，正式决定将银行业市场准入、市场运行监管职能移交给银监会。随后，中国银监会正式挂牌成立。至此，我国以"一行三会"为特征的分业经营、分业监管的格局正式形成。

随着 2008 年国际金融危机逐步消退，各国掀起金融体制改革的高潮。分业经营和分业监管弊端在中国也日益凸显，新一轮的金融体制改革由此应运而生。2017 年 7 月，第五次全国金融工作会议决定，成立国务院金融稳定发展委员会，把主动防范化解系统性金融风险放在更加重要的位置，加强金融监管协调。2018 年 7 月 2 日，新一届国务院金融稳定发展委员会正式成立。

为进一步深化金融监管体制改革，解决现行体制存在的监管职责不清、监管交叉和监管空白等问题，2018 年 3 月，十三届全国人大一次会议通过国务院机构改革方案，将银监会和保监会的职责整合，组建银行保险监管委员会，对监管资源配置进行优化，强化综合监管，以更好地统筹系统重要性金融机构监管，逐步建立符合现代金融特点、统筹协调监管、有力有效的现代金融监管框架，守住不发生系统性金融风险的底线（见图 1-7）。

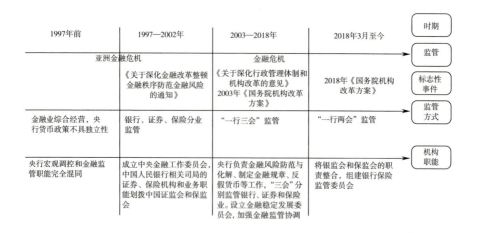

1997年前	1997—2002年	2003—2018年	2018年3月至今	时期
	亚洲金融危机	金融危机		监管
	《关于深化金融改革整顿金融秩序防范金融风险的通知》	《关于深化行政管理体制和机构改革的意见》2003年《国务院机构改革方案》	2018年《国务院机构改革方案》	标志性事件
金融业综合经营，央行货币政策不具独立性	银行、证券、保险分业监管	"一行三会"监管	"一行两会"监管	监管方式
央行宏观调控和金融监管职能完全混同	成立中央金融工作委员会，中国人民银行相关司局的证券、保险机构和业务职能划拨中国证监会和保监会	央行负责金融风险防范与化解、制定金融规章、反假货币等工作，"三会"分别监管银行、证券和保险业。设立金融稳定发展委员会，加强金融监管协调	将银监会和保监会的职责整合，组建银行保险监管委员会	机构职能

图1-7　中国金融监管历史演变

二、金融危机推动监管模式向功能监管和行为监管转变

（一）金融机构跨业经营需要功能监管

机构监管、功能监管、行为监管是作用于金融机构和金融市场业务的微观监管模式。大多数经济体在监管体系建立之初是基于机构类型进行监管，设立多个监管部门。在金融分业经营、业务结构简单清晰的情况下，机构监管较为有效。

随着金融业务不断创新，金融机构跨业经营模糊了机构监管的界限，容易形成监管真空。如果各个监管机构均对跨业交叉业务进行监管，则会造成监管重叠。如各机构监管部门设立标准不统一，则又导致监管套利。为解决这些监管问题，以美国为首的主要经济体纷纷吸收功能监管的思想，按照金融业务实质，对相同或类似金融功能的金融业务，实行相同或类似的金融监管。功能监管关注金融业务实质，而不是金融机构本身，强调横向跨市场监管，从而弥补混业经营趋势下机构监管面临的监管真空监管重叠、监管套利漏洞。功能监管增强了监管体系的适用性和弹性，易于保持监管的持续性和一致性。尤其是面对不断涌现的金融创新，应用功能监管理念，能够很快地将新金融业务分门别类地纳入到监管体系中，实现金融监管全覆盖。

功能监管在实践中存在一些问题。首先，功能监管机构只负责监管一部分金融业务，难以对金融机构整体情况形成全面准确的认识，无法承担对金融主体的微观审慎监管。其次，经营多个市场业务的金融机构，会面临多个功能监管部门的监管，监管成本也会相应增加。最后，由于对监管边界难以清晰划定，功能监管也可能导致监管竞争及监管套利。尽管如此，机构监管和功能监管仍是目前世界各国实施金融监管的基础性监管模式，监管当局借此实现对金融机构、金融市场业务的全覆盖和一致性监管。

（二）2008 年国际危机后行为监管引起关注

2008 年国际金融危机后，对金融机构的巨额资金救助最终由金融消费者"买单"，其中存在的道德风险使全球监管者反思并注重对金融消费者的保护，行为监管成为与审慎监管并行的监管方式。其目的在于防范金融机构可能出现的道德风险、欺诈和不公平交易，保护消费者权益。很多国家在危机后迅速采纳行为监管模式，设立专门监管机构实施行为监管。

三、金融危机推动监管目标从微观走向宏观

（一）宏观审慎监管关注整个金融体系稳定

2008 年国际金融危机后，审慎理念逐渐从传统的单个机构向系统性视野转变，更加强调宏观审慎监管，宏观审慎监管的目标在于存在防范系统性风险、维护金融稳定。从保持微观个体稳定到维护金融体系稳定，这是一次监管理念的巨大变革，而引入金融市场波动顺周期性和超调作为金融行为特征的基本假设，则是一次认识论上的革命。金融体系的过度顺周期性是大多数金融危机发生的一个机制。例如，在经济繁荣期，在企业资产负债表良好的情况下，金融机构发放贷款是理性选择，然而当所有金融机构都这样做的时候，就造成了信贷过度扩张，从而为金融危机和经济衰退埋下祸根。同样，一旦经济转向衰退，为保持流动性或控制风险，金融机构出售资产，收缩信贷成为理性选择，一旦所有金融

机构都这样做，就会加速经济的衰退。

（二）宏观审慎监管立足于宏观经济背景

现代金融危机背后必然有其深刻的宏观经济背景。危机通常表现为金融活动与经济活动的严重背离，大量流动性和信贷过度集中于金融市场，使金融体系的资产价格过度膨胀而形成泡沫，一旦泡沫破裂，则使金融体系发生系统性危机。随着金融自由化和国际化不断推进，金融的周期性扩张不仅增强了金融对经济的影响力，庞大的金融市场还使金融具备了脱离实体经济而自我循环的能力。因此，宏观审慎监管要想在防范系统性风险方面有所建树，就必须将金融的顺周期性以及金融机构、金融市场和宏观经济之间的相互作用纳入政策考虑框架，并采取有效的预防和控制措施。

具体来说，宏观审慎监管体系可以提供测量系统性风险的有效方法，以及监测和防范系统性风险的监管手段。在时间维度上，增强逆周期调节，防止金融体系内过度的风险积聚，防止"大而不能倒"机构的出现，对系统重要性金融机构提出更高监管要求。在空间维度上，对于跨部门分布的系统性风险，监管机构应建立适当的"防火墙"降低金融机构之间的相互关联程度，防止金融风险跨部门、跨区域、跨市场传染，避免因预期一致导致"拥挤交易"①。

四、金融危机推动各国设置专业化监管机构

为更好地实施监管，2008 年国际金融危机后，各国在金融监管机构设置上逐步明确了负责宏观审慎、微观审慎与行为监管的部门。整体上看，各国均加强了中央银行在宏观审慎监管方面的作用。如美国通过《多德—弗兰克法案》成立了金融稳定委员会，负责认定系统重要性机

---

① "拥挤交易"是指这样一种现象：如果金融机构持有大量相似的风险头寸，当针对这一风险的冲击来临时，一旦金融机构同时采取相似的降低风险损失的措施，就产生了"拥挤交易"，这将使问题资产的流动性显著下降；不仅金融机构降低损失的措施难以奏效，而且还将导致损失进一步扩大。

构，督促美联储对该机构进行特别监管，强化并扩大美联储的监管职责；根据法案，美国还设立了金融消费者保护局，负责金融消费者保护和市场行为管理。英国于 2012 年颁布的新《金融服务法案》，撤销原来的统一监管机构"金融服务局"，将其监管职能转交给英格兰银行，在英格兰内部成立金融政策委员会与审慎监管局，分别负责系统性风险监管和微观审慎监管，同时，还成立了金融行为监管局，以保护消费者为目标，监管各类金融机构的行为。香港金管局于 2011 年调整内部部门设置，新设银行操守部，加强行为管理。

第三节　科技在金融监管中的作用

随着移动互联网的快速发展，人们的衣、食、住、行等日常生活场景迅速互联网化，衍生出了大量新的金融需求，催生出以小额、碎片化、高频需求为主的线上金融服务市场。与此同时，互联网金融也对传统的监管理念、模式和手段产生了巨大的挑战。如何利用金融科技创新促进金融业的转型升级和金融监管水平提升，推动两者融合发展，正成为相关各方的重要课题。

一、监管科技是新时代金融监管的有效手段

（一）目前监管科技仍处于发展的起步阶段

监管科技（Regtech）起源于金融机构满足低成本合规的需求，是用于主动合规的技术。但从金融监管角度来看，监管科技也是先进的监管手段。随着科技与金融业务的深度融合，各国监管部门所面对的监管内容越来越复杂，工作量和压力也随之增大，期待监管科技在金融监管中发挥显著作用已成为各方的共识。

（二）监管科技未来将大有作为

监管科技所使用的技术，涵盖了所有在金融科技领域应用的新技术，主要有大数据（Big Data）、人工智能（AI）、区块链（Blockchain）、云

计算（Cloud Computing）等。可以预见，在不久的将来，监管科技将深度弥补传统监管手段的不足、显著提升监管效率。一是降低信息不对称，克服监管信息滞后。在保障安全和隐私的前提下，可使监管部门的系统直接连接金融机构，在线获取交易数据，实时监管、自动监控、智能分析。二是更好地识别风险。如通过数据关联分析技术，不仅能做到 KYC（know your customer），还能做到从 KYC 到 KYCC（know your customers' customer）的穿透式监管。再如，利用区块链技术的透明性、可记录和可追溯性，可以对传统金融交易生态圈进行重构，形成追溯机制，提前识别和防范金融风险传导。三是将在系统性风险监控方面发挥更大作用，机器学习、深度学习技术可以通过将历史上世界范围内的金融危机作为案例进行分析，识别归纳危机发生规律，更好地帮助监管部门防范系统性危机。

综上所述，未来的金融监管机构将在传统基础上，更多地发挥监管科技的智能作用。监管科技在未来的应用，也将由金融机构的合规和风险监管，拓展到系统性风险识别与监控。金融监管者应在专业的金融经济理论基础上，充分利用监管科技优势，丰富监管金融手段，使监管更加智能和有效。

二、监管科技需要兼顾金融服务的风险与效率

在特定的经济条件下，金融服务都是有宽度和厚度的（见图 1－8）。"宽度"是指金融服务的对象范围，"厚度"是指金融服务的质量。在农业社会中，金融服务的作用有限，宽度仅仅覆盖农业生产领域，厚度也仅仅表现为金融工具的初级使用，比如储蓄和简单的支付，可用图 1－8 中的 FG 曲线表示。到了工业社会，金融服务的宽度和厚度均得到了进一步拓展，金融产品也日益丰富，满足了工业发展需要，可用 AIB 曲线表示。而到了信息社会，日常生活呈现出全面线上化的趋势，对个性化、碎片化、高频率的金融服务需求旺盛。从宽度上看，互联网解决了金融服务空间上的物理障碍，对于偏远地区同样可以提供具有普惠性特征的

金融服务。从厚度看，金融服务对于新的线上生活场景可以作出针对性回应，提供高质量的定制服务，可用 DHC 曲线表示。

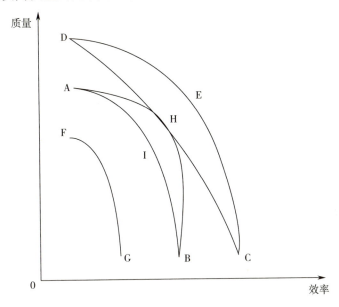

图 1 - 8　金融服务的质量与效率

（一）科技可以增加金融市场的宽度和厚度

在图 1 - 8 中，假设金融市场的当前状态用曲线 DHC 表示。由于科技创新的出现，不仅改变了金融市场的宽度和厚度，而且也改变了金融市场的风险与效率，形成新的市场布局 DEC。

传统金融市场主要以银行等大型金融机构为主导，服务对象也主要集中于大型企业。随着科技的发展以及在金融领域的广泛应用，金融产品越来越具有普惠性，民间资本进入金融市场的门槛越来越低，越来越多的中小企业、普通民众成为金融机构的主要服务对象，金融市场的宽度由此拓展。从金融市场的厚度来看，随着互联网技术的日益成熟，金融市场开始转型，由主要服务于线下融资需求转向针对居民个人生活场景全面线上化的需求，提供个性化、高质量金融服务。

（二）金融市场新变化需要监管科技平衡风险与效率

多元化的金融主体和全新的线上服务，对金融市场运行效率提出了更高的要求；同时，复杂的利益博弈关系以及风险的"潜伏化"，也威胁着金融市场安全。

科技创新可以为金融监管提供低成本的监管手段。新时代金融监管应充分利用科技创新，实现监管创新，提升监管效率，更好地控制风险，保障金融市场安全。总之，监管科技需要在效率与安全价值之间进行平衡。

一方面，如果监管过于严格、过多干预金融活动和金融体系（如曲线BHD），虽然金融风险较小、安全系数较高，却抑制了金融市场发展，降低金融市场运行效率，无法满足实体经济的金融需求，不利于经济发展。国内外许多研究结果表明，监管过度造成的金融抑制显著阻碍了金融业的转型升级以整个服务业的发展。金融抑制程度越高，经济中服务业相对于制造业的比例会越低。

另一方面，如果金融监管不足，容易导致金融创新过度（如曲线AHC），虽然效率更高，但安全系数却下降，从而会加大金融风险。

监管科技必须考虑其对市场干预的适度性，实现效率与风险的最佳平衡。

三、监管科技利用技术创新不断满足合规要求

国际金融危机爆发后，在日趋严格的金融监管之下，各类金融机构的合规成本大幅增加。以JP摩根大通为例，为应对政策规范，在收购了金融危机的导火索"贝尔斯登"之后，2012—2014年共增加了1.3万名员工，每年合规成本支出增加20亿美元，占全年营业利润的10%。合规成本的大幅上升甚至使中小型金融机构面临无法盈利的困境。为了帮助金融机构满足合规要求和降低合规成本，一批专业化的监管科技公司应运而生。它们运用新技术，提供专业化合规解决方案，优化风险管理方案，帮助金融机构实现自动、主动合规和优化风险管理。传统大型金融机构也在逐渐通过投资或战略合作方式，引入大数据、人工智能、区块链等先进技术。

Planet Compliance 网站通过打分评估方式，每周跟踪发布监管科技领域"自强"创业公司的发展潜力，并通过介绍其中 10 家监管科技公司的主要业务，展现监管科技最新动态。归纳起来看，这些全球领先的监管科技公司在帮助金融机构满足合规要求方面所提供的突破性技术主要包括以下三类：

（一）改进数据集成与数据管理

数据共享与隐私保护是合规监管过程中不可避免的问题，已有的新技术能够帮助两者实现平衡，人们比较熟知的包括密码学与安全技术。密码学是研究隐秘地传递信息的学科，多方计算保证（Secure Multiparty Computation）是密码学工具的一种，它可以在金融机构分享风险敞口数据时，建立一种隐私保护机制。元数据安全存储技术（Data Storage Cell Level Security）是密码学在数据共享中的另外一种应用技术，它可以通过设置访问权限，使个体只能获得相关的特定数据。

云技术和开放平台可以创建一个标准化、共享的公共服务设施，使金融机构只需向提供云服务商支付一部分租赁或使用费，就可以使用云服务，从而节约单个金融机构的建设成本。行业的公共服务设施同时促进了数据的标准化和合规的简化。

基于机器学习的数据挖掘算法通过识别复杂的、非线性模式的数据集，帮助组织和分析巨量的非结构化数据。数据挖掘算法通常在高容量和高维度的数据处理方面非常高效。

区块链可以让监管机构直接从金融机构及时获取透明的信息。所有的交易信息都记录在分布式账本上，因此具有全面、安全、精确、不可篡改、可永久保存的特点，便于监管机构随时调阅。未来，金融机构的合规报告或许可以被适当允许监管者参与的分布式账本所替代。

（二）有效的数据分析

机器学习（Machine Learning）、现代数据可视技术（Modern Data Visualization Techniques）等先进的数据分析技术，可以对结构化与非结构化的大数据进行有效的分析。机器学习是人工智能的核心，它可以识别大数据中复杂的、非线性的规律，并制定更精确的风险模型。通过机器学习建立的新型模型，能够更深入地洞察数据。机器学习基于实时获得的新信息，不断调整和改善算法，积累越来越丰富的经验，预测能力也随之提升。机器人技术（Robotics）可以进一步自动控制所有 IT 过程，包括机器学习、数据传递与存储，从而提升数据处理与数据分析的速度和效率，减少人为误差。

机器学习等人工智能技术有助于实现多个领域的合规工作。在消费者保护和客户投诉方面，机器学习可以通过对消费者适当性进行自动分析，避免不当销售。在监控金融机构内部行为方面，机器学习可以通过自然语言理解技术，分析非结构化数据，并结合机器学习，用自动化系统对自动生成的非结构化数据，如电话通话记录、邮件、PDF 文件等进行解释分析，实现自动鉴别金融机构的行为是否合规的目的。在 KYC 合规方面，除了生物识别如指纹、虹膜扫描、面部识别、远程证件识别等直接识别客户的技术之外，机器学习可以对个体社会活动信息进行自动分析验证，从而识别判断客户是否有不良或违法行为，并且同时可以有效避免用传统人工方式触及用户个人隐私。这样的客户识别方式，成为一些发展中国家不发达征信体系的有效补充，有助于提高可疑交易监控的效率。基于认知计算的"监管雷达"软件，可以"理解"监管规则的内容，并能够基于新监管规则和金融机构当前的合规程序，将因新监管规则带来的义务，自动分配至相应部门。机器可读规则（Machine Readable Regulations）是另一个基于认知计算、能够解释非结构化监管规则的技术，它能够使公布的监管规则标准化，从而减少歧义。

（三）实现实时合规与风险管理

强大的计算引擎已经使实时风险管理成为现实，金融机构越来越依赖实时计算能力去执行合规的衍生品交易，如计算交易所需的保证金、选择正确的清算机构等。拥有强大资源配置能力的云技术，可以将数据从 GB（10 亿字节）级拓展到 PB（100 万 GB 字节）级以超越以往其他分析技术的限制，洞见以往所不能发现的关键问题，从而支持实时分析。

当前，监管科技公司主要致力于以智能化和自动化来代替人工处理过程：提升数据质量，建立数据整体观（holistic view of data）；自动分析数据并在这一过程中智能地加以学习积累；生成有意义的报告，既可以报告给监管机构，也可以对内用于辅助商业决策。

位于美国纽约的监管科技公司 Droit Financial Technologies，通过其创建的 ADEPT 平台，为客户提供监管合规方面的技术服务。目前该公司已获得高盛与富国银行领投，主要服务于跨国银行和清算机构。ADEPT 平台内嵌了包括《多德—弗兰克法案》在内的超过 12 部监管法规，通过自动交易决策引擎，确保每笔交易合规。ADEPT 平台为贸易和结算交易提供合规报告，并自动检测和分析客户是否符合最新的监管法规要求。

IBM 于 2017 年推出了一套认知解决方案，帮助金融机构专业人员管理合规风险。该解决方案以应用软件为核心，软件由 IBM 的认知计算系统 Watson 驱动。Watson 具有强大的认知能力，在初始阶段，Watson 就已经被训练掌握了 60 000 条监管条文，它可以自动检索合规审查所需要的法律法规，结合它从海量的历史案例中学到的业务规则，识别并提示交易中可能出现的不合规之处，为合规审查人员提供决策支持，提高合规审查的效率，保障审查的完备性。

综合以上两个案例可以看出，监管合规服务公司通过将法律、监管政策和监管规则编译成相应的信息，通过人工智能和机器学习，对海量的案例加以学习理解，形成智能的"合规审核官"，从而辅助人工合规审核，减少人为误差，并使交易操作更加高效、准确，提高合规效率。事实上，在任何金融领域，都可以利用监管科技促进金融机构主动合规经营。

在风险识别方面，监管科技通过机器学习、智能算法，将巨量的复杂数据结构化，进而转化为可以方便识别风险的智能数据。此举不仅能够很好地预测违规行为，同时还可以帮助金融机构更好地识别、监控甚至消除操作风险，提升犯罪侦查和欺诈监控能力。英国是监管科技发展较早较快的国家之一，有的公司已经开始利用监管科技帮助大型银行应对复杂的合规要求，例如 Credit Benchmark、Percentile；有的则在智能反洗钱及客户了解等方面提供很好的解决方案，例如 Comply Advantage、Onfido、Contego。

目前，监管科技仍然处于起步阶段，还没有出现一种主流的、广泛应用的监管科技产品，金融机构还未完全熟悉新生的金融科技的解决方案。同时，监管改革仍处于进行时，随着业务发展而不断进化的监管要求使金融机构很难选择某一特定的合规解决方案。总之，我们正处在监管科技蓬勃发展的前夜，需要相关监管部门指引，所有参与者共同努力，推动监管科技在促进金融合规方面发挥更大作用。

第二章　监管科技的概念及特点

第一节　监管科技的概念及辨析

所谓监管科技，是指以科技手段辅助被监管机构提升合规效率和降低合规成本、助力监管机构优化监管方式、提升监管能力和效率，最终推动金融业务与管理水平和谐发展的一系列解决方案的统称。监管科技的英文简写"RegTech"是 Regulation Technology 的缩写，既包含监管的含义，也包含合规的含义。它的根本目标是保障金融健康、规范发展，引导其更好地服务于实体经济、保障其安全稳定、满足人民对高质量金融服务的需求，可助力推动绿色金融与普惠金融发展。

一、监管科技概念沿革

2014 年，英格兰银行的首席经济学家安迪·哈尔登（Andy Haldane）在伯明翰大学作主旨演讲中首次提出了监管科技的概念。他设想了一种应用技术来驱动监管的新型监管机制，他希望能像监视全球天气变化和监视全球的互联网通信一样，用一系列的监控器以接近实时的速度追踪全球的资金流动，创建一个全球性的资金流动图，向公众展示资金流向，并且告知哪里有资金溢出以及它们之间的相关性。2015 年 3 月，英国政府首席科学顾问马克·沃尔波特（Mark Walport）在一份研究报告中提出：金融科技可以被应用到监管和合规领域，使金融监管和报告体系更加透明、有效，从而产生新监管所用的科技体系，即监管科技。2015 年 7 月，时任英国财政大臣乔治·奥斯本（George Osborne）提出"将致力于运用新技术促进监管要求的实现"，这可以算做官方层面对监管科技最早的表述。此后，英国金融行为监管局（FCA）在调研了近两百家金融科技公司以及院校、职业咨询机构、传统金融机构之后，正式提出："监管科技是侧重于科技的一系列金融科技组合，它比现有监管手段能更有效地促进达到监管目标；大数据在线分析、监管报告生成等技术应用，可以有效提升监管合规效率及透明性"。国际金融协会（IIF）将监管科技定义为"能够高效和有效解决监管和合规性要求的新技术，包括人工智能、区块链、生物识别技术、数字加密技术以及云计算等"。2016 年，英国开始把监管科技作为一个单独的行业提出来，FCA 认为监管科技是金融科技的有机组成部分，是帮助相关机构更有效、更高效地满足金融管理与合规要求的信息技术。

互联网投资教育网站（Investopedia）从供给角度出发，将监管科技定义为"一类提供典型服务的企业，这些企业使用技术手段帮助金融服务机构更高效、低成本地满足金融管理者的合规要求"。

德勤在题为《监管科技是新的金融科技吗》的报告中提到了监管科技的几个核心特点：第一是敏捷性，即快速通过技术手段对错综复杂的数据组进行解耦和组合；第二是速度，即能够及时生成报告与解决方案；第三是集成，即共享多个监管数据结构，并对多项规定的众多要求形成统一的合规标准；第四是分析，即能够智能地挖掘现有的"大数据"数据组，实现相同数据组的多种用途。

其他关于 RegTech 概念见表 2－1。

表 2－1　　　　　　　　国内外关于监管科技的概念

年份	提出人（机构）	概念及观点
2016	中国台湾学者 Ryan	监管科技是为了应付目前金融环境所衍生出来的服务。金融管理机构通过监管科技管理当前快速变化的市场，将监管制度通过技术手段实施，可以实时监测金融从业机构的运营情况，及时判断其是否合规，协助它们随时满足监管要求。

年份	提出人（机构）	概念及观点
2016	香港大学学者 Douglas W. Arner 和新南威尔士大学学者 Ross P. Buckley	监管科技的潜在价值远大于节省金融服务业的合规成本，它将有助于建立一种实时识别和解决金融风险的监管体制，使监管变得更加高效，同时降低监管捕获①以及"古德哈特定律"②风险。
2016	西班牙对外银行	监管科技是指一系列融合创新技术和法规要求的解决方案，这些方案可以处理跨行业（包括金融服务）的监管要求。监管科技公司主要提供的服务包括：提升人工流程的自动化程度，挖掘分析报告流程步骤间的关联性，提高数据质量，创建数据整体视图，使用支持自适应学习机制的应用自动化分析数据，并生成有意义的分析报告，发送给监管机构，并在内部使用以改善关键业务决策。
2016	美国研究机构"监管科技实验室"	监管科技的内涵就是帮助企业处理与监管合规相关逻辑问题的技术解决方案的统称。
2017	中国金融四十人论坛常任理事张家林	监管科技是应对金融监管改革的合理反应，监管科技的用户不仅包含被监管机构，也应包括监管机构。被监管机构运用监管科技主要为了快速应对新出现的监管规定，并实现监管要求的持续合规；反之，监管机构则为了有效提升宏观与微观监管的水平及效率，并通过大数据分析不断挖掘确定新的监管规则。

上述观点一致认为，监管科技的驱动力在于科技，是信息技术在金融监管领域的应用解决方案。信息技术和金融监管二者的关系可以通过科技为金融监管赋能而统一到监管科技的概念中来。赋能就是为某个主

① 监管捕获：政府建立管制起初，管制机构能独立运用权力公平管制，但在管制者和被管制者长期共存中，管制机构可能会逐渐被管制对象通过各种方法和手段所俘虏，被产业控制，从而为少数利益集团谋求超额利润。

② "古德哈特定律"，以 Charles Goodhart 的名字命名的定理；是指：一项社会指标式经济指标，一旦成为一个用于指引宏观政策制定的既定目标，那么该指标就会丧失其原本具有的信息价值。因为政策制定者会牺牲其他方面来强化这个指标，从而使这个指标不再具有指示整体情况的作用。

体赋予某种能力和能量，在这里就是指科技能为金融监管活动提供高效、低成本的解决方案，具体来说，就是将原先"读不过来"的合规要求、"做不过来"的数据报表、"写不过来"的报告材料，通过技术手段快速、准确地生成并复核，将"看不见"的资金流向通过嵌入式探针逐笔呈现出来并还原整笔交易路径，让"分不清"的虚假客户身份通过生物识别结合大数据行为画像技术无处遁形，将"摸不准"的金融机构微观风险乃至宏观金融风险通过大数据挖掘、人工智能等技术变得量化和直观。这些目标有的已经初见端倪，有的已取得阶段性进展，有的还处于设想和规划阶段。随着新兴科技的迅猛发展和不断完善，科技和监管二者一定会融合得更加完美。

二、本书范畴

对一个新事物，从不同的视角看，其涵盖范畴可大有不同。在这里，我们先给大家展示监管科技最狭义和最广义的范畴，然后提出我们认为当前应当重点关注的部分。

首先，从狭义上看，监管科技可以算做金融科技的一个分支，定位为"如何对当前炙手可热的金融科技进行监管"。这个层面主要强调对金融科技风险监测、识别、防控等领域的技术，同时还包括 FCA 积极推进的监管科技生态（RegTech Ecosystem）建设，比如，通过"监管沙箱"（Regulatory Sandbox）机制在可控的测试环境中对金融科技的创新产品或创新服务进行测试；通过"创新中心"（Innovation Hub）支持和引导金融机构理解金融监管框架，识别创新中的监管、政策和法律问题；启动金融科技加速器计划，加强与高新技术公司的合作，通过资金扶持或政策扶持，加快金融科技创新的发展和应用等。这个范畴着眼于解决面对金融科技迅猛发展而凸显出的传统监管不足的问题，致力于推进金融科技创新发展与规范发展的平衡。

其次，从广义上看，监管科技可以被认为是在整个金融系统中，与金融监管、合规与风控相关的各种信息技术及其应用。在这个视角下，金融监管领域应用科技推动发展并非一个全新的现象。我国金融业在应用信息技术方面一直走在各个主要行业领域的前列。相应地，我国金融监管部门的信息化水平也一直紧跟国际国内先进水平，从最初采用电子计算机代替手工处理的监管业务电子化，到征信、统计、支付清算等基础设施的设立，我国金融监管部门一直在依靠和推动监管科技不断前行。人民银行成立金融科技委员会伊始，即明确将加强监管科技应用实践，积极利用大数据、人工智能、云计算等技术丰富金融监管手段，提升对跨行业、跨市场交叉性金融风险的甄别、防范和化解能力，迎接未来监管智能化时代。与此同时，我国金融机构也一直积极采用电子手段提升合规与风控能力，采用大数据和人工智能等技术提高风险的识别率和及时性。

从监管部门和被监管机构的视角来看，监管科技的作用都是提升效率、降低成本。被监管方作为微观个体，主要关注的目标是其从如何降低成本、避免违规，最终服务于自身的经营效益，而监管者的主要目标在于确保宏观金融体系稳定以及强化对金融机构个体行为和风险偏好的监管，通常与经济效益关联不大。尽管双方应用监管科技的具体需求和目标不尽相同，但两者仍有一定的联系。具体来说，被监管方的监管科技的输入是监管方的产出（监管要求、规定），而监管方的输入是被监管方的输出（交易数据、统计报表、合规定报告等材料），由此两者形成了一个完整的闭环结构。

当前监管科技的魅力在于，一方面可以应用新科技解决以前很难做好的管理与合规问题，实现精准管理与实时风险监控，另一方面也可以对新兴技术支撑的流程再造和模式创新提供与之相匹配的技术管理手段。因此，本书所研究的监管科技范畴既包括运用新技术提高对传统金融业的监管（合规）效率、降低监管（合规）成本，也包括运用新技术监管新业态。长远来看，还包括为应对和迎接未来的新应用与新技术而建立的一整套技术驱动的监管理念与监管方式。

三、监管科技的发展视角

科技是推动经济进步和社会发展的关键因素。科技的每一次重大突破，都会引起生产力的深刻变革，从而推动人类社会产生巨大进步。20世纪，特别是第二次世界大战以来，最初为军事需要而出现的信息技术产生了一系列重大突破，前所未有地推动着各个领域的进步，深刻改变了人类生产生活的面貌，以至于可以将"二战"以来的时代称为"信息时代"。按照标志性事件，可以将信息时代分为以下三个阶段。

（1）信息化1.0阶段。以20世纪40年代第一台数字计算机的出现为标志，人类进入以单机应用为主要特征的数字化时代。20世纪80年代个人计算机大规模普及应用是这一阶段的顶峰。

（2）信息化2.0阶段。20世纪90年代，美国提出"信息高速公路"建设计划，随后互联网大规模商用。这一阶段以互联网应用为主要特征。

（3）信息化3.0阶段。进入21世纪以来，随着云计算、大数据、移动互联、人工智能等新技术的研发和应用，以数据的深度挖掘和融合应用为主要特征，可形象地称为"智慧化"阶段。这个时期，信息化建设的第三次浪潮蓬勃兴起。信息技术成本的不断降低、宽带移动、泛在互联、云计算模式驱动等带来了信息化技术应用的普及化、多样化，同时积累了规模巨大的多源、异构的数据资源（见图2－1）。

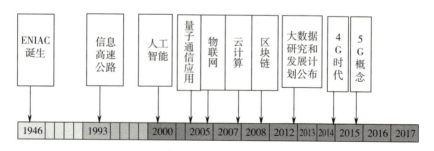

图2－1　信息技术发展时间线

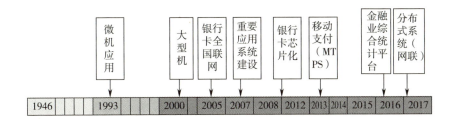

图 2 - 2　我国金融监管机构重要系统里程碑

图 2 - 3　监管科技大事件

　　中国金融业作为较早大规模应用信息技术的行业，其发展历程生动地诠释了科技对金融行业发展的巨大推动引领作用。目前，业界对金融科技的发展大致使以三个阶段来划分，与信息化三个阶段大体可一一对应。金融科技 1.0 阶段是金融 IT 阶段，主要是金融行业通过 IT 技术的应用来实现办公和业务的电子化、自动化。2.0 阶段是互联网金融阶段，主要是金融业搭建在线业务平台，利用互联网或者移动终端的渠道来汇集海量的用户和信息，实现金融业务中市场信息的互联互通。第三个阶段是金融科技 3.0 阶段，核心是金融业通过区块链、大数据、云计算、人工智能等技术，从信息采集、风险定价、投资决策、信用评级以及产品设计与销售等环节，全面变革、升级传统金融业服务模式。

　　金融市场需求推动着金融科技应用的快速发展，与此同时，监管科技在监管、合规、风控领域也一直得以应用。在 2015 年之前，金融科技与监管科技可以说是并驾并驱，齐头并进，但 2015 年以后，由于算法、算力、数据的提升，量变引发质变，新一轮技术浪潮下，监管科技与金融科技差距迅速变大（见图 2 - 4）。监管科技的发展历程同样可以划分为以下三个阶段。

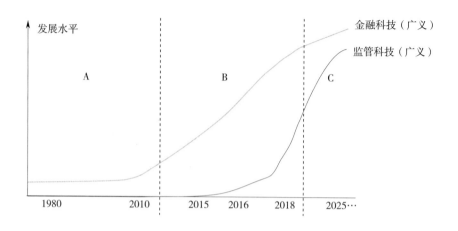

图 2 - 4　监管科技与金融科技的发展对比

（一）监管科技1.0阶段

监管科技应用的最初阶段，时间跨度上大约是从20世纪90年代到20世纪末。从模拟人工操作流程入手，利用计算机软硬件的高性能代替烦琐、易错的手工操作，从而大大缩短业务处理时间，提升准确性，解决手工"可以处理"，但是"效率低、成本高"的问题，也就是我们形象地表达为海量数据信息准备不过来、打印不过来、错误检查不过来、审核不过来、理解不过来等人工方式的低效问题。人民银行第一代会计核算系统就属于这样的典型应用。随着技术的发展，很多不能用传统信息技术处理的问题也变得迎刃而解，如监管机构对合规性文件（包括财务报表等结构化数据和报告等非结构化数据）的快速生成、处理的需求。这虽然是近年才产生的技术成果，但考虑到其本质仍是从手工操作到信息化处理的转变，因此也归入1.0层次中。这一阶段的特征可以归纳为：

1. 业务需求导向，需求依赖度高。由于IT在发展初期，各行业还将其视为提升传统业务处理效率的辅助手段，加之IT人才的稀缺，业务系统开发尚缺少可借鉴的经验，程序设计语言还以流程化设计为主流。因此，这一阶段系统设计主要依赖于成熟和明确的业务需求，业务部门说什么，IT 就负责实现什么，业务操作规范在 IT 系统里有着鲜明而广泛的体现。

2. 主要目标是人工替代。IT 应用于金融监管部门和金融机构的初衷，主要是为了解决日益增长的业务量与手工处理效率低、易出错的矛盾。其时，金融从业者大都是具有金融、经济会计等背景的人才，IT 人才还比较稀少，IT 在这些传统思维中，相当于一个"高速度的算盘"，或者一本"不占地方的账本"，或是一支"能快速画出各类图表的神笔"。因此，这一阶段的监管科技应用基本上是根据业务部门的需要，实现具体业务流程的电子化、数据的磁盘化、报表打印的批量化和自动化。

3. 技术相对成熟，但对 IT 软硬件资源的性能要求高（如处理器、存储、网络带宽等）。由于历史原因，当我国金融业 IT 刚刚起步之时，国际上主要发达国家的 IT 已经历了几十年的发展历程，从软硬件到系统开发设计都有了较为成熟的经验。尽管如此，我国金融业在 IT 应用方面充分利用后发优势，奋起直追，为日后的发展奠定了人才和体系的坚实基础。

4. 以业务数据入手，以算法设计为核心。这个特点来源于 IT 界早期一个经典的定义，即程序＝算法＋数据结构。金融业是一个数据密集型的产业，各种业务数据、信息是金融运作的基础和生命线。1.0 阶段的监管科技是围绕如何更快、更好地对数据进行采集、存储、计算、输出等基本流程来设计。受技术发展阶段的限制，最初只能作为数据处理的工具，数据是原料，系统按照给定的数据操作要求（也就是系统开发之初的"业务需求说明书"），通过"精准"设计的算法来实现复杂的计算和报表的生成。这个阶段的监管科技主要解决的问题是提升"事后监管"水平。

以人民银行为例，1993 年，中央银行会计核算电子化（第一代会计核算系统）的建成，改变了手工账务核算的方式，提高了工作效率和准确性。这可以说是利用科技手段提高金融监管工作效率的最初尝试，标志着监管科技的雏形在人民银行的统领下开始浮现。1994 年,人民银行组织实施国家金卡工程,建立了统一的银行卡业务规范和技术标准,在发卡银行间实现资源共享、通存通兑。1996 年,人民银行建成区域性金融数据网,将金融统计报表全科目上报系统、中央银行会计核算系统推广到县级,将经济信息案件信息管理系统、在华外资金融机构监控系统等推广到地市级。这些成果表明,人民银行依靠信息技术实现了监管手段跨空间的延伸。

从商业银行看,特别是 20 世纪 90 年代以来的一系列金融风险事件引发了整个银行业对风险管理的重视,风险管理成为银行战略层面的重要组成部分。与此同时,各商业银行越来越关注信息化在合规风控方面的作用,加大相关系统建设的力度。在此阶段,商业银行坚持问题导向,在信贷管理、授权管理、事后监督等领域建设风险管理系统。例如,通过采用工作流控制技术,将风险管理与信贷流程相结合,利用规范的操作流程对信贷审批中的各个风险点加以重点防控;建立授权管理系统,变"人防"为"机防",从"网络授权"和"过程控制"两个核心环节实现对业务控制事项的网络管理和实时控制;建设集中式的事后监督系统,对基层事后监督人员实行限权管理和业务差错自动勾兑,起到提高风控效率和质量的作用。

值得一提的是,随着业务发展和技术进步,商业银行利用信息系统实现风控合规管理由单一的信贷风险管理拓展到市场风险、信用风险、流动性风险、操作风险、监管资本管理等领域,功能上也由单纯"手工替代"向定量化、全面化、智能化发展。工商银行的非零售内部评级高级法系统涵盖流动资金、贸易融资、项目贷款、房地产贷款、票据贴现、表外担保和承诺六类非零售表内外信贷产品,为银行信贷业务流程中的审批、监控环节提供技术支持。光大银行个贷风险管理系统通过申请评分卡或评级器量化客户资质评分,实现贷后预警和催收功能。国开行市场风险管理系统建立了 VaR 计量分析、压力测试、返回测试、模型验证等的市场风险管理体系,实现多维度、立体化的限额设定及自动化监控,支持在较短时间内对未实现的交易进行模拟，提供前瞻性的分析结果。农业银行操作风险管理系统包括对风险的报告、监控、识别、评估、计量等功能，建立了与会计监控系统、客服系统、反洗钱管理系统、法务系统等多个操作风险相关系统的接口，直接提取风险信息，实现对风险信息的动态、实时监测和统一管理。建设银行的监管资本管理系统接入和整合了客户、债项、押品及对公客户评价等各类风险计量模型结果等信息，实现了法人和集团口径新协议资本充足率的自动计算，可按照监管要求生成资本充足率报表和信息披露报表。

以上可视为我国监管科技的孕育期，基本上对应了信息化 1.0 阶段和 2.0 阶段。在这期间，我国金融业乘着改革开放的春风，通过探索实现了"从无到有、从单机处理到联网处理"的突破。这一阶段的信息技术发展的特点是面向提升能力和降低成本的技术创新，"摩尔定律"[①] 和"香农定律"[②] 分别主导着计算机和通信技术的发展。

在这一阶段，我国对监管科技的认识处于刚刚起步，国家层面的监管部门基于自身的监管业务需要而成为主要的推动力和参与者，其更多地依靠自身的技术力量探索开展，采用业界的成熟通用产品。监管科技当时还没有形成一个独立的产业和概念，而是金融信息化的一类应用。

（二）监管科技 2.0 阶段

这个阶段是在业务流程自动化的基础上进一步提升信息综合分析利用水平，时间跨度上大约是从 21 世纪初到 2015 年前后。典型的案例包括人民银行建设的金融调查统计分析系统、大小额支付系统、国库信息管理系统、个人及企业征信系统等。其特点是大规模应用小型机、宽带广域网、企业级数据库、消息中间件等信息基础设施，实现全国范围业务数据的集中采集、存储、处理和综合分析，提升信息处理的时效性和全面性，从而更加全面系统地分析整体经济金融形势，供监管机构决策。

---

① 摩尔定律：指计算机的性能每隔 18～24 个月便会增加 1 倍，换言之，计算能力相对于时间周期呈指数增长。

② 香农定律：通信信道的带宽式信道中的信噪比越大，信息的最高传输速率就越高。

目前，这些应用系统仍然作为我国重要的金融基础设施发挥着作用，也必将随着技术的进步对其进行不断升级完善。监管科技2.0阶段也有一些正在开拓的应用领域，如身份识别技术应用（KYC、身份管理、风险识别等）。互联网金融时代的身份识别与认证，由于其交易突破了时空限制，传统的面对面方式已经不能满足需要，基于大量的客户金融行为、背景以及社交活动数据等信息，利用大数据技术，可以更加精确地为用户画像，具有更高的抗抵赖性、防伪造性，与人工智能等能有效防止金融网络欺诈行为。目前，监管科技2.0阶段的特征可以归纳为：

1. 数据的重要性逐渐凸显，数据孤岛的现象随着业务导向的惯性而出现。1.0阶段业务主导IT建设，造成了一个业务一个系统、一个系统一批数据，带来的问题在2.0阶段逐渐显现。与此同时，数据作为客观世界的真实反映，其蕴含的价值已经越来越被业界所认知。数据仓库、分布式计算乃至大数据技术的成熟，使得从海量数据中提取有价值的信息成为可能。至此，问题的瓶颈便成了怎样获取尽可能完整、全面、准确的数据。

2. 数据采集模板、系统接口等逐渐标准化。这是实现大数据分析的基础和先决条件。

3. 从基础统计分析，到数据挖掘，再到大数据技术，算法和算力法的突破逐渐成为推动力量。

4. 随着面向对象编程语言、并行计算、大型数据库、网络操作系统等新技术的成熟和应用，IT技术逐渐成长为一种具有独立体系和具有内生动力的体系，已经从被动地接收需求、实现需求模式，逐步过渡到"解决方案空间"的引领模式。

这一阶段的监管科技实现了从"粗放监管"向"精细化监管"的转变，也就是从传统的基于相对有限领域的数据分析以辅助监管决策，向以全口径、广关联、海量原始数据的深度挖掘为基础的精准监管转变。以数据的深度挖掘和融合应用为主要特征的智慧化是这个阶段的发展方向，逐步引领"事后监管"向"事中监管"靠近。

2001—2005 年，人民银行依托现代通信网络和数据库技术，逐步推进数据大集中，相继建设了金融统计、大小额支付、中央银行会计核算、国库、征信、反洗钱、银行卡交换等信息系统，涵盖了金融监管和服务的主要业务领域。这个时期堪称我国监管科技的青春期，科技已逐步成为支持监管履职和推动金融发展的重要手段。同时，这个时期用 5 年的时间做了发达国家 10 年才能完成的事情。监管科技的飞跃与金融科技的兴起有着天然的关联，可以说，推动监管科技由依靠传统"信息化"手段跃升为"智能化"引领的新动能就是金融科技。显而易见，监管科技 2.0 阶段的高潮恰恰与中国金融科技时代的兴起相重合。

金融科技（FinTech）是个舶来语，据说 FinTech 一词最早是由花旗在 1993 年首倡，但公认其崛起并席卷全球是在 2015 年。而几乎在同一时期，我国金融科技时代在"互联网金融"浪潮下徐徐拉开。互联网金融的主要特征是利用互联网和移动终端，搭建在线金融业务平台，实现金融业务资产端、交易端、支付端、资金端的组合与互联互通，本质上是利用移动互联技术对传统金融渠道的变革，是新兴技术与金融业务的一次深刻融合。在此基础上，金融科技的概念在技术手段、业务范畴、服务人群等方面都实现了进一步的突破和拓展，具体来说，就是通过大数据、云计算、人工智能、区块链等新兴 IT 技术改变传统的金融信息采集、风险定价、投资决策等，以提升效率，降低风险，实现决策智能化。从这个意义上说，在中国互联网金融是金融科技发展的先行者，中国金融科技时代起步于互联网金融，同时又在其实践基础上进一步升华。

在这一阶段，随着我国金融业实力的增强，金融机构更有动力和能力采用和研发更加复杂的信息化系统，与此同时，监管机构与被监管机构之间的联系和技术交流更为同步和紧密，共同推动金融监管科技水平随着信息技术进步和业务发展而不断提升。在产业界，更多的信息技术提供商、网络、机房基础设施服务商加入了为金融业服务的队伍中来。

（三）监管科技 3.0 阶段

这个阶段始于 2015 年，主要为了解决传统监管科技手段"几乎无法处理"的实时监管问题。这一时期恰逢金融科技蓬勃兴起的时期。在金融科技的推动下,金融业态日益复杂,交易速度和规模日益突飞猛进。监管部门如需及时发现和化解可能的金融风险,必须使其监管系统具备实时采集和处理全部金融交易数据并做出决策的能力。监管科技 3.0 阶段的主要研究方向包括通过监测探针、API、智能合约等技术实现监管系统与金融机构的后台系统直连,实时获取数据并在必要时阻断异常交易,以及利用大数据、人工智能等提升监管的前瞻性、预见性。目前,监管机构也敏锐地意识到了监管科技需要与时俱进,充分吸收和运用符合时代要求的新技术、新工具、新理念,提升监管水平,促进金融业务发展。监管科技 3.0 阶段的主要特征包括:

1. 高度依赖新技术、新理论的突破和实践检验,有关技术应用的成熟性还有待证明,同时需要多种新技术共同配合发挥作用,是"新技术密集型"阶段。

2. 由于技术创新性具有效益和风险的"双重放大性",监管机构在应用时必须做好充分的控制和防范准备,通过完备的监管措施、制度框架、应急预案来有效掌控新技术的应用。

这一阶段的监管科技致力于实现从"事后监管"向"实时监管"、从"旁路监管"向"主动干预"的过渡。

在这一阶段,新兴科技公司走在了传统金融机构和金融监管部门的前面。它们利用"后发优势",积极应用新技术,创造新产品,是监管科技 3.0 阶段的加速器。同时,随着监管科技的重要性越来越为社会所共识,其成为一种独立产业的可能性也越来越大,并形成了相应的"产业链"。科研、咨询、法律、知识产权等领域的投入越来越多,形成了"众人拾柴火焰高"的局面。

上述三个阶段基本是按照科技发展和应用规律的时间维度划分的,每个阶段承前启后,环环相扣。每一个层次都在需求更新和技术进步中得到不断发展,最终构成一幅监管科技的立体图景。

图 2-5 定性地总结了监管科技发展阶段与相应的技术之间的应用关

联性，从中可以看出，新兴技术在监管科技中的重要性会越来越大。而基于云计算的分布式架构是各个层面监管科技的技术基础，随着监管科技的愈加先进，承担着提供强大和持续的算力的重任，因此其是未来一项重要的基础性设施，而大数据和人工智能可能会成为发展最快最有应用前景的技术。

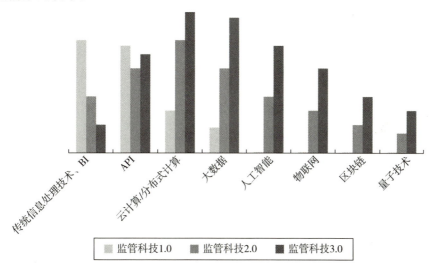

图 2－5　监管科技发展阶段所依赖的信息技术

　　2015 年 3 月，我国政府工作报告中第一次出现了"互联网＋"这一新概念，强调信息技术与生产经营（工业互联网）、贸易流通、投资融资等传统行业的结合，实现全产业链的升级。2015 年 7 月国务院印发《关于积极推进"互联网＋"行动的指导意见》，大力推动网络化、智能化、服务化、协同化的"互联网＋"产业生态体系的完善，以及"互联网＋"新经济形态的形成，促使"互联网＋"成为经济社会创新发展的重要驱动力。在这个时期，由于互联网的商用价值迅速显现，信息技术从能力主导向应用主导变迁，揭示应用和成本规律的"贝尔定律"和"梅特卡夫定律"占据主导地位。技术发展与应用需求"双轮驱动"，相互促进，推动监管科技持续高速发展。

IT 界的"摩尔定律""贝尔定律" "梅特卡夫定律"

1. 摩尔定律是由英特尔（Intel）创始人之一戈登·摩尔（Gordon Moore）提出来的。其内容为：当价格不变时，集成电路上可容纳的元器件的数目，每隔 18~24 个月便会增加 1 倍，性能也将提升 1 倍。换言之，每 1 美元所能买到的电脑性能，将每隔 18~24 个月翻 1 倍以上。这一定律揭示了信息技术进步的速度。

2. 贝尔定律是 DEC 技术灵魂人物、小型机之父戈登·贝尔（Gordon Bell）提出的。他认为，如果保持计算机能力不变，每 18 个月微处理器的价格和体积将减少一半。这是对摩尔定律的补充。两大定律互相补充，这就意味着同等价位的微处理器的速度会越变越快，而同等速度的微处理器则会越来越便宜。

3. 梅特卡夫定律是由 3Com 公司的创始人、计算机网络先驱罗伯特·梅特卡夫提出的。它描述的是网络技术发展的一个规律，即网络价值以用户数量的平方的速度增长。梅特卡夫法则实质是网络外部性。详细来说，如果一个网络中有 n 个人，那么网络对于每个人的价值与网络中其他人的数量成正比，这样网络对于所有人的总价值与 $n \times (n-1) = n^2 - n$ 成正比。如果一个网络对其中每个人价值是 1 元，那么规模为 10 人的网络的总价值将等于 100 元；规模为 100 人的网络的总价值就等于 10 000 元。网络规模增长 10 倍，其价值就增长 100 倍。

以上这三大定律共同体现出 IT 技术的发展速度是指数级这一特征！

如果说，在信息化 1.0 和 2.0 阶段，我国还处于落后和追赶的状态，在金融科技时代则是我国与国际先进水平的差距日益缩小、从"跟跑"到"并驾齐驱"再到"弯道超车"的重要阶段。这一时期，在我国政府"互联网＋"政策的指引和鼓励下，一些依靠新兴技术开拓新业态的公司逐步兴起，传统商业银行也在新兴技术和市场需求双重推动下加快进入金融科技领域，大力发展有利于实体经济、有利于服务民生的金融创新产品和服务。监管部门高度重视监管科技的作用，中国人民银行副行长范一飞在 2017 年人民银行科技工作会上专门对监管科技进行了阐述。他认为，监管科技有助于监管部门更好地感知行业态势、更准确地识别风险；被监管部门将监管要求数字化、流程化、自动化，从而降低成本和提升效率；采用"政府 + 市场"共建模式开发的网联清算平台就是监管科技在金融领域的有益尝试。

中国经济进入"新常态"后，由于互联网与金融的深度融合发展，金融业打破了以往的平衡。这个时候，政府有责任采取精准手段教育和引导金融科技向着利于服务实体经济的方向健康发展，将金融科技统筹到金融业这个大产业中来，最终达到金融业在更高水平上的供需平衡，这也符合当前供给侧结构性改革的应有之义。

随着信息技术突破的速度和密度越来越大，新技术在我国金融监管领域落地生根所需的时间也越来越短。可以预见，未来 5～10 年，是全球新一轮科技革命和产业变革迸发的关键时期。我国决策层、产业界、金融机构、金融科技公司等相关方，都要前瞻性地抓住这一机遇，使我国监管科技，尽快形成产业规模。

四、相关概念辨析

当前，金融科技炙手可热，政产学研用各界都从不同的视角对其进行了深入探讨，同时，监管科技又是一个新的概念，因此，这里有必要对各类著作、文献、报告中出现较多的提法和关键概念进行梳理。

（一）监管科技与金融科技

按照金融稳定理事会（FSB）的定义，金融科技是指技术带来的金融创新，它能创造新的模式、业务、流程与产品，既包括前端产业也包含后台技术。金融科技应用的环节包括：将移动互联网、人工智能等技术运用于前台（客户端）以提升用户体验；将大数据、人工智能、生物识别、区块链等技术运用于金融机构中后台，强化风控、决策等作用。金融科技的出现，增加了金融机构、科技公司、IT 基础设施运营商等主体之间的联系，同时也容易使风险在各方之间传播和放大。

相应地，监管科技也将在对应的环节发挥作用，如前台的身份识别，中台的风控和反洗钱；后台的数据处理、报表生成、数据报送等。金融科技的基础设施也是监管科技的重要监管范围。如前文所述，监管科技是金融科技的一个细分领域，因此，监管科技也具备金融科技的一般性、普遍性特点，如数据海量化、决策智能化、监测实时化等。

归纳起来，监管科技与常规意义上的金融科技有以下内在联系与区别：

金融科技与监管科技，是相同新兴信息技术应用在金融领域不同需求场景的解决方案合集。依托人工智能、大数据、区块链和生物科技等新兴科技，均可以构建金融科技和监管科技解决方案，但两者改善的需求痛点或应用目的存在明显不同。金融科技侧重于创新金融机构与金融消费者之间的服务模式，提升金融服务普惠性和类型多样性。监管科技则侧重于提升金融监管合规的效率与效用并降低实施成本。创新金融机构与监管部门间的协作，可以更好地帮助金融机构达成合规要求和帮助监管部门实现风险监测目标。

金融科技与监管科技的产业驱动主体存在差异。从当前市场发展实际情况看，常规金融科技产业驱动主体更多的是 IT 创业公司和意图跨界经营的中大型互联网公司，它们有些是运用技术去助力金融机构加快金融创新，但更多的则是借助技术自主或协作创造新的业务模式及金融产品，如网络和移动支付、网络众筹、网络 P2P 借贷等，力图深度参与金融业务。反之，监管科技产业的驱动主体大多为金融机构和金融监管部门，前者受降低合规运营成本经济效应所驱动，后者是为了基于有限人力物力实现监管能力的不断提升。从某种程度上说，在常规金融科技注入新的金融活力的同时，监管部门也随之推动监管科技的发展，相应地注入了监管制衡力，以兼顾创新与安全。

由于监管科技比金融科技有一定的滞后性，监管科技的发展要立足在透彻理解金融科技的基础之上。实际上，一个优秀的监管科技公司往往脱胎于金融科技公司。

监管科技的发展路径有几种可能性：一种由政府（监管机构）规划和主导，其缺点是不够迅速灵活；另一种是商业机构主导，具有赢家通吃的特点，收益与风险不成正比；还有一种是开源社区，由大量技术人员从底层做起，成本低，自主可控，使风险分散，有利于培养人才。如能将几个方面结合起来，政府提需求、定标准、设立产业基金，商业机构投资组织资源，开源社区出基础产品，则可发挥各自优势。

金融科技与监管科技的兴起动因具有同源性。可以认为，2008年国际金融危机几乎同时促成了常规金融科技与监管科技的兴起与蓬勃发展。金融危机后，一方面，全球金融监管部门对金融业的监管要求大幅提升，直接挤压、约束了金融机构的业务范围及空间，其创新动力大为减弱，年轻民众对身处舆论旋涡中的传统金融机构逐渐失去信心，这为互联网公司创造了以金融科技方式提供金融服务的绝好机会。另一方面，日趋严格的监管要求又使金融机构向监管部门报送的监管数据规模急剧膨胀，金融机构必须借助科技手段降低合规成本，提升自身市场竞争力，从而推动面向被监管方的合规类监管科技首先兴起。随后，监管科技的积极作用引起了监管部门的关注，面对高速变化的金融市场，监管部门自身也开始利用技术手段辅助监测风险和维护金融稳定，面向被监管方的监测类监管科技逐渐崭露头角。由此可见，金融科技与监管科技是国际金融危机带来的"一因两果"，在某种程度上，两者构成正反馈体系，即金融科技的持续发展会伴随着监管科技的不断壮大。

金融科技具有追求差异化、快速迭代、快速更新换代等特点，不断寻找新的业务突破口、创建新场景，为消费者提供更新、更好、更个性化的金融体验。而监管科技则倾向于采用相对稳定的技术架构、相对统一的数据接口标准，以便提升系统稳健性、可扩展性和连通性，为监管部门或被监管机构提供稳定的、标准的功能呈现。

监管科技的"监管"二字，在一定程度上限定了它的应用范围。金融科技是推动金融创新发展的主要动力。被监管机构运用新技术发展新业务，目的在于追求商业利益，满足股东价值最大化。反观监管科技，目前对于监管方来讲还是公益性、社会效益为先，对于被监管方主要是用于控制成本，同时，监管科技是用于监管包括金融科技在内的金融业态的，其技术性、业务性要求必然会比金融科技的要求更高。当前中国监管科技生态圈还主要停留在理论、规划、探索阶段，实际产品的供给缺乏足够的规模效应或动力。但是，其发展潜力不容小觑。

（二）科技监管与监管科技

2012 年，中国银监会设立信息科技监管部，开展信息科技非现场监管和现场检查，科技监管由此进入人们的视角。科技监管的目标包括：加强信息科技风险的监测和预警，深入开展信息科技现场检查，做到风险早发现、早报告、早处置，进一步提升信息科技风险监管的及时性、前瞻性。可见，科技监管的落脚点在"监管"，即监测和防范因采用信息技术而产生的风险。

监管科技则侧重于与监管相关的各种科技手段，特别是各种新技术手段。监管科技的应用领域既包括对传统业务的监管，也包括对新兴的金融科技（这里特指依靠新兴科技手段创造或实现的新金融业态式模式）的监管。有时，我们也将监管科技的范畴从"科技"扩大到与监管金融科技相关的制度设计层面上，如"监管沙箱"等概念。

监管科技与科技监管的概念除了上述区别外，也有联系。为了提高"科技监管"的效率和水平，监管部门需要借助监管科技的手段来开展工作。同时，监管科技本身也是科技监管的一个重要监管对象（未来也将会随着监管科技的发展而越来越成为科技监管的重点目标），这是由于监管科技处理的信息更多、更快、更核心，其直接作用于金融监管的心脏地带，它不仅是金融机构自身发展的"助推器和陀螺仪"，更是监管当局手中的"尚方宝剑"，其意义和影响不言而喻。因此，应该通过传统的、新兴的监管手段和方式，如现场/非现场检查，制定规划、完善标准等，持续监管金融机构等主体所采用的监管科技，防止监管科技被滥用。

（三）金融科技与科技金融

科技金融，通常是指为支持科技创新而开展的各类服务，强调金融对科技进步的支持与作用。金融科技强调的则是现代金融与科学技术推动金融业务的发展。科技金融与金融科技二者是互相推动、互相促进的，是一体的两面。一方面，金融业对利润、效率、客户满意度等的需求推动了科学技术在金融业的应用，如高速计算、精准营销、智能投顾等。另一方面，科技在金融的创新支持下破解了风险高、融资规模大等产业融资难题，取得了突飞猛进的发展。

> ## 金融支持科技创新的案例
> ## ——美国硅谷科技创新的经验

硅谷的成功，除了有高新技术的驱动和强烈的创新文化作为动力之外，金融提供的强有力支撑也是必不可少的。在硅谷初创与发展期，美国政府与军方的政策和资金扶持发挥了重要作用，但自"冷战"后期尤其是21世纪以来，来自市场的风险投资起到了重要作用，造成这一变化的根本原因是风险投资更为灵活快捷、更善于发现新的技术增长点，通过风投，初创企业可以迈出从技术到市场的关键一步。对于高科技企业而言，风投是绝佳的孵化器，可以带来资金和专业的公司治理经验。

（四）监管科技与"人"的关系

从前面的发展历程回顾，可以越来越深刻地认识到，科技的发展虽然永无止境，但是在运用、改进、发挥科技作用的过程中，人的作用不是削弱了而是加强了。监管科技也是如此，它不会一劳永逸地解决金融监管全部问题，更无法完全取代人工监管。

第一，监管科技很难消除监管工作本身的分歧与争议，仍然需要金融监管专家利用经验、智慧灵活掌控金融监管松紧程度，平衡安全与创新。监管科技手段可以减少监管执行过程中因故意或疏忽而造成的自由裁量权滥用及错误决策等情况的发生，但其完全程序化的决策方式也无法兼顾监管一般性与特殊性。金融监管不能简单视为抓捕犯罪分子式执法，除主观故意外，商业决策失误、行业需求变化等诸多客观因素均可能引发金融稳定风险，此时就需要专家发挥自由裁量权确定监管应对方式。

第二，囿于人工智能等技术的发展现状，监管科技的能力仍无法完全替代监管人员和合规、风控人员处理各类金融监管、合规与风控场景下的全部工作。

第三，监管科技本身需要高水平监管机构对其实施监管。监管部门有义务履行对监管科技提供机构的政策辅导、标准制定、供应商管理、技术方案审查和监管效果持续评估等职责，以进一步规范相关技术发展路径，减少无序竞争带来的资源浪费、利益博弈引入的新增技术风险和道德风险（例如为规避监管在技术方案中设置倾向性数据采集后门）、金融市场快速变化造成的监管模型算法失效等问题。

总之，未来金融监管格局将表现为运用监管科技与依靠专家的协同运作方式，操作型监管人员将逐渐减少。监管科技侧重于实现规则监管模式下监管要求的数字化、标准化和程序化的处理与评估，消除规则歧义，以及在原则监管模式下自动学习和识别潜在风险信号，并给出预测及决策建议；而专家则专注于对监管科技实施辅导与支持，加强行业顶层规划与统筹协调，同时，还依靠丰富经验辅助完成风险信号判定的修正工作，提出监管结论。

第二节　监管科技的特点与作用

如果说金融科技是新时代金融发展的引擎，那么，监管科技则是它的导航兼控制系统。当前，引擎的马力正在一日千里的发展，如果导航和制动能力跟不上，就无法保证这艘巨轮沿着正确的航向劈波前行。

监管科技是我国取得金融业竞争优势的保障。当前，从业务领域、业务受众、创新模式及渗透率等指标来衡量，我国的金融科技已经走在世界前列，但在这个过程中还存在披着"创新外衣"、行"规避监管"之实的野蛮生长情况，资管产品乱象、P2P 跑路、小贷行业不尽规范、非法 ICO 等一系列不规范的金融行为，披着科技的外衣或标榜科技作为规避监管的手段，这些都是系统性金融风险的隐患。传统的金融监管方式"看不懂""理不清""防不住"的弱项亟待通过监管科技来弥补，从而引导和推动金融科技健康良性发展，继续保持优势地位。新时代，监管科技的意义重大，充分地体现在支持宏观决策科学化、推动监管治理精准化、推进金融服务高效化、加快民生服务普惠化等方面，是落实"五位一体"总体布局和"四个全面"战略布局要求，积极适应把握引领经济发展新常态，贯彻落实创新、协调、绿色、开放、共享的发展理念，为决胜全面建成小康社会提供有力支撑。

一、监管科技的十大特点

实时性。指监管科技可以提高监管效率，效率是科技应用的最传统、最直观的价值。"天下武功唯快不破"，特别是一个从事金融业务的机构，借助科技的赋能，往往只需极短的时间就会从"too small to care"发展成"too big to fail"，这期间留给监管者的反应时间很短，如果还是按照事后的、分业的、基于结构化数据的监管方式和流程，就很可能会失效。在这一点上，微观审慎监管应密切注意各个金融主体的发展情况；宏观审慎监管则应把注意力放在整个金融、经济系统上来，贯彻功能监管、行为监管的原则并及时游离于监管体系之外的金融活动，及时堵塞监管漏洞。在这个飞速发展的信息时代，监管部门发现问题的速度是决定其履职成功与否的重要因素。

预测性。就是利用人工智能、特别是深度学习技术，将人类特有的学习模式与信息技术强大的实时、海量信息处理能力结合起来，逐步实现趋势性准确预测。

可持续性。监管科技可以 24 小时运行，不会存在人类因体能、情绪、主观因素变化而受到影响的问题。同时，通过持续获取、分析历史监管、合规、数据，将丰富的数据资源作为机器学习的输入，不断完善监管模型，迭代发展。

数据驱动性。数据已经成为一种资本。理解现有数据资产的价值并懂得如何运用现有的数据指导业务开展是监管者与被监管者关键核心竞争力。监管科技正是数据驱动的一个典型应用。

协同性。不同监管科技系统间可以通过统一的 API 接口、规范的数据标准实现对接和数据共享，提升综合监管的能力。

可审计性。操作过程以统一的格式保存、交换，格式化的信息有利于自动审计，及时从海量数据中发现异常，做到监管与业务进行的基本同步。

交易痕迹的可探寻性。监管科技可实现穿透式监管。金融混业经营的深化，使得跨市场的风险传递增加。其原因在于不同类型机构开展同类业务的行为规则和监管标准不一致，难以实现全流程监控和全覆盖的监管。例如，在券商资管、私募基金产品中，部分是银行理财资金的"通道"和嵌套业务，每层嵌套都有可能加杠杆，若监管部门无法"穿透"资金流向的全过程，就无法掌握资金规模、杠杆率等核心监管指标。要实现穿透式监管，则应该在业务链条的关键环节嵌入监控探针，实时采集风险信息抓取业务特征数据，多层次、全方位地分析业务流、信息流、资金流等信息，最终得出结论。

风险的可计量性。防控风险的前提和假设是：风险是可计算的，进而是可控制和可管理的。但是事实上往往"理想很丰满，现实很骨感"，所以我们看到了一次又一次的金融危机，而且其影响和破坏性有愈演愈烈的趋势。这告诉我们：风险并没有（至少没有及时地）被发现和计算出来。因此，监管科技面临的重要任务就是从浩如烟海的数据和信息中科学、及时地给出风险的定量值。

数据可视性。为了提高监管效率，减少人为判断失误的可能性，监管科技应具备用户友好的数据可视化功能，即借助图形化手段清晰有效地传达与沟通信息。

安全性。安全是监管科技的最重要基石，这包含两个层面的意思：一是监管科技本身需要非常安全，否则自身就成了被攻击的对象，重要的监管信息、功能一旦落入他人之手，等于城门洞开，后果不堪设想；二是对信息安全、业务安全、物理安全等方面的监管，是在监管传统金融风险之外，对可能新产生的风险的监管，金融监管部门（甚至各行业的监管部门）对信息安全的监管都是有需求的，而且这些需求是有共性的，可以复用的。

≫ 数字化监管协议

数字化监管协议的目的是能够让监管政策、规定和合规性要求实现"机器可读"。监管机构为金融机构提供各种监管的 API（应用程序接口），方便金融机构能够对其内部流程、数据编程，并通过 API 统一的协议交换数据和生成报告。例如，中央银行开发并向被监管机构发布一个 MPA 的 API，其中包括各种需要输入的数据和计算函数，以及输出的数据等。金融机构只需要调用这个 API，来处理自己的数据。数字化监管协议的核心思想是，将监管政策函数工具化和标准化，金融机构只需将自己的数据输入后，这个工具就可以自动地按照监管方设计好的规则完成计算和报告等事项，大大减少了被监管机构在理解监管要求的基础上自行开发相关程序所带来的误差和重复工作量。

二、监管科技的八大作用

（一）提升合规效率，降低成本

当前，金融机构往往需要向不同的监管部门报送繁杂的合规类报表，例如反洗钱、征信、风险管理报告等。在我国如此庞大的市场规模和用户规模的背景下，由人工填报和处理报告，势必会大大降低效率且造成资源浪费。监管科技通过数据的收集、整理和精确分析，自动快速地形成报告，减少人工干预以降低错误率，可有效提升合规效率，降低合规成本。

监管科技还可以自动锁住某个金融机构的部分业务，协助监管部门自动生成违规后的处罚决定，监督整改状况。我国目前实行的准入制监管，前期需要做大量的信息披露，往往包括公司介绍、财务状况、运营计划、风控状况、高管情况、关联方等，其中既有结构化数据又有很多非结构化数据，非结构化数据常常能够披露出大量、重要的信息，但依靠传统的人工制作和审核效率很低，而且审核时间越长，信息发生变化的可能性越大，严重不适应现代金融市场情况瞬息万变的特点，这成为现代金融的短板。通常对诸如初创期规模和实力都比较小的 P2P 公司等新金融业态的监管，从制作审批材料到监管机构审批，时间耗时较长，其合规和满足监管需求的成本较高，但合规需求却具有一定的普遍性，监管科技的手段恰恰具备可复制、可推广的价值。

（二）提高监管的规范性和协调性

在分业监管模式下，金融监管领域存在多个不同的监管目标，例如金融稳定（服务实体经济、防范风险）、消费者和投资者保护、市场完整、竞争和金融包容等。这些监管目标来自不同的监管部门、委员会、行业组织、工作小组或标准制定机构，由于缺乏统一的协调合作，避免重复和不一致性有时变得很难。利用科技手段可以快速比对和明确要素、指标等含义，发现具体监管要求之间的不一致之处并加以协调，一方面可以避免多头监管，另一方面可以避免因对监管规则理解的偏差而造成监管不当。通常，利用人工方式来分析监管规则这样的非结构化数据时，由于人的思想、背景、知识结构、理解方式的差异，任务比较艰巨且容易出错，但是利用技术手段进行辅助的话，则会大大提高准确性。

监管部门出台新政策前，可以利用监管科技的手段对法规进行扫描分析，事先确认不存在与以往相违背、遗漏或重复的内容。新金融政策出台后，监管科技可以对政策进行数字化转译，避免理解上的歧义；可以利用通过大数据等手段实现的数据共享，对不同部门出台的政策进行比对，找到重合之处。2017年全国金融工作会议进一步提出"加强金融监管协调"，对金融监管工作提出了更高层次的要求，监管科技可以成为加强监管协调的有力武器。

（三）提高监测、识别和防范金融风险的能力

金融科技的迅猛发展和混业式经营的特点加剧了风险的突发性、传染性和隐蔽性。监管科技能够降低人为操作风险，自动感知和预警金融风险，提醒采取措施。2015年3月，中国人民银行副行长潘功胜在互联网金融协会成立仪式上表示：要实施穿透式监管，透过互联网金融产品的表面形态看清业务实质，将资金来源、中间环节与最终投向穿透连接起来，按照"实质重于形式"的原则甄别业务性质，根据业务功能和法律属性明确监管规则。

监管科技通过收集和梳理金融机构交易数据，可以清晰地甄别出每一笔交易触发者和交易对手信息，并持续进行跟踪、监测，实现对该笔交易资金来源和最终去向的实时监控和全链条监控，从而确定这个金融产品的最终业务实质。由此可以看出，监管科技是实现穿透式监管的重要技术支撑。

同时，利用监管科技建立"持续的信息公开披露机制"，可大大提高多个监管部门之间互通信息的可行性和可操作性。在加强国际收支监测预警、跨境资金异常流动情况应对、跨境交易真实性审核、完善事中事后监管、反洗钱监管等方面，监管科技大有可为。

（四）助力从"从机构监管"向"功能监管"和"行为监管"的演进

目前，分业经营和分业监管是与金融业发展水平相适应的必然选择，分业经营有利于规避因业务链条过长或过于复杂而面临的监管风险，本质上还是由于监管能力不足以应对复杂金融业务而采取的限制性制度设计。随着社会经济、科技及生产力的发展，分业经营模式终将带来制约

业务竞争性，限制不同金融机构间的合作和优势互补，制约金融业进一步充分优化资源配置等负面影响。面对这种发展趋势，关注金融行为本质的功能监管、行为监管模式是能够保障金融业更好地发挥资源配置功能、监测防范化解风险的必然选择，这就对监管能力提出了更高的要求。借助监管科技的手段，通过可以加强宏观审慎管理与微观审慎监管协调配合、防范跨市场跨业态跨区域的风险传导，无疑能够完成这些原来不可能完成的任务。换句话说，只有监管手段足够给力，监管体制才能真正适应金融业的创新发展，推动金融更好地服务于实体经济，更好地满足人民群众对更好、更快、更安全的金融服务的需要。

（五）提高金融普惠水平

监管科技可以自动、精准地更加全面地对贷款主体的信用情况进行画像，加强风控、监测资金流向，从而降低普惠金融的成本，使传统模式下无利可图的"长尾客户"成为新的有价值的"金矿"。同时，借助监管科技还可以打击披着普惠外衣的非法金融活动，保障普惠金融的真正落地，使金融资源落实到符合条件的小微企业、农民等主体手中。

（六）平衡金融创新与风险

任何新兴技术的初创时期往往都有着野蛮生长的冲动，而传统监管方式对于金融创新往往存在一定的滞后效应，尤其是金融科技的异军突起，以前所未有的速度打破了过去监管与市场之间的平衡。在这种情况下，监管科技无疑是引导、规范金融创新在风险可控的范围内合理发展的利器。

日益成熟的人工智能、区块链、云计算、生物识别等新一代科技将为实现高效监管提供技术保障，以便更好地推动监管创新，实现效率与安全的最优结合。具体来说，监管科技将从以下几个方面平衡金融创新与风险之间的关系。

一是提高金融行业整体生态的公平性。金融业公共基础设施，最关键的意义在于能够向市场提供统一公平的行业服务。例如，网联平台的出现，就填补了网络支付相关清算基础设施的空缺，改变了我国网络支付市场竞争格局失衡的局面，促使相关机构回归支付本质，专注于产品及模式的合规创新。

二是降低金融创新的"负外部性"。例如，金融创新为互联网金融机构带来了行为和场景数据方面的优势，而银行等传统金融机构的优势在于长期积累的金融账户和交易数据。二者独立发展（或相互竞争）的态势导致双方数据各自垄断、割裂、不透明，难以发挥协同作用，对消费者有失公平，为了享受某种金融服务，消费者不得不在互联网金融机构和传统金融机构之间作出选择，例如必须在某金融科技公司注册并提交个人信息。与此同时，金融创新带来的数据信息的争夺战，引发了数据属权（例如个人隐私和行为数据及其衍生出的有价值的信息的所有权、使用权、底层支持权）的争议。运用监管科技，打通传统数据孤岛，将交易信息和数据综合利用过程纳入监管，发挥数据的正外部性，降低利用数据非法牟利的可能性。

三是推动金融科技转型升级。监管科技可以为全社会的金融科技搭建成熟、安全、先进的基础技术平台，提供公共的技术支撑服务，这有利于金融科技坚实地"站在巨人的肩头"，从而更好地、更健康地发展。

（七）提高监管的透明度

提高透明度意味着减少信息不对称，使监管部门及时得到更准确、质量更高、范围更全面的金融行为信息。直接获取被监管者数据可以避免完全依赖被监管者提供数据的局限，降低"监管捕获"的风险。传统依靠手工的监管阶段，取得监管信息往往要依靠被监管方，通过一定渠道提交给监管部门才能形成数据。在这个时期，信息化手段的利用还只是停留在为信息接收、存储、传输等主要功能服务上，所获取信息的内容在很大程度上仍然取决于信息提供者的意愿和能力上。新技术应用后，就可以实现在实际金融活动发生的同时，通过监管逻辑形成所需要的信息，即减少了由于事后重新进行监管信息制作过程所带来的时间延迟、信息损耗以及人力物力的浪费，有利于监管行为整体上提升效率、降低成本、增强效果。

（八）保护投资者权益

在落实"对普通投资者风险承受能力进行评估"的监管要求方面，目前各金融机构主要以对投资者进行单一问卷调查的方式完成评估，这个过程严重依赖投资者本身提供的信息，存在一定的主观性和片面性。监管科技的运用，可以在合法授权的前提下，基于金融消费者真实的历史交易记录、资产情况，更加客观地评估投资者风险承受能力水平。同时，监管科技还可以通过制定金融产品标准体系，及时披露金融产品、服务提供者本身的资信水平、投资结构、交易状况等信息，消除金融投资者的"信息不对称"，使投资者更好地甄别投资产品的真实风险，达到保护投资者权益的目的。

第二篇　技术篇

第三章 概 述

一、技术的重要性

金融与科技的融合发展由来已久，如前所述，整个金融发展史就是一部科技伴随着金融共同进步与发展的历史，同时金融监管的能力和手段也随着金融业务发展与科技进步持续改进。尤其是近年来，金融与新兴技术的融合给金融监管带来了越来越多的挑战：移动互联等技术的广泛运用，使金融业务的时空覆盖范围急剧增大，跨市场多元化的混业经营模式日益明显，金融服务方式、风险定价机制和风险管控模式都发生了颠覆性的改变，传统的金融监管越来越难以适应高度虚拟化、网络化、分布式的新兴金融服务业态。因此，金融监管必须要借助科技手段，促使金融机构提高合规效率、降低合规成本，同时更有效地辅助监管机构消除信息不对称，提高识别监管套利和金融风险的效率，更好地防范系统性金融风险。

为了更好地保障国家金融科技生态体系健康良性的发展，监管部门、金融机构、科研单位以及科技公司都开始高度重视新兴技术，着手研究其在金融业务发展中是如何发挥作用的，并积极评估技术应用可能带来的风险。

二、值得关注的新兴技术

当前，新兴技术正以前所未有的速度改变着全球行业格局，我们需要有选择性地研究金融科技和监管科技关注的技术热点，并从中找出技术热点的交集。技术是一把"双刃剑"，金融科技和监管科技往往是同一种技术的两种用途：当技术应用于推动金融业务发展的时候，就被称为金融科技；当技术应用于有效防范金融风险的时候，就是监管科技。

（一）金融科技关注的技术热点

从金融稳定、证券业务和支付业务等领域的情况看，目前金融科技的技术热点主要集中在云计算、大数据、人工智能、区块链和生物识别等方面。

2017 年 6 月，G20 金融稳定委员会在《金融科技对金融稳定影响》的研究报告中指出，金融领域正在以全新方式应用大数据、人工智能、机器学习、云计算、生物识别和分布式账本等快速演进的新兴技术，并开发出了与以往不同的业务模式。同时，该报告也特别关注了物联网技术在金融科技创新方面所额外增加的网络安全风险。

2017 年 2 月，国际证监会组织（International Organization of Securities Commissions，IOSCO）在金融科技相关报告中指出，大数据、人工智能、云计算和区块链等技术是推动金融科技业态快速发展的重要技术类别，需要重点关注。

2015 年，在拉斯维加斯举办的 Money20/20 金融峰会上，美国 Capital One 公司对 151 位与会者进行了调查，大家普遍认为对金融服务影响最大的信息技术有：大数据（27%）、区块链（19%）、物联网（17%）和人工智能（9%）等，同时认为生物识别技术将在防范支付欺诈领域发挥重要作用（见图 3 - 1）。

（二）监管科技关注的技术热点

从各类机构发布的研究报告来看，监管科技解决方案中，主要应用的技术包括云计算、大数据、人工智能、区块链、生物识别、应用程序编程接口、加密技术等。

2016 年 3 月，国际金融协会（The Institute of International Finance，IIF）发布了研究报告《金融服务中的监管科技：关于合规报告技术解决方案》，在其中列举了 6 类可应用于监管科技解决方案中的新兴技术（见表 3 - 1）。

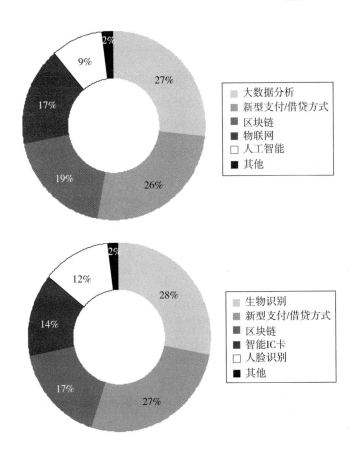

图 3 - 1　Capital One 关于金融科技的调研

表 3 - 1　　　　　　　　　　IIF 列举的监管科技所用技术

应用技术	具体描述
人工智能	人工智能的核心技术包括机器学习、机器人技术、自动化分析和计算机思维改进等。基于机器学习的数据挖掘技术可以组织和分析大量数据，甚至是非结构化、低质量数据，如电子邮件、PDF 和语音等。机器学习可以为压力测试所需的数据分析、建模和预测提供自我完善和更为准确的方法。未来人工智能甚至可以应用于软件自动解释的新法规中
加密技术	加密技术的改进可以使金融机构内部更加安全、快速、高效地共享数据，其中加密技术在风险数据聚合过程中的效果更为显著
生物识别技术	生物识别技术通过自动化客户识别满足 KYC 法规的要求，进而提高效率和安全性

续表

应用技术	具体描述
分布式账本技术	区块链和其他分布式账本技术可以在未来允许金融机构内和金融机构间开发更有效的交易平台、支付系统和信息共享机制。当与生物识别技术结合时，数字身份可以实现及时、高效和可靠的 KYC 检查
应用程序编程接口	应用程序编程接口和其他允许互操作性的系统确保不同的软件程序间相互通信，进而实现向监管者自动报告数据
共享功能	共享的程序功能和云应用程序可以允许金融机构在一个平台上集成一些合规性功能，从而提高效率

2016 年 6 月，英国金融行为监管局发布的《关于征求对支持监管科技发展建议的反馈报告》，从功能视角对监管科技进行分类，并列举了其依赖的主要技术，共计四大类 16 种（见表 3 - 2）。

表 3 - 2 FCA 列举的监管科技所用技术

类型	核心技术
促进信息有效共享的技术	替代报告方式（alternative report methods）：通过多种方式（如报送系统、开发应用程序编程接口的在线平台等）提供数据，降低监管报告报送成本
	共享功能（share utilities）：第三方通过云端或在线平台为金融机构提供客户信息等共享服务，减轻行业负担和成本
	云计算技术（cloud computing）：通过按需计算、先进算法等提高监管对象灵活性，优化决策，降低成本
	在线平台（online platform）：通过使监管者和监管对象共享信息，促进各方沟通交流，提高监管效率
加强对监管意图的理解提高效率的技术	语义技术和数据点模型（semantic tech and data point models）：通过语义技术对内容和数据进行编码，将监管要求转换成机器可读的程序化语言，降低监管成本
	共享数据实体（shared data ontology）：基于合规管理的共享概念，对监管指标进行统一标准化处理
	应用程序接口（application programme interface）：通过互联网允许系统之间的集成和互操作，统一数据接口，提高系统兼容性，消除数据传递障碍
	监管指南（robo - handbook）：通过流程方式展示监管要求提供建议和指导，并允许监管对象与监管者进行互动，便于监管对象清晰理解监管要求

续表

类型	核心技术
简化数据、优化决策、创建自适应的技术	大数据分析（big data analytics）：通过大数据技术对海量结构化或非结构化数据进行分析挖掘，以提高决策能力
	风险和合规监测（risk and compliance monitoring）：通过关联多个信息源和使用强大的计算引擎来识别实时风险，降低风险和误报的数量
	建模/可视化技术（modelling / Visualization technology）：在建模环境下评估监管要求对金融系统的影响，预测监管实施效果，提高监管对象对监管要求的理解
	机器学习和认知技术（machine learning and cognitive technology）：系统自动学习及评估，可自动完成重复性的任务
重新审视监管的新技术	区块链/分布式账本（blockchain /distributed ledger）：安全地记录和加密经过验证的数据，允许具有适当权限的多方机构和个人共享数据
	内置合规要求（inbuilt compliance）：将监管要求编码成系统可自动读取的数据，降低监管和人员成本
	生物识别技术（biometric）：使用指纹、虹膜、人脸识别等技术，提高身份验证的效率和安全性
	系统监管和可视化（system monitoring and visualization）：捕获和跟踪系统所创建的所有消息及其相互作用，通过监视和捕获事件（如鼠标单击、按键或其他程序的消息）来识别非正常行为

上述两个报告都提及云计算、大数据、人工智能、区块链、生物识别、应用程序编程接口、加密技术等技术在监管科技解决方案中的作用。

其中，应用程序编程接口（API）、生物识别和加密技术有很强的技术专业性，能在监管科技中发挥显而易见的作用，因此本书对技术的介绍将着重在"ABCDIQ"上。除了上述的人工智能（AI）、区块链（Blockchain）、云计算（Cloud computing）、大数据（Big data）外，物联网（IoT）和量子技术（Quantum technologies）的发展已逐渐成熟，有可能引领世界新一轮技术变革，甚至对人类社会产生前所未有的冲击，因此，有必要关注这两种技术可能给金融科技和监管科技领域带来的变化。

三、对新兴技术的关注视角

(一) 关注技术本身

当前对金融科技和监管科技领域的观点与论述大多过于"高屋建瓴",用概念来推导概念,以想法去印证想法,往往忽视了技术本身。因此,本篇将尝试用最通俗易懂的语言来展现出每一类技术的"前世今生",阐释其特点和属性,探索其在金融应用和金融监管中所真正能够发挥的作用。通过对技术本质的研究,你会发现一些被"爆炒"的概念被拉下神坛。例如,一些人盛赞区块链具有无与伦比的"安全性和匿名性",但实际上,比特币准官网的首页中却明确提出了"比特币并不是匿名的""即时交易并没那么安全"的观点。同时,你也会对一些技术更加充满了期待,比如量子技术,其发展迟早将对整个计算机体系和网络体系产生颠覆性的影响,如何做好应对,你需要在深刻理解此项技术后,开展"史诗型的前瞻"。

(二) 关注技术应用风险的三个视角

技术无论是在金融创新中的应用,还是在金融监管中的应用,都有可能出现一些安全隐患。为了防范技术应用风险,监管者和被监管者都需要重视风险管理,因此,在监管科技的使用过程中,应该从以下三个视角来看每类技术在风险管控中发挥的作用 (见图 3-2)。

一是关注技术在推动金融产品和金融服务模式创新时可能出现的风险点,分析对技术使用不当造成的内在性金融风险、对技术约束不力造成的传导性金融风险,并探讨如何前瞻性地规范技术应用以预防风险。

二是关注金融机构如何更好地利用技术以改进其合规工作,进而提升其满足监管合规要求的能力。

三是关注监管机构如何运用技术,提高对监管规则的数字化与执行能力、对金融风险的实时监测和管理能力、对金融创新的监管适应能力,以期提升总体监管能力。

上述三个视角相辅相成、相得益彰,不应割裂来看。对于第一视角识别出的风险点，金融机构应该从第二视角主动加强对相关风险的合规防范能力，以便在第一时间消除或减少风险隐患。同时，监管机构应该从第三视角主动加强监管，及时识别风险源并予以处置。在整个环节中，科研单位和科技公司也应该分别从应用实践和政策理论方面向监管部门和金融机构持续提供助力（见图3-2）。

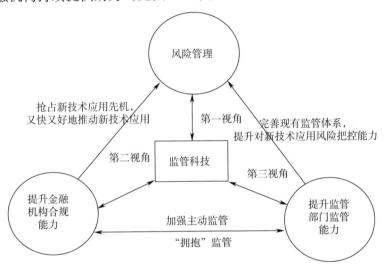

图3-2　关注技术的三个视角

（三）关注技术的侧重点不同

当前，不同技术发展现状与产业应用情况均有差异，因此，对于每类技术的关注重点应有所不同。

从美国IT调研机构Gartner 2014年至2017年发布的四年技术成熟度曲线（Hype Cycle）来看，2014年还位于幻想破灭期的大数据、云计算、物联网等技术，在2016年已被移出曲线①（已经完全进入生产高峰期），

---

① 2015年和2016年的技术成熟度曲线新增了物联网平台（IoT Platform）的概念，Gartner将它与物联网视为两个有差异的概念。总体上看，物联网特指嵌入了传感器、软件、网络连接和必要电子设备的互联物联网设备网络，而物联网平台是连接设备传感器和数据网络之间的软硬件平台，提供设备管理、解析理解传感器生成的数据等方面功能。2016年的技术成熟度曲线中物联网技术已不存在，但物联网平台技术尚处于萌芽期。

这说明这几项技术的产业化发展已经完全成熟。对这三项技术，本篇将主要关注对应用风险的防范。区块链以及机器学习（人工智能分支技术之一）当前仍处于技术成熟度曲线的期望膨胀期内，这说明此项技术虽然已引起广泛关注，但技术应用尚不完全成熟，对这类技术，本篇则主要关注其在金融科技创新过程中，如应用不善可能引发的风险，及在监管科技领域中蕴含的新潜力，以便监管部门提前规划针对性的监管策略，构建试错容错机制，兼顾创新与风险，推进技术应用包容性发展。对于仍处于萌芽期的量子技术，本篇则本着前瞻性的态度，预判其在金融科技和监管科技领域的影响，对可能的风险做到未雨绸缪，不为所乱；对提升监管合规能力做到心中有数，早有谋划。

　　Gartner 技术成熟度曲线

技术成熟度曲线是 Gartner 公司提供的一个评估新技术成熟度和行业应用普及程度的一个图形工具，图形将技术的产生到成熟主要分为 5 个阶段（见图 3 - 3）。

表 3 - 3

序号	阶段名称	阶段描述
1	萌芽期	潜在的技术突破引发业界和媒体的广泛关注，但通常没有真实可用的产品问世。
2	期望膨胀期	随着公众的期望值不断膨胀，业界出现了极少数的应用案例，但更多的应用探索并未获得成功。
3	幻想破灭期	过高的期望值和产品成熟度之间存在鸿沟，公众的期望值下降，出现负面评价，业界对其应用兴趣逐步消失。
4	复苏期	随着技术和产品的不断完善及使用场景上日趋于成熟，业界涌现了更多的应用成功案例，最佳实践开始涌现。
5	生产高峰期	技术应用已经成为业界主流，新技术产生的利益和潜力被市场所认可，开始出现产品间的价格竞争。

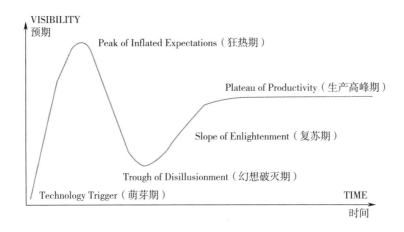

图 3－3

四、新一代信息技术间的关系

在本篇中，我们将与大家逐一探讨云计算、大数据、人工智能、物联网、区块链和量子技术这六大金融科技技术的起源、技术发展和应用情况现状，并深入剖析这些技术在金融行业的应用潜在风险、监管应对措施以及它们在监管科技领域内可能发挥的积极作用。需要强调说明的是，这些新兴信息技术之间本身也存在互相渗透、共同促进的关系。

首先，云计算技术可看作是大数据、区块链、人工智能和物联网技术的支撑基础设施。有了云计算技术，大数据的采集与存储才有了支撑基础，从这个意义上说云计算技术的安全性、可靠性决定了大数据技术的效率和结果。从技术上看，大数据与云计算的关系就像一枚硬币的正反面一样。云计算技术也可支撑区块链部署，降低区块链技术应用的技术复杂度和成本。云计算技术又可以支撑人工智能应用，对于复杂人工神经网络算法，包含大量节点，每个节点又包含非常多的参数，整个参数搜索空间无比巨大，需要的计算量难以想象，只有利用云计算技术，灵活汇聚多台机器的力量一起来计算，才能在有限的时间内训练出算法得到满意的参数集合，于是人工智能应用作为 SaaS 服务进入了云计算技术体系。物联网与云计算相结合构建的物联网云平台，还可为各种跨平台物联网应用提供简便的云端接入、海量存储计算和大数据可视化服务，从而降低物联网应用的研发、运营和运维成本。

》 云计算与区块链的结合

2015 年 11 月，微软公司在 Azure 云平台里提供的 BaaS 服务，可以帮助开发者基于云平台简便、高效地创建区块链环境。IBM 公司也在 2016 年 2 月宣布推出区块链服务平台，帮助开发人员在 IBM 云平台上创建、部署、运行和监控区块链应用程序。

其次，再来看看区块链与其他技术间的关联性。从网络设施层面看，区块链与物联网具有一定天然的适配性。区块链系统网络是典型的 P2P 网络，具有分布式异构特征，而物联网又天然具备分布式特征，网络中的每一个设备理论上都能管理自己在交互作用中的角色、行为和规则，这对建立区块链系统共识机制具有支持作用。随着物联网中设备数量的增长，如果以传统的中心化网络模式进行管理，将带来巨大的数据中心基础设施建设投入及维护投入，此外，基于中心化的网络模式也会存在安全隐患。区块链的分散化特性正好为物联网的自我治理提供了方法，可以帮助物联网中的设备理解彼此，并让物联网中的设备能够知道不同设备之间的关系，实现对分布式物联网的多中心控制。从数据采集存储层面看，区块链与大数据又存在一定相辅相成关系。区块链为大数据提供了一种新的存储技术，在一定程度上可以保障记录在区块链上的大数据的不可篡改性和完整性。考虑区块链上信息具有天然可追溯的特质，数据从采集、交易、流通等各个环节，如果均在链上存证，数据采集的质量就可获得更好的信任背书，有助于降低大数据采集过程中数据清理的难度。反之，传统的大数据存储技术，如对象存储技术等，又可以作为区块链技术的有益补充，使得链上存证、链外存储的应用模式成为可能。从应用发展层面看，区块链和人工智能存在相互融合发展的可能性。

虽然区块链和人工智能技术间没有直接联系，区块链技术领域广泛提及的智能合约与人工智能也是两个完全不同的概念，没有直接交集，但区块链作为大数据的一种存储方式，与有着分析海量数据算法能力的人工智能，很容易就可以结合，使用人工智能技术处理区块链上的数据，从而生成全新的技术应用模式，例如虚拟货币领域里的智能反洗钱算法应用。反过来，区块链技术分散化的特征以及分布式的计算规则，是否也有可能让各类人工智能算法执行得更高效或构建更复杂的计算模型呢？总之，两者或许也可以交互促进，融合发展。

复次，人工智能与其他技术间的关联性。人工智能是为了更好地利用基于大数据与物联网技术采集和存储的海量数据，所提出的一系列应用场景互异的算法集合。所以，人工智能与物联网、大数据是同生同长的有机整体。人工智能是在数据基础上诞生的技术，大多数人工智能算法，往往都需要专有的、海量的、精准的、高质量的训练数据。反过来，人工智能又能促进数据的发展，提高数据的收集速度和质量。只有它们被同时使用时，才能实现人工智能和大数据、人工智能和物联网的效益及优势，从而推动相关产业的发展和技术的进展。

 人工智能与互联网的结合

2016 年才在 Gartner 技术成熟度曲线中亮相的智能微尘（smart dust）技术，就是物联网与人工智能技术的结合，主张实现各类传感器设备的互联互通，形成智能化功能的网络。

再次，大数据与物联网的关系是显而易见的。物联网的传感器源源不断地产生大量数据，没有物联网的飞速发展，大数据时代也不会这么快就到来。同样，物联网也需要借助大数据技术，实现物联网大数据的存储、分析和利用。未来，两者会融合得更为紧密，相互促进，相互影响，更多地服务于社会生产和生活各领域。

　　最后，量子技术的潜在影响。一方面，量子技术对其他技术在数据传输、数据存储、权限访问控制等方面可能产生颠覆式影响。在量子计算技术极大降低现有经典加密技术防破解强度的同时，量子通信技术又能在后量子时代为各技术应用重新建立起一道加密防护的围栏。另一方面，量子技术又能从数据获取、数据计算等维度对上述技术产生深远的影响。大数据和人工智能机器学习算法可以获得跨越式的性能优化能力，物联网技术将获得更高灵敏度和测量精度的传感能力，随着量子计算机投入商用，云计算技术可能也需要重新设计与现有截然不同的资源组织与调配能力。

　　综上所述，各种技术间存在互相促进的关系（见图3-4）。

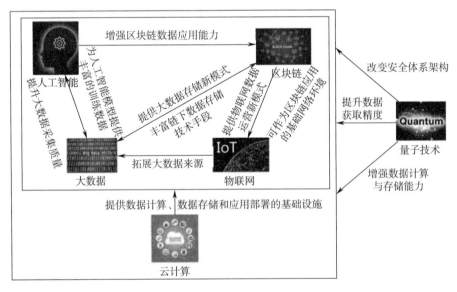

图3-4　技术篇各技术之间相互促进的关系

第四章　云计算

一、云计算概述

（一）云计算的起源与特点

1. 云计算的起源。

云计算构想最早可追溯至 20 世纪 60 年代。1961 年，美国科学家约翰·麦卡锡（John McCarthy）提出了可以像使用水、电资源一样使用计算资源的构想，堪称现代云计算服务的思想源头。1966 年加拿大学者道格拉斯·帕克希尔（Douglas Parkhill）在著作《计算机应用面临的挑战》（The Challenge of the Computer Utility）中也表达了类似的观点。

云计算的第一个正式学术定义于 1997 年由印度学者朗纳什·K. 切拉帕（Ramnath K. Chellappa）赋予。他指出，作为一种新的计算范式，云计算的计算能力上限取决于经济原因而非技术制约。此后，随着通信技术、分布式计算技术的日趋成熟，云计算逐渐演进为可以实现灵活调配计算、网络、存储、应用和服务等一系列资源，从而达到资源利用率更加优化的一类计算模式。

IBM 公司于 2007 年发布的云计算白皮书进一步明确了云计算的定义："云计算一词是用来同时描述一个系统平台或者一种类型应用程序的。一个云计算平台可以按需进行动态部署（provision）、配置（configuration）、重新配置（reconfigure）以及取消服务（deprovision）等。在云计算平台中的服务器可以是物理的服务器也可以是虚拟的服务器。高级的计算云通常包含一些其他的计算资源，例如，存储区域网络（SANs）、网络设备、防火墙以及其他安全设备等。"

2005 年，美国亚马逊公司第一次真正开启了商业化的云计算服务。

随后互联网企业、传统的软件和信息服务企业、电信运营商等先后踏入云计算这个舞台，云计算商业模式取得了长足发展。自此，在谷歌、IBM、亚马逊等公司以及相关产业界的推动下，云计算服务逐步成为一类新的商业模式。

2. 现阶段云计算的特点。

一是能够实现弹性扩展，灵活应对业务洪峰。用户可以根据业务周期按需调整服务资源，或根据突发事件需求快速扩展资源。实现忙时增加资源、闲时释放资源的灵活调配功能。而传统的资源分配模式只能根据峰值需求设计容量和性能，从而增加无谓成本和造成巨大的资源浪费。

二是能够提高 IT 交付效率。以租用方式使用云计算服务，可以大大节省硬件基础设施和软件基础环境的准备时间，用户不需要建设或租赁机房、采购服务器硬件、铺设网络，只需要一键下单，各项资源就能立即到位。如果加上自动化部署技术，基础软件将在短时间内安装部署完成，极大地提高了交付效率。

三是服务资源池化管理能够降低资源使用成本、提高资源利用率。云计算实现了对存储、计算、内存、网络等资源的池化管理，可以按需动态分配。用户使用云计算服务时资源按需供给、按需付费，避免了不必要的资源浪费，有效地降低了成本。此外，非独占使用模式下的多租户共享机制，可实现资源集中共享，满足云上多个客户不同时间段对资源的峰值要求，提高资源利用效率。

四是可以提高服务的实用性和可靠性。使用传统技术时，一旦系统宕机，必须维修好服务器或者其他设备以后才能重新提供服务，而云计算技术有效地弥补了这个缺陷。云计算系统引入了虚拟化层，虚拟化带来了资源调配的灵活性。在云计算管理平台的调度下，云计算系统一个组件失效后会迅速被另一个组件取代，实现对上层应用的完全透明，更容易实现热备份、多副本容错和计算节点同构可互换机制，提升业务系统的稳健性，避免数据丢失和业务中断。在多个数据中心间低成本快速搭建灾备环境，可以保证发生灾难时完成快速切换、按需快速扩容灾备环境，快速恢复业务。

（二）云计算技术发展剖析

云计算从正式启动商业应用至今，已经超过 10 个年头。这 10 余年间，云计算取得了飞速的发展，可以说是金融科技和监管科技所应用的各项技术中成熟度最高的。

1. 云计算主要技术的发展。

从信息和通信技术发展历程看，云计算是在 Web 技术、分布式、虚拟化、数据中心节能技术、芯片、服务器、网络技术等一系列既有成果基础上发展起来的，它增加了按需分配、资源共享、动态扩展等特性支持，从而形成新一代 IT 服务商业应用模式。所以，云计算不应该被视为一个全新的技术概念，它并非单一技术的突破，而是众多技术汇聚和综合发展的结果，或者称为技术组合框架。数据中心节能、网络、虚拟化和分布式计算是云计算逐步走向成熟的四大技术支撑。

（1）云数据中心节能技术的发展。

云计算数据中心通常大量使用诸如 X86 等廉价服务器来集中构建计算和存储资源，其对机房面积的需求将高于原有的基于大型机、小型机和存储阵列的系统物理部署模式，单机柜中服务器的功率密度也将大大增加（可高达几十千瓦），其用电量是传统数据中心的几倍甚至几十倍。因此，云计算数据中心必须通过设计绿色节能数据中心，有效降低能耗，才能获得长期持续的发展。

当前，高压直流供电、变频风冷水冷、自然冷却、热回收、分布式能源、储能供电、微模块化建设、不间断电源休眠、液冷服务器、整机柜服务器等节能技术和设备的引用，为构建规模化商业应用的云计算数据中心奠定了经济基础。值得重点关注的是，未来诸如自适应能耗管理系统、气流管理系统等能耗精细化管理领域内的技术进步也将持续推动云数据中心能耗的进一步降低。最新的研究结果表明，基于机器学习的能耗管理技术，在提升云数据中心电能使用效率方面具有巨大潜力。

>> 机器学习在云数据中心能耗管理方面的应用案例

谷歌旗下的人工智能公司 Deep‐Mind 于 2017 年宣布，通过运用深度学习技术，Deep-Mind 与谷歌数据中心共同努力，使用数千个传感器收集的温度、功率、泵速率（pump speeds）、设定点（setpoints）等历史数据，训练模型对数据中心未来 1 小时的温度和压力进行预测，从而指导制冷设备的配置优化，使用于制冷的电能消耗降低达 40%，从而使数据中心整体耗电量减少 15%。

（2）网络技术的发展。

云计算环境通常都是由数量众多的服务器节点组成，网络设备数量随之大大增加。在执行分布式计算等应用服务或大范围应用虚拟化技术时，设备间的横向①访问需求也日益频繁，这对云数据中心网络的容错能力、可扩展性、管理灵活性等方面提出了新的要求，传统树形网络架构已无法适应云计算服务需要。

现阶段，"大二层"网络、以可扩展虚拟局域网（VXLAN）为代表的隧道网络等技术已发展成熟，有助于快速、便捷、灵活地部署网络资源和虚拟机。VL2、PortLand、DCell、BCube、Spine‐leaf 等各类网络组网拓扑的兴起，提高了节点之间的连通性与容错能力，易于负载均衡，拓展了服务器间的带宽，降低了网络建设成本，能够很好地满足云计算数据中心高可靠性、高带宽网络访问的需求。

近几年，软件定义网络（SDN）技术的应用日益广泛。作为一种全新的网络设计理念，其将网络控制和数据转发进行解耦的创新举措，可以把传统静态网络转变成多样化的服务导向平台，从而有效支撑云数据中心和各类创新应用，同时提供了管理复杂网络和快速应对业务变化的全新手段。SDN 为云计算应用注入了网络建设方面的新动力。

---

① 东西向流量是指数据中心内部服务器之间交互的流量，也称横向流量。

此外，云计算商业应用得以顺利推广，很多情况下也得益于用户具有稳定便捷的互联网接入渠道。随着互联网接入方式取得飞跃式进步，光纤入户和 3G、4G 乃至 5G 网络技术的逐代升级，大大提升了网络接入速度和灵活性，用户与云之间直接连接的桥梁也变得日益多样化。

（3）虚拟化技术的发展。

在云计算应用中，数据、应用和服务都存储在云上，对于用户来说，云就像是一台超级计算机。由于不同硬件设备之间存在差异，因而很难以统一的方式实现对各个设备细粒度的分割、整合和管理，这成为阻拦云计算理念落地的荆棘。而虚拟化技术的出现，恰恰是斩断荆棘的利刃。

虚拟化技术自 1959 年由克里斯托弗·斯特拉齐（Christopher Strachey）最早提出后，发展迅速，并很快进入商用。20 世纪六七十年代，IBM、HP 和 SUN 等公司陆续将虚拟化技术引入大型机、小型机和服务器中。20 世纪末，VMware 公司提出一套以虚拟机监控器为中心的软件解决方案，使 PC 服务器平台实现了虚拟化。自此，虚拟化技术进入个人计算机领域并快速发展，其本质是在硬件资源层、操作系统层和应用软件层之间构建虚拟化层，实现操作系统与硬件、上层应用与操作系统间的解耦，使软件层运行不再依赖硬件层。

当前，虚拟化技术已经发展成为一套完整的体系。根据实施对象来划分，虚拟化技术包括：将网络硬件和网络资源整合，向用户提供虚拟网络连接的网络虚拟化技术；为物理存储设备提供抽象逻辑视图，供用户使用统一接口访问存储资源的存储虚拟化技术；为应用程序提供虚拟运行环境，不与特定操作系统绑定的软件虚拟化技术；更为常见的是将一台物理机虚拟成多台虚拟机，各自运行独立操作系统的系统虚拟化技术[①]，以实现多个操作系统互不影响地复用物理机资源。近几年逐渐流行的容器技术，可以实现应用软件的快速部署、开发测试快速交付、快

---

① 系统虚拟化技术中，也存在将多台服务器虚拟成好像一台机器的技术，即所谓的 Single System Image（SSI）技术，只是商业应用并不广泛。

速弹性扩容，其就属于软件虚拟化技术。为了进一步满足云计算弹性服务的需求，在线迁移技术也被提出，并逐步发展完善。它可以支持虚拟机快速部署，支持虚拟机在运行状态下从一台物理机迁移到另一台物理机。

正是由于虚拟化技术的逐步成熟和广泛应用，计算、存储、软件等都变成了资源，可以被动态扩展和配置，云计算资源池化的特性也得以实现。因此，有学者指出，虚拟化技术是云计算最关键、最核心的原动力。

≫ 云计算形成的超级计算机与传统超级计算机的区别

在2017年11月发布的"全球超算500强"中，安装了40 960个处理器的中国的"神威·太湖之光"以峰值性能12.5亿亿次/秒、持续性能9.3亿亿次/秒的浮点运算速度第四次夺冠。那么，主要用于科学计算领域的这一类超级计算机与依托云计算形成的超大规模计算集群有什么区别呢？传统超级计算机是将中央处理芯片通过总线直接相连形成的计算机，主要追求超高的并行运算速度。超级计算机并不使用虚拟化技术，计算过程中对存储资源的需求往往不大，主要用于承担计算密集型任务。云计算则通过互联网或以太网将多个计算机连接成一个集群，广泛使用虚拟化技术，在执行计算任务时，更强调的是如何分解、处理与组合相关任务及这些任务处理的数据，更适合执行数据密集型任务。

（4）分布式计算技术的发展。

云计算实现规模化应用的一个重要原因是，原来只能依靠大型机单独处理的复杂计算任务，如今可以被方便地切分成若干小任务，由多台更廉价的服务器协同完成，这正是分布式技术发展所作出的巨大贡献。

为了使任务切分编程模式简单易用，研究者们相继提出了各有特点、用途互异的分布式编程模型。2008 年，谷歌公司发布的 MapReduce 编程模型，可以说是点燃云计算热度的第一把火。该模型将每一轮计算流程分成 Map 和 Reduce 两个阶段，Map 阶段对切分后的键值对（Key – Value）数据输入进行操作并生成一组新数据，Reduce 阶段对 Map 阶段的输出、按键（Key）进行合并，并对同一键对应的多个值（Value）进行操作后，生成本轮次的最终计算结果。MapReduce 模型仅仅在 Map 和 Reduce 两个数据处理阶段之间，才需要在不同服务器之间交换数据，而 Map 和 Reduce 通常还可以高度并行实现，所以，它可以说是一个非常实用的分布式计算简化模型。

在 MapReduce 模型成功经验基础上，很多学者不断探索研究新的分布式计算模型。为了解决 MapReduce 模型计算框架不适合迭代计算和交互式计算的问题，2009 年，伯克利大学 AMP 实验室提出了 Spark 框架，并逐步集成了离线批处理、交互式查询、准实时流计算和与图计算等重要分布式场景中的计算框架。针对 MapReduce 模型不适合进行流式计算、实时分析等问题，2011 年，被 Twitter 公司收购的 BackType 公司，发布了 Storm 计算框架，以实时方式根据不断变化的参数对数据流进行处理和增量计算。

正是因为有了如此众多的分布式计算框架，编写高效的分布式和并行程序才变得不再困难，资源得以灵活调度，提供分布式计算载体的云计算技术迅速推广应用。甚至有学者认为，云计算就是由一组内部互连的虚拟机组成的并行和分布式计算系统。

>> 云计算与分布式计算概念间的关联性

分布式计算是一门计算机科学学科，它研究如何把一个需要非常巨大的计算能力才能解决的问题分成许多小的部分，然后把这些部分分配给许多计算机进行处理，最后再把这些计算结果综合起来，得到最终的结果。与此同时，分布式计算并不关心如何低成本地完成计算，不关心是否使用虚拟机，也不关心如何灵活调配资源以保持计算能力弹性。云计算不是一个纯粹的计算机科学术语，它只是分布式计算的一种具体商业实现，因此它还包含运营服务等商业方面的含义。如何更好地使用廉价PC服务器，如何更好地管理大集群，如何发挥虚拟化技术的优势，如何能够动态地按需分配云内的基础设施资源，都属于云计算领域应考虑的内容。从具体技术细节看，云计算不但包括分布式计算，还包括分布式存储、分布式缓存等。总体上，云计算可以看作是一个比分布式计算含义更为广泛的概念。这里需要特别说明的是，现阶段产业界，往往习惯于把分布式计算框架和分布式文件存储、分布式对象存储等技术归为大数据技术范畴。

2. 云计算技术体系架构。

由于不同厂家有不同的解决方案，目前云计算还没有统一的技术体系架构。中国云计算领域专家总结了云计算大致的技术体系架构（见图4-1）。

云数据中心机房层是承载云计算系统的基础，它包括数据中心机房基础设施（如电力、制冷、安防等）相关的管理技术。

在云数据中心机房层级之上，云计算技术体系结构可分为四层——物理资源层、资源池层、管理中间件层和SOA构建层。物理资源层包括计算机、存储器、网络设施、数据库和软件等。资源池层是将大量相同类型的资源放入同构或接近同构的资源池，例如计算资源池、数据资源池等。管理中间件层负责管理云计算的资源，并对众多应用任务进行调度，使资源能够高效、安全地为应用提供服务。SOA构建层将云计算能力封装成标准的Web Services服务，并纳入SOA体系进行管理和使用，包括服务注册、查找、访问和构建服务工作流等。

管理中间件层又可进一步分为资源管理、任务管理、用户管理和安全管理等组件。资源管理负责均衡地使用云资源节点，检测节点的故障并试图恢复或屏蔽之，监测统计资源的使用情况。任务管理负责执行用

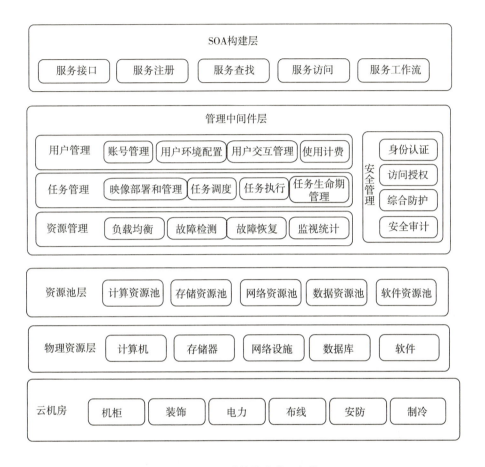

图4-1 云计算技术体系架构

户或应用提交的任务，包括完成用户任务映像的部署和管理、任务调度、任务执行、任务生命期管理等。用户管理是实现云计算商业模式的一个必不可少环节，包括提供用户交互接口、管理和识别用户身份、创建用户程序的执行环境、对用户的使用进行计费等。安全管理保障云计算设施的整体安全，包括身份认证、访问授权、综合防护和安全审计等。

（三）云计算应用发展剖析

过去10年间，云计算应用推广的发展势头十分迅猛。国际上，以亚马逊、微软、IBM、谷歌等为代表的云计算服务商的相关产品均已取得广泛应用，对应销售收入呈高增长态势。在国内，也涌现出以阿里、腾讯、百度、京东等为代表的众多科技公司，可提供较成熟的云计算产品。从应用发展总体情况看，当前云计算服务类型与部署方式的定位已基本清晰，云计算标准化程度日益提升，云计算应用市场日趋广泛和成熟，规模稳步增长。

1. 当前云计算应用的服务类型。

根据云服务商提供的资源类型的不同，当前云计算服务类型主要分为三类：基础设施即服务（IaaS）、平台即服务（PaaS）、软件即服务（SaaS）。从应用系统建设流程视角来区分，IaaS 就相当于服务商帮助用户完成数据中心建设、服务器和网络等硬件设备部署以及操作系统部署等工作，以方便用户灵活调配资源，剩下的工作交由用户完成；PaaS 则在 IaaS 基础上，服务商进一步帮助用户完成了应用中间件、数据库等系统软件的部署；最后到了 SaaS，服务商甚至要帮助用户完成应用软件的开发部署工作，留给用户的工作仅剩下使用应用软件的相关功能。云计算三类服务类型的具体比较见表 4 - 1。

表 4 - 1　　　　　　　　云计算服务类型分类

服务类型	特点	实例
基础设施即服务（IaaS）	基于传统 IT 基础设施提供的服务，包括计算服务、存储服务和网络服务，由此引申出诸如网络即服务（NaaS）等细分类型	计算服务：亚马逊的 EC2、阿里云服务器等 存储服务：亚马逊的 S3、阿里云 OOS 等 网络服务：亚马逊的 CloudFront、阿里云 SLB 等
平台即服务（PaaS）	提供应用框架、中间件及相应的部署和管控等能力，帮助用户基于这些平台服务构建高可靠、高可用、可水平扩展的应用	阿里云 Aliware、腾讯云 CEE、谷歌的 GAE 等
软件即服务（SaaS）	向用户提供各类典型应用场景下的软件服务，如办公软件服务、管理软件服务等	Salesforce 的 CRM 等

2. 当前云计算应用存在的部署方式。

根据云计算平台服务客户范围的不同，云计算部署方式基本形成了公共云、专有云、行业公共云和混合云等几大类别①，见表4－2。

表4－2　　　　　　　　　　　云计算部署方式分类

部署方式	特点
公共云	完全面向公众，基于互联网提供的云服务
专有云	仅面向对数据保密要求高，且拥有较大IT基础设施资源和软件系统的企业用户的云服务
行业公共云	由于部分行业如金融业对于信息系统安全等级要求较高，越来越多云服务商开始选择建设专门为特定行业服务的行业公共云
混合云	公共云和专有云的结合，可使数据保存在企业内部并维持原有应用模式，并允许通过特定接口调用外部公有云资源

其中，公共云和行业公共云应该是云服务商最想推广的部署方式。在这两种方式下，服务商只需要在自己的数据中心里完成各项技术准备工作，再通过互联网向用户提供服务即可。因此，公共云和行业公共云的资源扩展能力和共享经济性较好。

出于对数据安全的担忧，或对网络访问性能等的考虑，用户特别是金融用户，往往更偏爱专有云的部署方式。云服务商提供相关软硬件技术及设备支持，帮助用户在自己的数据中心搭建云计算环境，所以，专有云的用户体验和安全性更好。

出于上述两方面诉求的折中，混合云有可能是未来云计算部署方式的主要发展方向，用户在实现内部资源池化管理及数据本地保存需求的同时，又保留可以使用外部公共云资源的接口，以保障极端情况下的需求，从而兼顾了安全性、可扩展性和经济性。

3. 云计算应用相关标准的建设情况。

在云计算标准体系建设方面，无论是国际上还是在国内，都紧扣云计算服务和应用发展的需求，加强云计算标准战略研究和标准体系的构

---

① 业界也称为公有云、私有云、行业云和混合云，本书在描述云计算部署模式时，统一使用《国务院关于促进云计算创新发展培育信息产业新业态的意见》（国发〔2015〕5号）文件中的用词，即公共云、专有云。

建，夯实云计算发展的技术基础（见表4-3和表4-4）。

表4-3 国际云计算标准编制情况

标准编号	标准名称	发布时间	内容	发布机构
TU-TY.3501	云计算框架及高层需求	2013年	界定了云计算的框架，明确了 NaaS、IaaS、桌面即服务（DaaS）、互联云（Inter-Cloud）、端到端的云资源管理等几大云计算服务和资源方面的应用案例和高层需求	国际电信联盟
ISO/IEC 17788	云计算概述和词汇	2014年	规范定义了云计算领域的术语	国际标准化组织
ISO/IEC 17789	云计算参考架构	2014年	从使用者角度和功能角度阐述了云计算参考架构	
ISO/IEC 20017	云服务信息安全控制实践规则	待发布	提供了适用于云服务提供商和用户的信息安全控制指南	
ISO/IEC 20018	公共云服务的数据保护控制措施实用规则	待发布	针对公共云计算环境，制定了控制和指导方针，以及保护个人身份信息的措施	

表4-4 国内云计算标准编制情况

标准编号	标准名称	发布时间	内容	发布机构
GB/T 31167—2014	云计算服务安全指南	2014年	描述了云计算服务可能面临的主要安全风险，提出了政府部门采用云计算服务的安全管理基本要求，以及云计算服务的生命周期各阶段的安全管理和技术要求	国家信息技术安全标准化委员会
GB/T 31168—2014	云计算服务安全能力要求	2014年	确定了云计算服务安全审查依据	
GB/T 32400—2015	云计算概览与词汇	2015年	规范了云计算的基本概念和常用词汇	
GB/T 32399—2015	云计算参考架构	2015年	从使用者角度和功能角度对阐述云计算参考架构	
GB/T 34942—2017	云计算服务安全能力评估方法	2017年	依据 GB/T 31168—2014，开展评估的原则、实施过程以及针对各项具体安全要求进行评估的方法	

续表

标准编号	标准名称	发布时间	内容	发布机构
GB/T 34982—2017	云计算数据中心基本要求	2017 年	规定了场地、资源池、电能使用效率、安全、运行维护等基本要求	国家信息技术安全标准化委员会
YD/T 2806—2015	云计算基础设施即服务（IaaS）功能要求与架构	2015 年	本标准规定了云计算 IaaS 的服务种类与服务模式、功能架构及功能需求，接口及安全要求、关键业务流程	
YD/T 2807.1—2015 YD/T 2807.2—2015 YD/T 2807.3—2015 YD/T 2807.4—2015 YD/T 2807.5—2015	云资源管理技术要求	2015 年	规定了云资源管理的总体技术要求。包括云资源管理平台的系统架构、综合管理平台整体功能要求、分平台技术要求以及资源管理接口、安全性和其他非功能性要求	
YD/T 3157—2016	公有云服务安全防护要求	2016 年	规定了公有云服务分安全保护等级的安全防护要求，涉及数据安全、应用安全、网络安全、虚拟化安全、主机安全、物理环境安全和管理安全	
YD/T 3158—2016	公有云服务安全防护检测要求	2016 年	规定了公有云服务分安全保护等级的安全防护检测要求	
YD/T 3148—2016	云计算安全框架	2016 年	分析云计算环境中，云服务客户、云服务提供商、云服务伙伴面临的安全威胁和挑战，并阐明减缓风险和应对挑战的安全能力	
YD/T 3054—2016	云资源运维管理功能技术要求	2016 年	规定了云计算物理资源、虚拟资源及云平台系统的管理功能技术要求，包括资源信息管理、资源关系管理、拓扑管理、资源分配策略管理等功能	
YD/T 3218—2017	云计算数据中心网络服务质量（QoS）管理要求	2017 年	规定了智能型通信网络中云计算数据中心网络设备的 QoS 能力、QoS 策略管理、流分类技术、流量整形技术、队列与调度技术（包括拥塞控制技术）、流标记技术、QoS 统计和 QoS 性能等方面要求	工业和信息化部

续表

标准编号	标准名称	发布时间	内容	发布机构
YD/T 3219—2017	支持云计算的广域网互联技术要求	2017 年	规定了智能型通信网络支持云计算的广域网互联能力特性和虚拟感知、多租户隔离、二层互联、数据中心网络虚拟化、用户流量优化等技术要求	工业和信息化部

4. 云计算应用市场的发展情况。

根据 Gartner 公司发布的多份报告统计，截至 2017 年，全球仅公共云服务的市场规模就达到了 2 602 亿美元，并有望在未来 3 年内继续保持 15% 以上的年增长率（见图 4 – 2）。

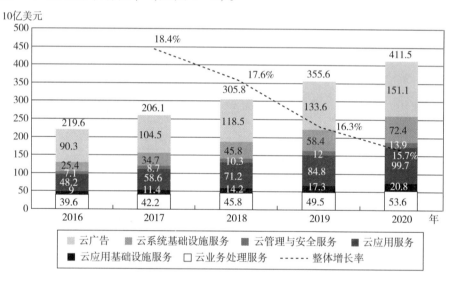

图 4 – 2　Gartner 全球公有云市场盈利预测

Gartner 公司同时在报告中指出，虽然中国的云计算市场刚刚起步，相比美国和欧洲市场落后数年，但是预计中国市场将在未来 5 年保持持续高速增长的态势。从中国信息通信研究院的统计及预测①情况来看云计算在我国已全面进入应用推广阶段。未来几年，我国云计算产业会持

———————

① 2017 年及以后年份为预测数据。

续保持超过30%的年均增长率，远高于全球平均水平（详见图4-3）。

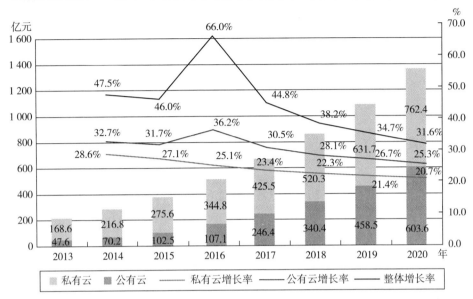

图4-3 中国云计算市场规模及增速统计预测情况

二、云计算在我国金融业的应用推广情况

（一）推动云计算在金融行业应用的三重合力

近几年来，金融监管机构逐步出台了行业应用云计算技术的指导意见和总体规划，云计算服务商在金融领域的投入逐步增大，加上各类金融机构对于信息系统技术架构转型的内在需求，在这三重合力的驱动下，金融业云计算应用规模在不断扩大。考虑到不同类型机构在技术积累、业务模式等方面存在差异，金融业云计算应用在服务类型和部署方式选择方面也相应地存在着差异。

1. 政府和金融监管部门积极引导。

当前，金融业云计算应用的指导方针和顶层规划逐步清晰，中央和各金融监管部门陆续发布了相关指导意见，引导金融各行业有序地推进云计算在信息系统建设方面的应用。

在中央层面，2015年1月印发的《国务院关于促进云计算创新发展培育信息产业新业态的意见》（国发〔2015〕5 号），充分肯定了发展云计算的重要意义，支持云计算与互联网金融的融合发展与创新应用，积极培育新业态、新模式。同年 7 月印发的《国务院关于积极推进"互联网 +"行动的指导意见》（国发〔2015〕40 号）进一步提出，要探索互联网企业构建互联网金融云服务平台；支持金融企业与云计算技术提供商合作开展金融公共云服务，提供多样化、个性化、精准化的金融产品；鼓励各金融机构利用云计算、移动互联网、大数据等技术手段，加快金融产品和服务创新。

在金融监管层面，2017 年 6 月中国人民银行印发的《中国金融业信息技术"十三五"发展规划》，进一步细化明确了"十三五"期间金融业建设云计算应用基础平台的工作目标，以及云计算应用研究方面的重点任务，其中包括：研发基于云计算等技术的金融监管平台工具，加强金融业云计算应用政策研究和引导，支持建设金融业云服务平台，加强金融业云计算人才梯队建设，营造金融业云计算应用发展良好环境。同时，原中国银监会组织编制的《中国银行业信息科技"十三五"发展规划监管白皮书》提出，银行业要稳步开展云计算应用，主动实施架构转型的工作任务，以提升金融技术公共服务能力。

2. 互联网企业加大对金融云的投入。

近年来，各大互联网企业对金融云产品的研发投入和技术服务支持力度持续增长，服务对象日益广泛，金融云产品已基本覆盖行业信息系统建设的各类技术需求，良性产业竞争格局初步形成。

互联网的领军企业，因其在云计算领域的研发耕耘期更长，积累了较多的云计算应用经验，故其面向企业级市场推出的云计算产品相对丰富，在 Iaas、Paas 和 SaaS 各个服务类型上都覆盖了较多产品。例如，阿里云、腾讯云各自推出了包括计算、存储、网络、内容分发加速、安全、数据库、中间件和应用服务等几十款甚至上百款云计算产品和服务，并有针对性地推出了适合保险、银行、证券、互联网金融等各行业多类业务需求场景的总体技术解决方案。百度云、京东云和青云在各自发布的多类云计算产品的基础上，陆续推出了针对金融业的定制化解决方案。

传统设备制造商相对更侧重于在 IaaS 领域发力。例如，华为公司推出的金融云解决方案，以云管平台、IaaS 服务目录、云操作系统、基础设施接入等产品为核心，为金融用户提供应用系统快速部署、业务弹性扩容的整体解决方案；华三公司以云操作系统、全融合虚拟化软件和统一基础架构硬件系统等产品为核心，为金融用户提供完整的 IaaS 云计算整体解决方案。与此同时，设备制造商们也在不断加大对分布式数据库、桌面云等 PaaS 和 SaaS 领域产品的研发推广。

中国电信、中国联通和中国移动等移动通信运营商，纷纷依托其自身的宽带网络资源和数据中心资源优势，大力拓展云计算服务业务，目前正在针对金融行业的特性，积极研究解决方案。

东软、金蝶等软件服务供应商，纷纷在 SaaS 领域发力，推出了包括财务、供应链金融、行情交易等类别的通用云软件产品或定制化开发服务。

3. 信息系统技术架构转型对云计算产生巨大需求。

云计算是互联网企业和金融机构"互联网 +"时代背景下发展新业务的必然选择。从电子化时代进入互联网时代后，为了降低运营成本，提高运营效率和服务多样性，各类金融业务的主要服务渠道纷纷从线下转为线上；服务方式由柜台人工利用信息化软硬件办理转变为用户直接使用自助终端、桌面终端或移动终端全程自助办理。与此同时，依托移动互联网开发的新兴金融产品层出不穷，移动支付、P2P 借贷、互联网基金和理财产品销售等新业态令人眼花缭乱，在"唯快不破"的互联网思维影响下，各种应用产品开发、上线、迭代速度越来越快。

上述金融服务方式的转变以及产品创新的加快带来了两个巨大挑战。第一个挑战是，部分业务请求量的波动不再是一成不变的平稳模式，而是会出现短时激增的新模式，业务请求瞬时峰值可以达到难以想象又无法预测的高度，而峰值出现和消退也可能超级迅速。第二个挑战是，通过获取各类用户历史行为等数据，系统生成和积累的信息量较电子化时代显著激增，相应地，对数据存储和计算能力的需求也显著增加。这些新变化与新挑战，使原有的基于大型机和小机型纵向扩展的技术架构难以为继，金融机构迫切需要云计算这种"横向可扩展"的技术来支撑分布式技术架构的转型，以便更灵活、更高效地调度和分配资源。

》 "互联网+"时代下短时激增金融业务案例展示

2017年"双11"购物节期间，支付宝在午夜00：05：22时刻，达到了每秒25.6万笔支付业务峰值，再次刷新了复杂交易场景下的业务峰值世界纪录，相比2016年"双11"购物节期间创造的每秒12万笔的支付业务峰值纪录，又增长了2.13倍。

2017年1月27日（农历除夕）的24个小时内，微信共收发142亿个红包，比2016年除夕增长了75.7%，其中在1月28日零点时刻，微信红包收发峰值达到了每秒76万个的新纪录。

（二）云计算在金融行业的应用

1. 从选型偏好看，不同类型的金融服务机构对云计算应用的服务类型和部署模式的选择存在较明显差异。

对于传统的大型金融机构而言，一方面，其拥有较庞大的技术团队和较强的技术实力，在技术研发方面的资金投入相对充沛，自主建设运维专有云不存在技术和资金方面的瓶颈，因此更倾向于自主开发上层应用，以提升自主可控能力；另一方面，出于防止客户信息、账户信息等最重要的核心数据资产外泄的考虑，对将系统部署在公共云上持谨慎态度，因此，专有云往往是此类机构首选甚至是唯一的云计算部署模式，而IaaS和PaaS则是其更倾向使用的云计算服务类型。

对于中小型金融机构而言，由于其自身资金和技术实力相对较弱，更倾向于采用行业公共云平台的系统建设方式，以较便捷地实现IT架构转型。同时，行业公共云通常采用独立集群方式部署，基础设施条件相对更为完备，又有独立的技术支持团队负责运营维护，在网络安全防护、业务连续性安全保障等方面较公共云的服务等级更高。对于新兴的互联网金融企业来说，由于其对于产品创新、服务推广等各方面的时效性需求更高，且对成本因素的反应更为敏感，因此当前主要偏好采用公共云的方式部署业务服务系统，并利用云安全防护手段应对 DDoS 攻击、安全漏洞等，以期尽量缩短系统部署上线周期，提升市场竞争效率。

2. 从实施策略看，新兴金融机构可能天然建设在云平台上，但是传统金融机构更多地采取逐步迁移的云计算架构转型策略，传统 IT 架构与云计算架构融合应用已成为当前的主流。

一方面，传统金融机构因其承载业务复杂、投产系统众多，且从电子化时代向互联网时代转型的历程中，积累了较丰富的传统架构开发经验。但对它们而言，采用云计算架构整体迁移策略的风险较大，技术和实施难度较高，同时也不利于对旧有投资的保护。

另一方面，传统金融机构出于对新兴技术应用的谨慎考虑，在现有架构尚能满足大部分业务场景需求的前提下，为了规避潜在未知技术风险引发重大业务风险的可能性，采用云计算架构整体迁移策略的必要性也不充分。因此，传统金融机构使用云计算技术时，更倾向于采取"先新建系统后存量系统、先辅助及渠道系统后核心系统、先应用后数据库"的渐进路线。

3. 从扮演的角色看，部分金融机构已不满足单纯作为云计算技术的使用单位，逐步开始着手在金融云技术服务商竞争格局中谋求一席之地。

在向云计算架构转型的过程中，很多有实力的金融机构逐步发现依托自身的技术积累优势、基础设施资源优势和对金融业务的深刻理解，不仅可以完成自身转型任务，还可以把自身转型的成功经验以及成熟的云计算解决方案成果向金融同业机构开放输出，向其提供全面、专业、安全可靠的金融公共云或专用云创新服务。

例如，兴业银行于 2015 年 11 月发起成立了兴业数金公司，在依托

"银银平台①"提供信息系统和金融服务输出的基础上，为中小银行、非银行金融机构、中小企业提供金融信息云服务。其中，兴业数金云计算平台，针对不同类别的客户，构筑了银行级、金融级两大系列云计算平台的解决方案，提供服务器、存储、虚拟化等不同标准的私有云和公有云计算资源，可为用户提供 IaaS、PaaS 和 SaaS 三个层面服务类型的产品。招商银行于 2016 年 2 月成立了招银云创公司，并与 IBM 公司合作，向城商行和农商行以及民营银行提供包括金融云容灾、金融云应用监控、金融云安全、金融云运维服务在内的金融云服务，当前主要以 IaaS 服务类型产品为主。此外，包括四家国有商业银行在内的众多金融机构纷纷与腾讯、阿里、百度和京东等互联网企业展开深度合作，"云上金融"已成为合作协议的重要内容之一。

三、金融业云计算应用需要加强监管

（一）金融业云计算应用的风险分析

金融业云计算技术应在解决资源弹性适配、提升交付效率和降低复杂应用部署难度等方面发挥重要作用，但其中的风险也值得关注。除了极个别云服务商可能采取违法违规的手段恶意偷窃用户数据等主观恶意问题外，至少还有两个层面的风险值得关注：一是伴随云计算技术而生的本源性风险；二是云计算技术在金融行业的工程应用风险。

1. 云计算技术的本源性风险。

2008 年，美国研究机构 Gartner 发布《云计算安全风险评估》报告，提出云计算技术的七大风险。在此基础上，通过进一步分析云计算技术体系结构并综合研究界的相关观点，本书将云计算技术的本源性风险归纳为 8 项（见表 4 – 5）。

---

① 银银平台是兴业银行于 2007 年推出的面向广大银行类金融机构的银银合作服务品牌，银银平台通过整合兴业银行自身资源，建立专业、完整、灵活的产品与服务体系，为广大银行类金融机构提供全面金融服务解决方案。

表 4 – 5　　　　　　　　　云计算技术存在的本源性风险

序号	技术风险点
1	虚拟技术的安全风险
2	数据加密技术的安全风险
3	身份验证及访问控制技术的安全风险
4	数据销毁技术的安全风险
5	数据移植及接口的安全风险
6	数据隔离技术的安全风险
7	数据切分技术的安全风险
8	反病毒和入侵检测技术的安全风险

一是虚拟技术的安全风险。不安全的虚拟化软件能够造成用户的非法操作和非法访问；如果底层应用程序存在安全漏洞，不法分子利用这些漏洞入侵之后，就能够窃取用户的数据。

二是数据加密技术的安全风险。如果云服务商的加密算法脆弱，被破解后将直接导致用户的数据泄露。如果由于某些原因造成密钥丢失，将导致用户无法对自己的数据进行解密，会造成数据毁坏或无法使用。

三是身份验证及访问控制技术的安全风险。如果云服务商的身份验证技术及访问控制技术存在缺陷或者安全漏洞，则用户的登录账号、密码可能被仿冒或者用户越权访问，从而造成用户的数据或隐私泄露。

四是数据销毁技术的安全风险。当用户服务到期或由于某些原因和运营商终止合作时，如果备份的数据不能被彻底销毁，在对服务器检修或者更换时，未被销毁的数据将面临泄露风险。

五是数据移植及接口的安全风险。不安全的接口和 API 会暴露云平台存在的安全风险，由于目前接口、数据输入输出等方面的技术未形成统一的标准，数据移植难以实施，甚至可能被泄露或损坏。

六是数据隔离技术的安全风险。如果隔离机制脆弱或者隔离失败，用户数据的界限会被打破，将会导致用户非法访问非己数据，造成其他用户的数据被窥探或盗取。

七是数据切分技术的安全风险。当采用数据切分技术时，如果设备出现故障，可能会造成部分数据丢失，导致用户的数据不完整。

八是反病毒和入侵检测技术的安全风险。如果云平台入侵检测系统存在疏漏或者无法及时发现并隔离病毒，一旦攻击者通过某种方式成功攻击云系统或者系统遭到病毒感染，将会给运营商和用户带来毁灭性的灾难。

2. 云计算技术在金融行业的工程应用风险。

要想充分发挥云计算技术的各种优势，至少需要具备两个前提：一是云服务商要具备先进的云计算技术和服务能力，以及完善而严密的风险管理和内控体系；二是客户需要具备云服务模式下的风险认知与管理能力。云计算作为信息化发展的重大变革，在应用于对信息安全高度敏感的金融行业时，既需要云服务商具备充足的技术服务能力，也需要金融机构和云服务商共同探索合作机制，以保障金融机构的业务连续性和数据安全。

首先，从云服务商方面来看，当前国内云服务商的技术能力参差不齐，可能存在以下几个方面的风险。

一是风险管理体系不够健全。有些云服务商未能建立有效的风险管理体系，定期检查评估各项风险，对可能的风险缺少有效的认知和应对措施。

二是云平台自身不够安全。有些云服务商的技术研发能力不足，产品自身存在安全漏洞，或者无法及时修补云平台上各种软件的安全漏洞。有些云平台的租户隔离机制不够健全，可能导致租户之间的信息泄露或网络攻击。有些云平台自身安全防护措施不够健全，导致云平台被攻击。有些云平台缺少监控措施，无法及时发现和阻断云租户发起的安全攻击行为。有些云平台权限控制体系不够健全，做不到"最小授权"，或者对于离职换岗人员未能及时解除权限，造成安全隐患。

三是运行管理体系不健全。有些云平台运行不稳定，达不到标称的服务承诺水平。有些云服务商的变更管理体系不够完善，不能有效控制变更风险，影响金融业务信息系统运行。有些云服务商缺少实时有效的运行监控体系，无法第一时间发现并处置软硬件故障。有些云服务商缺少有效的审计系统，难以及时跟踪和防范内部违规行为，导致数据泄露。

四是业务连续性保障体系不够健全。有些云服务商缺少有效的应急管理体系，未开展有效的应急演练，缺少完备的应急预案和应急措施，当发生云平台故障或重大灾害时，不能有效应对、及时恢复，影响用户的业务连续性。有些云服务商云平台的管理系统和控制平台缺少有效的灾难备份措施，发生故障后容易造成难以恢复的损失，影响用户使用。有些云服务商缺少充分的数据中心和基础设施能力，当云平台发生故障时，既不能快速修复故障，也无法提供备用的基础设施。

五是供应链管理能力不足。有些云服务商对上游服务器等设备厂商、电信运营商等缺少议价能力，对客户的弹性伸缩需求估计不足，不能及时构建足够大的资源池，容易出现"资源断货"的情况。

六是售后服务能力不足。有些云服务商售后服务体系不够健全，缺少分级服务体系，无法及时为用户提供合适的技术服务，在客户遇到问题或故障时不能及时响应并排除故障。由于技术能力不足，无法为客户解决技术问题。

七是安全服务能力不足。有些云平台未能为云上用户提供配套的安全服务，包括网络安全、主机安全、应用安全、数据安全、账号安全、运营安全等，从而导致用户的计算、存储等资源处于严重的网络安全威胁之下，影响用户信息安全。

八是技术研发能力不足。有些云服务商使用开源或第三方的云计算技术，核心技术研发能力薄弱，容易受第三方控制，难以可持续发展。

九是金融行业服务经验不足。金融行业对业务连续性要求非常高，已经形成了一整套金融信息科技监管的要求。有些云服务商行业经验不足，无法全面准确理解金融业的需求，在服务时容易出错，给金融机构造成不必要的损失；在出现重大故障时未能按照金融监管部门的要求及时报告，可能导致金融风险加大或蔓延。

十是云计算服务规模效应所带来的潜在聚集性风险。互联网巨头投入巨资建设计算机集群和数据中心时，这些设施不仅成为了它们业务运营的基础，也给金融业初创公司提供了低成本的云服务。随着云计算服务的商品化，规模越大越成熟的服务商其"马太效应"越盛，容易吸引较多的金融用户使用其产品，其在维护金融稳定中的角色也日益重要。这类平台一旦出现风险事件，容易引发系统性风险和灾难性影响。

其次，金融机构对云计算认知不足、缺乏管理能力也会导致诸多风险。一是缺乏对公共云计算部署模式责任边界的正确认识。有些金融机构想当然地认为，购买了公共云服务，一切责任都应该由云服务商承担，对可能的故障缺乏应对预案和冗余技术保障手段，未能建立有效的业务连续性管理框架和安全防护架构。

二是缺乏建立有效权限管理机制的意识。金融机构购买公共云服务后，大量的管理工作势必通过线上开展。如果未能有效管理各种权限，轻则导致资源误买，造成不必要的浪费；重则导致资源破坏或数据泄露，严重影响信息安全。

三是缺少云计算专业知识储备。有些金融机构对云服务的技术特性缺少了解，不会设计合适的系统架构，不会进行正确的运维操作，控制和监测云平台自身的手段有限，遇到技术问题时只能被动应对；对自身系统和数据的控制管理能力较弱，出现故障后无法快速恢复，出现性能瓶颈时难以快速调整架构；在逐渐摆脱对 IOE[①] 依赖的同时，往往又过于依赖单一云服务商。

（二）云计算金融应用风险的防控应对策略

为防范云计算技术的本源性风险，监管机构应加强行业引导。一是要求金融机构在规划使用云计算技术前，应充分考虑其相关风险的可控性。二是要求金融机构在云环境中处理数据时，应做好分级分类并明确其安全需求，由此定义云服务商存储或传递数据的方式。三是要求云服

---

　　① 原指系统建设中不再使用 IBM 的小型机、Oracle 数据库、EMC 存储设备，后泛指在系统建设中摆脱对传统软硬件国际服务商的技术依赖。

务商明确安全标准，并据此给出数据安全的分类和定义。

为应对云计算在金融行业的工程应用风险，监管机构可建立云服务商管理机制，及时出台相应的管理制度与行业技术规范，使用同一套标准审查、测评和认证云服务商的服务能力，定期公开审查测评结果，并对为金融行业提供服务的云服务商提出严格要求。一是云服务商必须获取第三方专业资质认证，并通过监管机构的审查，"自证清白"，表明自身在信息安全、运维管理、业务连续性等方面的合规能力。二是云服务商必须建立可支撑金融行业"两地三中心"业务连续性要求的数据中心布局，以及资源灵活调配的技术架构。三是云服务商必须在制度框架内，明确与被服务金融机构间在安全生产管理方面的职责分工，使金融机构能够同时使用云服务商和第三方监控工具对所使用的云服务进行全链路、全自动的监控，以避免服务平台与监控平台间的互依赖性。对于关键等级的金融业务系统，金融机构应建立不依赖云服务平台的冗余备份服务环境，以避免业务出现较长时间中断。四是加大对金融用户较多的云服务商的监管力度，按照金融业关键信息基础设施的要求，逐步将其纳入监管框架，守住不发生系统性金融风险的底线。

 亚马逊云服务故障事件

2017年2月28日，全球最大的云服务商亚马逊的云服务出现了较高的错误率，影响了数千个在线服务。在这个过程中，由于亚马逊云服务的服务运行状况仪表盘同样是构建在亚马逊云服务之上的，所以，故障发生后，仪表盘未能及时提示故障告警，仍然显示为正常的服务状态，在一定程度上延后了故障处置的响应启动时间。在受影响的客户中，因Netflix公司提前对AWS数据中心出现大故障做了技术准备，故该公司的对外服务中断时间相对较短。

四、云计算在监管科技中的作用

当前，金融监管要求变得日趋复杂，且变动更新频繁。一方面要求金融机构大量收集、存储和分析与其业务相关的数据，另一方面又要求金融机构提升合规应对的响应及时性。从 IT 运营角度看，金融机构信息科技部门需要频繁组织软件升级、计算能力升级和存储容量升级。在此背景下，金融机构通常倾向于依靠云服务商提供 SaaS、PaaS 和 IaaS 等服务，进一步提高数据统计分析处理的灵活性，方便各业务部门人员的使用，进而提升合规工作执行的灵活性与可扩展性，降低合规应用软件开发部署的成本。

综合 Qualys 公司首席技术安全官达隆·吉巴德（Darron Gibbard）、西班牙对外银行数字化监管专家嘉维尔·塞巴斯蒂安（Javier Sebastián）和德勤公司等学者及机构的研究结论，可以看出，必须依托云计算技术，才能实现监管科技应用产业的规模化发展，因为只有云计算技术才可确保监管科技方案具有足够的响应力和灵活性。事实上，当前产业界提供的监管科技产品，大部分确实是基于云计算平台推出的。从具体分析来看，在监管合规自动化方面，云计算可在许多方面提供至关重要的技术支持。

第一，云计算可以提供强大的数据分析引擎。在分布式文件系统、分布式非关系数据库、对象存储等分布式数据存储模型，以及 MapReduce、Spark 等分布式计算框架的支持下，云计算技术可以提供远超单机的监管或合规数据分析的能力。

第二，云计算资源灵活部署、统筹调配的服务模式，易于实现跨中心数据存储，能提供远超单台存储阵列的数据存储容量，以及更好的数据冗余备份和海量的存储能力。利用云计算，数据可以被远程维护、管理及备份，不但能够更好地保障监管合规信息存储的可靠性与可扩展性，也大大提高了监管合规信息的易用性、易管理性和冗余备份保障能力。

第三，云计算是推动人工智能算法应用于监管科技的底层技术。事实上，自 2006 年起，人工智能的关键技术——深度学习，正是在云计算和大数据日趋成熟的背景下才取得实质性进展的。与以往的算法相比，深度学习算法用于训练的运算量显著增加，云计算技术广泛应用之前，在监管合规领域里，这样的算法几乎没有实际应用的价值。

第四，云计算支持按需支付服务费用，这样的付费方式，有助于降低自动化监管合规工作的实施成本。

第五，运用云计算技术搭建分布式服务框架，可以更容易地构建灵活的共享中心，提供定制化服务功能，实现按需操控数据、访问数据和共享数据，进一步提升监管合规信息应用的灵活性。同时，通过云计算技术，可以便捷地添加或删除功能模块，最终形成金融监管或合规技术中台，根据监管需要打造面向业务的监管合规前端。

第六，构建面向被监管机构的云应用市场。我国金融监管部门在履行监管职能时，往往定义了一系列数据报送要求，并通过技术接口的形式要求被监管机构自行开发软件对接系统。这种方式对于技术开发能力较强的金融机构而言自然不是问题，但对于中小型金融机构来说实际负担较大，间接影响了金融监管系统的推广数据质量。因此，未来金融监管部门可以考虑牵头建设一个金融监管科技的云应用市场，允许第三方机构开发满足金融监管要求的各类软件，并通过云应用市场的方式为金融机构提供透明化的服务。

综上所述，云计算在监管科技领域发挥的作用，与该技术在大部分金融科技领域中所发挥的作用类似。正如巴塞尔银行监管委员会将云计算归类为金融科技的技术基础设施，我们也可以将其视为实现监管科技的主要技术保障。

第五章　大数据

一、大数据概述

今天的时代是一个数字的时代，数据已经渗透到各行各业，小到人们的衣食住行、设备的运转启停，大到天体的运动、自然的更替，各种细微的状态与变化都可以转化为数据，源源不断地被记录、处理和传送。身处数据的海洋，我们每一次使用搜索引擎，每一次查询账户信息，每一次出行旅游，甚至是在线观影过程中的每一次中止或回放等，所有这些行为都能够以数据的形式记录下来，成为各类组织和个体数据分析的重要资源。随着数据越来越丰富和完整，数据共享融合迸发出更大的价值，形成一个个金矿，供"淘金者"从中获取收益。

（一）大数据的内涵

所谓大数据（Big Data），泛指大小超出了常规数据库工具获取、存储、管理和分析能力的数据集合。其中的数据，既包括传统的结构化数据（可用二维表格表述的数据），也包括图像、文本、音频、视频等半结构化或非结构化数据；既包括存储在数据库中的数据，也包括散落在互联网用户浏览点击行为数据，甚至包括输入过程中的错误操作、产品测试过程中的试错信息等。可以说，数据无处不在。

1. 从数据到大数据。

人类对数据的获取、处理和应用由来已久，从结绳记事到复式计账法的发明，从阿拉伯数字的传播到量化分析成为主流，人类生产生活中各种信息的数字化进程从未止步。

数据作为对客观世界的描述，其不断发展的核心动力来源于人们认识世界、探索世界的渴望。在这个过程中，数据处理的工具和方法不断演进，数据本身也经历了从数据到大数据的发展。

早在公元前 3500 年至公元前 3000 年，居住在两河流域的苏美尔人便拥有了发达的农业和繁荣的城镇。为解决人口增长和资源分配问题，他们率先发明了一套专门处理数字和数据的系统——文字。公元 9 世纪，印度人发明了数字 0 ~ 9；阿拉伯人攻打印度后发现了这个在当时极为先进的发明，并将其传向欧洲乃至全世界（见图 5 - 1）。

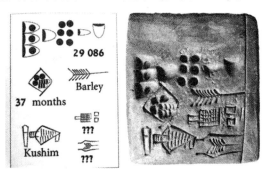

图 5 - 1　人类最早的文字信息就是数据

数据的应用从传统农业开始，逐步拓展到交通、能源、航海、金融、航天、生活娱乐等各领域，数据种类也从初始的简单计数发展到文本、图像、音频、视频等多种格式，数据描述的主体从有形拓展到无形，从可直接感知扩展到不易直接感知。数据量也随之迅猛增长，数据复杂度不断提升。比如，谷歌将上千万册的图书扫描并进行数据化处理，文字的数据化便于人类甚至是机器传承知识；全球定位系统（GPS）将地理位置信息标准化，为各类市场机构精准定位和分析客户提供了信息；腾讯将社交数据生成"社交图谱"，从而为信贷消费、信用体系建设等提供了广阔的想象空间。各种传感器将生产生活各环节的信息数据化，万物互联的数据化开启了更广泛意义上的大数据时代（见图 5 - 2）。

在数据到大数据的发展过程中，数据范围从特定主体的抽样数据发展到万物在线的全量数据；数据内容从围绕特定主题的精准指标发展到较为发散的数据集；数据格式从结构化为主发展到非结构化为主；

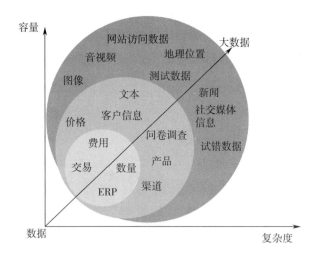

图 5－2　从数据到大数据

数据价值发掘从较为明确的主题分析发展到探索性发现和预测。从应用方向来看，传统数据应用多为定期对变化进行描述，侧重分析因果关系；大数据则主要用于实时监测变化和趋势判断，侧重相关性分析和预测分析（见表 5－1）。

表 5－1　　　　　　　传统技术与新技术在部分领域的应用情况

应用领域	传统数据应用	大数据及物联网等新技术应用
农业	农业生产和优化成本分析，产量分析，农产品定价分析，农产品贸易分析	分析并优化耕作模式，施肥模式，收获时节，水分含量
汽车制造业	汽车制造成本和数量分析，汽车保修期，市场和营销分析	顾客心理分析，服务需要和服务调度，司机紧急处置情况监测分析
通信业	定价策略，客户支持和服务，营销分析，物流分析和流程优化，营业网点优化	分析社交数据，移动设备使用分析，网络质量和可用性监测，网络欺诈监测
零售业	市场菜篮子分析，销售分析，仓储及物流优化分析	全渠道零售分析和顾客情绪分析
银行业	市场营销分析，财务分析，人力资源管理，营业网点优化，用户服务满意度评估	欺诈监测，贡献分析和客户情绪分析
保险业	市场营销分析，人力资源和风险分析	客户情绪分析，理赔过程监测分析，风险分析

2. 大数据时代发展剖析。

大数据时代的到来，并非由于某一项技术的突现，而是得益于技术进步与应用需求升级的相互推动。

在技术层面，根据摩尔定律，计算机微处理器的性能每18个月就能提高一倍。从计算机技术的发展来看，先后经历了大型主机、小型计算机、微型计算机、客户/服务器、互联网、云计算这6个阶段，计算能力不断攀升，数据传输更加快速，存储成本更加低廉。当今，最快的计算机——"神威·太湖之光"持续计算能力已达每秒9.3亿亿次，可应用于气象、生物、电子、物理等领域，为人们高速处理海量数据、解决复杂问题提供了强有力的支持。分布式存储技术能够有效降低数据存储和使用的成本，提高便利性；分布式处理技术的成熟让海量非结构化数据的高速处理成为可能；机器学习等人工智能技术的进步为大数据的深度应用提供了有力的工具和方法。

在应用需求方面，数据量的增加是大数据应用的先决条件。国际数据公司（IDC）有关研究报告预测，2020年，全球数据规模将达到40 ZB（相当于全球人均5 247GB）的数据。同时，生产生活方式的转变是人类进入"大数据时代"的重要因素之一，此时数据的影响力具有足够的广度和深度，绝非仅限于一个领域。物联网和移动互联等技术的发展推动了生产生活的线上化，各种技术及其产生的数据渗透到生产生活的各个角落，用户迫切需要从海量数据中提取出真正有价值的信息，以便作出正确的决策。因此，对借助新理念和新技术处理大数据的服务能力提出了更高的要求，各种新业态、新机构应运而生。据不完全统计，目前我国APP的数量已超过1 700万个。汹涌澎湃的信息流、资金流、物流数据催生出丰富多彩的应用场景，反过来又推动信息技术的进一步发展。技术进步与需求变化相互影响，共同发展。

3. 大数据的特点。

2001年，麦塔集团（后被Gartner收购）分析师道格拉斯·兰尼

（Douglas Laney）阐述了大数据的"3V"特性（即 Volume 数量、Variety 多样性、Velocity 速率），后被业界普遍接受并进一步丰富，增加了真实性（Veracity）和价值性（Value）等特点，扩展成"5V"。结合大数据应用情况，本书认为前三个特性更具实际意义。

一是数据量大。海量数据是大数据最基本的特征。据 IDC 定义，大数据的标准是数据量在 100TB 以上，相当于 3 个中国国家图书馆的藏书量。当前很多大型机构的数据量已经突破 PB 级。然而，"大"的标准并非绝对，5 年前的量级与 5 年后的量级界定就可能出现巨大的差异。

二是数据多样。传统数据大多是结构化数据，可以用二维表的形式存储在关系型数据库里。而大数据包含的种类极其丰富，涵盖了网页、图片、音频、搜索记录、社交媒体状态等，大大拓展了数据来源和应用领域。以征信记录为例，它不仅纳入银行借贷数据，也包括运营商数据、水电等能源缴费记录等。广义的信用记录还包括出行记录、网络借贷记录、就业及健康情况等更大范围的数据，往往以非结构化数据为主。

三是处理速度快。时效性是大数据挖掘区别于传统数据挖掘最显著的特征。当数据从 TB 级增长至 PB 甚至 EB 时，数据流动速率极快，只有做到实时存储和处理，及时为决策者提交分析结果，才能体现出数据价值。如用户浏览过购物网站，以后打开其他应用就会有广告弹出，推荐之前他曾经关注过的类似商品，这就是大数据技术在发挥作用。

结合上述特性，狭义的大数据主要指互联网上种类繁多、流动速度极快的海量数据；广义的大数据是指存储于关系型数据（仓）库的传统行业数据与互联网数据的合集。本书所指大数据属于广义范畴。

4. 大数据处理与传统数据处理。

根据数据产生方式、数据特征以及应用情况的变化，可以将数据产业发展历程分为三个阶段（见表 5-2）。

表 5 - 2 数据产业发展历程

阶段	时间	数据产生方式	数据特征	应用情况
第一阶段	20 世纪 90 年代至 21 世纪初	多为随生产经营活动被动生成	只有结构化数据	数据仓库、专家系统、知识管理系统
第二阶段	21 世纪前 10 年	用户上网行为主动产生数据	非结构化数据量增加	谷歌 GFS、MapReduce 技术、Hadoop 平台等带动大数据解决方案逐步成熟
第三阶段	2010 年至今	各类设备主动、短时间、密集生成各类数据	结构化、半结构化、非结构化数据并存	大数据应用渗透各行各业：智慧城市建设、精准营销、网络舆情监测等

表 5 - 2 呈现了从传统数据处理到大数据处理的演化过程。实际上，大数据处理就是传统数据处理的增强版，既强化了对传统结构化数据的处理能力，也为更多复杂数据的处理和价值挖掘带来了更广阔的视角。具体来看，可以从数据分析目标、数据收集方式、数据结构、分析利用等方面分析两者区别。

在数据分析目标上，传统数据处理目标比较明确，可以根据分析目标确定数据采集范围。大数据分析的目标往往是一个大致的方向，不够精确，会在尝试性的分析过程中逐步细化或调整。比如，在分析农产品价格变化时，具体用哪些数据来编制农产品价格指数，就需要借助大数据方法进行综合分析后再逐步确定。在数据分析过程中，商品条码等信息常常容易被忽视，但其实这些数据也有可能产生新的价值，进而演化出新的分析目标。

在数据采集上，传统方式受处理能力和存储空间限制，通常需要经过精心选择，选出最具有代表性的数据指标，定期触发自动化或半自动化的采集任务，以批量传送为主，数据存储在结构化数据库中，采集频度普遍偏低，时效性较差。大数据的范围广、种类多，通常借助物联网等技术自动采集，多为流式传输方式，明细数据以文件形式存储于非关系型数据库中，数据实时性高。

在数据结构方面，大数据既包括传统的生产、交易等结构化数据，也包括媒体、社交网站等行为数据，还可能涉及地理位置、气象监测、研究开发类数据，数据以非结构化数据居多，数据格式纷繁复杂，不容易建立统一的标准。在实践中，为了便于将各类数据联合分析，会把一些非结构化数据做结构化处理。

在分析利用方面，大数据技术既强化了常规统计分析的功能，也基于全量数据的分析实现了常规统计方法所不能实现的功能。大数据分析着眼于群体而非个体，常立足于宏观角度，分析识别大范围、急速变化的数据，一般依靠分布式计算技术进行模型训练、学习、聚合、归一化、转化和可视化，方法多元复杂。

5. 大数据相关政策。

大数据发展受政策、资金和技术等因素的影响较大。政策方面，自2011年起，世界各国就陆续建立了大数据发展战略和路线图，对数据时代前瞻性的判断高度一致。

2015年8月，我国发布《促进大数据发展行动纲要》，明确提出全面推进大数据发展和应用，加快建设数据强国。2017年，工信部印发《大数据产业发展规划（2016—2020年）》，全面部署"十三五"时期大数据产业发展工作，要求加快建设数据强国，为实现制造强国和网络强国提供产业支撑。人民银行将建设数据平台、深化数据应用纳入《中国金融业信息技术"十三五"发展规划》，并积极建设金融行业大数据基础设施。2017年12月，习近平总书记在中共中央政治局举行第二次集体学习时发表重要讲话，对推动实施国家大数据战略、加快建设数字中国作了全面深入论述。2018年3月，党的十九届三中全会提出，要强化经济监测预测预警能力，综合运用大数据、云计算等技术手段，增强宏观调控前瞻性、针对性、协同性。全国各省市也积极将国家大数据战略与本地区产业发展紧密结合，截至2017年1月，我国先后有37个省市出台了大数据发展规划、行动计划和指导意见，既有北京、广东、浙江和江苏为代表的引领型规划，也有以贵州、内蒙古为代表的追赶型规划，还有以苏州、南宁等地承接国家和省级规划的落实型规划，可以说各级政府都积极为大数据搭建了优质的发展平台。

在政策全面发力的同时，资金面的充裕也为大数据产业发展提供了重要保障。2010 年以来，我国大数据领域成功融资的企业数量逐年增加。2014 年进入爆发期，2015 年持续稳步增长，2016 年获得融资的企业数量达到 400 多家。经前瞻产业研究院初步统计，2017 年大数据领域获得资本市场的高度青睐，其中数据挖掘与分析、行业应用（如医疗、金融、旅游等）和垂直应用（如智能营销、业务管理、移动开发服务等）三个方向最受资本关注。

6. 大数据相关产业发展情况。

在政策支持、资本充裕、技术快速发展的共同作用下，大数据技术广泛应用于农业、工业、交通、电信、金融、医疗等多个领域，大数据产业生态圈逐步发展成熟。大数据产业链主要参与者可大致分成三类：数据持有者、数据服务能力提供者以及基于大数据思维进行商业模式创新的机构。

数据持有者包括数据生产者和数据提供者，如政府部门、行业协会和部分数据密集型行业，如金融、电信、能源、生物、医疗、物理、航空航天、气象、地理、互联网等。有些机构与政府部门合作，将部分可公开的数据进行产品化，如公民身份类数据、工商注册类数据、统计类数据等。比如，共享单车盈利模式之一就是收集用户数据，为其他商家导流和进行用户分析提供基础信息。

数据服务能力提供者主要指帮助数据持有者构建大数据处理设施和能力的机构（如咨询服务商、集成实施商、软硬件产品及服务供应商等）以及提供各类数据服务的机构（如数据流通服务商、数据资产评估商等）。

借助大数据思维进行商业模式创新的机构，主要是指通过分析用户信息而创造商业机会的机构，如通过用户分享的旅行照片来为其推荐旅行目的地的商业模式。当前，很多生活类 APP 就是基于对微信等大平台的用户信息进行分析，从而推出定制服务。

上述三种产业参与者并非泾渭分明，有些同时扮演多重角色，尤其是一些大型机构，既拥有流量成为数据持有者，也具备技术能力，同时还可以借助大数据的思维方法进行商业模式创新。

（二）大数据技术

大数据技术是伴随数据生命周期发展的一组技术集合，在数据采集、预处理、数据存储与管理、数据分析挖掘与可视化等领域，都有一系列技术和工具（见图5-3）。

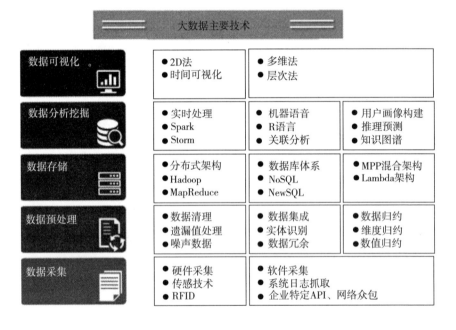

图5-3 大数据主要技术

在数据采集层，各类传感器、软硬件设施负责从各类数据源获取贴源数据（如生产、管理、营销、财务、系统运行情况等组织内部数据，以及客户行为、政策法规、社会舆情、关联机构信息、监管部门要求等组织外部数据），最终形成贴源数据区。数据预处理层负责对多源异构数据按既定规则进行清洗、整理、筛重、去噪、补遗，形成临时数据区。数据存储层负责整合原本分散且各自独立的数据，形成相对统一的视图，并根据使用需求，对部分数据项附加标签，便于进一步查询处理，从而以较低的成本存储海量历史明细数据，形成历史数据区和集市区。数据分析挖掘层负责按主题建立数据模型，并为上层应用提供复杂的、大批量的数据处理能力。数据可视化层融合多种工具，对数据加工处理结果进行灵活生动的展现（例如为高层管理人员服务的高管驾驶舱），全面实时展示的动态大屏，帮助用户全面及时了解内外部关键信息的变化情况，为决策提供数据支持。

大数据各项技术既包括对原有技术的优化（如数据采集、数据仓库），也包括新技术的发展（如分布式并行计算、分布式数据库、流计算、图计算等）。其中，基于分布式技术的 Hadoop 技术被认为是最适合处理大数据的技术平台。Hadoop 是一个开发和运行处理大规模数据的开源软件平台，属于 Apache 开源组织，用 Java 语言开发。Hadoop 把海量数据运算任务分成任务片，分布在成百上千台计算机上进行快速计算。该技术借助大量廉价的计算机，提供可扩展强和可靠性高的计算能力、廉价的海量数据存储机制以及数据分析挖掘技术，便于对大量数据进行复杂的分析。

Hadoop 由众多组件组合而成，其核心组件是 HDFS 和 MapReduce。其中，HDFS（Hadoop Distributed File System）分布式文件系统实现海量数据存储，具有高吞吐量、高可靠性、支持流式处理等特点；MapReduce 是一种支持大规模数据集并行运算的编程模型，通过任务拆分、并行计算、结果整合的方式实现并行计算。此外，还有存储非结构化数据的列式数据库 HBase，用于数据挖掘的 Mahout、用来进行数据提取转化的 Hive 和处理流式数据的 Storm、Kafka 等。不同的组件各有特长，在应用中相互补充。由于 Hadoop 体系具有一定的开放性，相关组件和功能还在不断丰富和发展。在 Hadoop2.0 中，针对原有体系存在的安全及效率问题，衍生出更多更强大的组件和功能，比如新一代资源调度管理框架 YARN，以及增加了 HDFS HA（High Availability 高可用）和 HDFS 联邦机制 2 的 HDFS2.0。由于 Hadoop 具有开放性，可以与 Spark Streaming、Storm 等流计算框架，Pregel 图计算模型等联合使用，确保 Hadoop 领衔的大数据产品族始终具有强大的生命力。基于基础平台组件之上的数据管理、分析、展示等服务模块，则更为多元化。以数据挖掘分析为例，相对于传统数据分析技术，大数据的挖掘是从海量、有噪声且模糊的数据中发现价值的过程；分析方法既包括经典的统计学分析方法，分类、回归分析、聚类分析、管理规则、因子分析、主成分分析等，也包括大数据特有的机器学习方法、神经网络方法、Web 数据挖掘等在数据展示层面，工具繁多，如信息图表工具、地图工具、时间线工具等。此外，大数据体系有着特有的安全保障技术，如数字水印、数字溯源、匿名保护技术等。上述各类技术与产品相互融合，协同作用，在市场营销、客服服务、企业危机管理、经营决策等多个领域已经发挥出了重要价值。相应地，随着大数据应用的深化，需求端也对技术性能和功能完善提出了更多要求，推动技术不断升级发展。

（三）大数据的影响

大数据之所以能开启一个新时代，绝不仅限于数据总量的快速增长和工具的改进，更为深层的原因是其引发了各领域在理念和运作模式层面的变化。阿尔文·托夫勒在《第三次浪潮》一书中指出："信息领域的变革极度扩大并激活了社会记忆，相比传统的图书馆和档案柜，我们要求计算机对难以想象和以前没有想到的事情进行思考，进而引出可能出现新理论、新思想、新观念，新的艺术鉴赏和技术进步，新的经济和政治创见。"当前，大数据引发的一系列变化涉及组织架构、市场格局以及产业升级等诸多方面。

1. 数据从辅助性地位跃升成为重要的战略资源。

长期以来，数据往往依附于业务和承载业务的技术设施，数据的价值只有随着业务的开展才能体现，人们更关注技术的发展及其对业务流程的优化，在决策方面，数据的定位往往是辅助和支持作用。大数据时代，数据脱颖而出，成为商业竞争的重要领域，可以进行用户画像、实现精准营销，可以优化信用评估方式，推动信贷产品和服务创新，也可以实施监控预警，从而提升风险控制能力；数据直接或间接创造的价值逐年上升，各机构的投入也不断增加。目前，很多机构已将数据与资金、资源、人力等并列为重要的生产要素，逐步建立起一套覆盖全生命周期的数据管理体系，旨在规范数据管理、挖掘数据价值。旺盛的数据服务需求催生了市场供应的扩大，中国社科院发布的《金融信息服务蓝皮书：中国金融信息服务发展报告（2017）》预计，到2020年，中国仅金融信息服务的市场规模就将超过1 000亿元。

2. 大数据引起市场格局变化。

大数据融入各行各业，庞大的客户群和广泛的数字服务应用，冲击并改变着每个行业，数据改变了市场竞争的本质，可以说谁赢得了数据谁就拥有了未来。例如，医疗大数据可以帮助医生快速诊断疾病，及时提供符合个体特点的诊疗方案；通信大数据分析可以支持科学评估基站选择，动态配置带宽资源。积极运用大数据技术的机构往往能够敏锐地捕捉到市场机会，或在竞争中赢得主动，或找准切入点形成后来居上的赶超态势。这方面的案例有：腾讯借助大数据技术预测游戏产品趋势，实现精准营销，巩固了其在游戏行业的龙头地位；美国大数据网贷 Kabbage 建立大数据征信体系，为小微网商提供信用贷款，开创了网络信贷业务新模式。BAT（百度、阿里、腾讯）占据了国内数字产业的统治地位，并仍在不断拓宽数字化生态圈。据统计，数据服务领域约1/5的创业企业都是由BAT或前BAT员工创立的，另外还有30%的企业获得过BAT的投资。部分IT机构以免费数据处理服务换取了数据产品的使用权，利用客户数据处理结果或模型方法开发出多样的产品和服务，"各取所需、利润分享"成为极富生命力的行业竞争新模式。

在市场竞争格局变化的同时，政府部门始终面临着甄别伪创新、防范市场风险、提升公共服务能力等压力。当前，各级政府部门积极引入新技术新工具，增强对市场的统筹监管能力和实时监控能力，并逐步建立起一批新机构，强化对新业务的监管和服务。例如，为规范互联网金融行业发展，2015年设立中国互联网金融协会，加强行业自律，引导并服务行业机构健康发展；为应对第三方支付多头连接银行造成的多头清算乱象，2016 年设立网联清算有限公司为非银行支付机构网络支付业务提供资金清算服务，与银联开展的银行卡交易跨行转接互为补充；为规范发展个人征信体系，2017 年设立百行征信（即信联），通过整合行业资源，开展网络借贷等领域的个人征信活动，与负责国家金融信用信息基础数据库的人民银行征信中心形成错位发展、功能互补的格局。

3. 大数据体系要求组织架构及管理相应变化。

在大数据驱动下，产品服务的研发与传统的功能开发不同，用户需求更为模糊、变化更多、时效性要求更高，探索性工作更多，需要技术与业务团队合作更为紧密，要求组织架构及管理相应变化。数据资产不再单纯地附着于软硬件资产进行管理，而是需要一套专门的管理规程。为此，许多机构都已建立了专门的数据管理部门，数据管控（数据治理）成为高管尤其是"一把手"挂帅的重要工作。2018 年 3 月，原银监会印发《银行业金融机构数据治理指引（征求意见稿）》要求银行业金融机构将数据治理纳入公司治理范畴，并将数据治理情况与监管评级挂钩，鼓励金融机构开展制度性探索，结合实际情况设置首席数据官。数据驱动组织转型已成燎原之势，有专家认为大数据是新的资产，是利润的重要来源，可能取代例如分支机构这种传统意义上的组织资产。比如谷歌、亚马逊以及一些互联网金融机构基于大数据平台创造价值和利润，无须设立分支机构。

在数字化变革的过程中，各机构面临的最大挑战是需求爆发式增长和专业人才严重缺乏，数据工程师、数据科学家、数据分析师在人才市场上需求旺盛，懂数据处理也懂业务的复合型人才更是抢手，数据处理类岗位对传统业务人员产生了一定的替代作用。高盛公司在实施外汇交易自动化处理的过程中，归纳出 1 名计算机工程师可替代 4 名交易员的比率。招商银行 2017 年确立了"金融科技银行"的定位，提出招商银行总行未来科技背景的人才要达到 30% ~ 40%，甚至 50% 的目标。工商银行、建设银行、中信银行等传统金融机构，先后与信息技术公司结成战略伙伴关系，金融机构科技化转型已成大势。

二、金融与大数据

（一）金融与大数据的融合

金融业是一个典型的信息密集型行业，数据是金融业发挥资源配置、风险管理等功能的重要依托。多年来，金融行业在使用信息技术和数据分析处理方面始终走在各行业前列。麦肯锡《中国数字经济报告（2017年12月）》显示，ICT（信息通信技术）、媒体（数字内容提供商和出版商）和金融（客户关系管理解决方案等）是中国数字化程度最高的领域，与其他发达国家持平。

1. 跳出金融领域看金融大数据。

金融是数据生产和消费的大户，典型的金融数据包括用户及其客户信息、产品信息、业务交易信息以及金融机构自身经营信息等，以结构化为主，也有文本图、音频、视频等半结构化和非结构化数据。目前，在金融领域的数据分析过程中尚存在一些问题，例如，数据壁垒致使数据共享难，业务规则不严谨导致数据质量较低；受数据规模和加工方法限制，传统分析主题相对固化，模型算法受数据样本影响较大，数据更新及模型分析的频度相对较低，模型算法不完备。解决上述问题的思路一方面是增强数据管理的规范性，同时要善用外部数据对内部数据进行补充和支撑，这些外部数据包括：社交媒体中能反映用户偏好和行为的数据（如用户访问网站的操作、评论、朋友圈之间的关系等）、各类设备或传感器产生的监控或运行数据（如手机位置信息、用户水电煤气费用情况），以及其他公共服务领域的数据（如人口、电信、交通、民生等领域）。

目前，很多金融机构在系统内部数据共享使用受限的情况下，积极引入外部多元化的非金融数据，为金融业务分析提供重要的数据补充，并对已有数据进行交叉验证。比如在客户信用分析场景中，传统的信贷数据由于采集频度等原因，难以实时反映借款人的还款能力变化，但如果结合电话费、水电费等缴费记录，出行位置、职业变化、日常消费等行为数据，则可以较全面、动态地分析出其还款意愿和能力变化情况，有利于开展贷后风险管理。

同时，数据频度和覆盖范围加大后，还能够拓展现有分析视角，优化分析模型。一些通常容易被忽视的数据，往往可能会给用户分析和产品服务创新等带来惊喜。比如将客户转账信息与地理位置信息、企业经营信息等相结合，可以为是否在新区域设立金融机构网点提供决策支持。

2. 金融大数据的双重保障作用。

一方面，金融大数据能够推动金融业务长足发展，提高金融服务水平，增进金融与相关领域的联系。大数据的优势在于跨领域、长周期数据进行复杂分析，可在一定程度上解决金融市场信息不对称等问题，能够帮助从业者作出更合理的资源配置决策，便利金融产品和服务的创新。部分机构通过技术服务或战略合作等形式，参与金融业务，在信用信息服务、小额信贷、供应链金融等方面开展创新，金融产业生态不断推陈出新，令人应接不暇。例如，一些网络借贷公司通过对客户行为、公检法数据、通信、出行、医疗、社保等数据进行综合分析，评定客户信用等级，推出定制化金融产品服务，并将金融服务与电商等服务相结合，为客户提供一体化服务；一些网络银行与各类 APP 联合，将金融服务融入应用场景，实现了金融服务与其他服务业的数据共享；有的保险机构采集客户驾车座椅承受的压力信息，分析客户驾车习惯，设计相关配套金融保险产品。可以说，金融与大数据的融合给人们提供了无限的想象空间。

另一方面，金融大数据可以为金融业安全、健康、持续发展提供保障。新兴金融业态推动金融创新高速发展的同时，其自身的风险也逐步聚集和暴露，引起了金融监管部门的高度关注。大数据在监控市场运行情况、对异常波动实时预警、政策效应评估等方面，都为监管部门提供了有力的支持。比如，互联网金融协会利用大数据技术深化行业专项治理工作；北京市建立风险预警平台，及时预警 P2P 平台风险；证券业监管部门采用大数据技术打击"老鼠仓"；等等。

（二）金融大数据的应用

在我国，金融大数据已逐步融入金融机构经营管理的方方面面，包括客户识别与分析、信用评估与追踪、反欺诈、反洗钱等，这些信息的应用大致可以分为前台、中台和后台三方面。

1. 前台营销服务类应用。

前台营销服务类应用主要包括客户管理、产品及服务创新、渠道管理、营销管理等。

大数据支持金融机构全方位地了解客户，通过引入外部数据可以主动识别并精准定位客户，有针对性地开展产品设计和营销。一方面，促使业务拓展到过去难以企及的"长尾客户"，促进业务创新，助力普惠金融；另一方面，支持各机构按照资源投入产出比，提供差异化的定价和精准服务，从而提升社会资源的整体利用率。比如，花旗银行整合了电子银行、信用卡、私人银行、新兴市场、跨国公司业务等内部数据以及社交媒体、移动通信等外部数据，重构内部管理流程，描绘客户画像，实现精准营销；海通证券整合内外部数据，分析客户行为特征和偏好，测算潜在流失率，为挽留客户工作提供有力的支持。

同时，大数据技术也为提升服务和业务创新提供了技术支撑。例如纽交所推出分析平台，支持包括金融建模等数据分析方法，预留 API，可实现用户自行编程；纳斯达克推出市场情绪分析工具，通过分析过去 21 天订单信息，反映纳斯达克市场参与者买卖证券的方向和热度，便于投资者分析和预测市场的价格变动。

2. 中台风控类应用。

中台风控类应用主要包括授信审批、风险预警、欺诈识别、合规与审计管理等。

基于大数据技术对互联网信息的挖掘分析，可为客户信贷评估模型提供有益的补充，并为贷中贷后的追踪和风控提供有力工具。对于较难获得征信信息的互联网金融机构来说，对大数据信贷模型和风险分析的依赖更大。比如，工商银行运用大数据技术实现风险收集、分析、评级等功能，综合评估风险账户相关数据的客观性和准确度，量化其信用风险和履约能力，确保客户安全汇款；分析挖掘与相关账户信用相关的预警信息，跟踪预警信号，形成风险预警、通知、处置、关闭的闭环处理流程。保险公司基于客户驾车行为数据分析用户驾驶风险，可以设计出个性化车险产品；在核赔阶段，对客户行为特征变化建模，运用欺诈模型能够有效地甄别欺诈事件。

3. 后台应用。

后台应用包括运营类应用和决策类应用，其中，运营类应用偏精细化，如绩效管理、人力资源管理、财务成本管理、IT运维及信息安全管理等；决策类应用偏重于宏观方面，如战略管理、规划管理等。

金融机构在运营管理过程中会产生大量数据，使用传统的分析技术方法面临着数据维度相对单一、数据采集频度较低、非结构化数据难以处理等问题，结构化数据增长迅猛，致使传统数据仓库运行效率明显降低，扩客成本上升。

大数据技术在丰富数据维度、实现高频实时采集、处理非结构化数据、提升海量数据处理效率等方面都有着明显的优势。以金融机构选址为例，大数据技术将地理、人口及周边经济主体经营信息等外部数据与金融领域的内部数据相结合进行建模分析，有助于金融机构作出较为科学的布局决策。

大数据技术在提高金融机构内部运营管理效率方面也有显著优势。以信息安全管理中的威胁分析为例，利用大数据技术综合分析企业或组织的各类资产（如数据、软件、实物、人员、服务、其他等），可以全面发现这些资产存在的潜在风险和面临的攻击。各金融机构数据中心 7×24 小时运行产生的大量监控数据，远远超出人工能够处理的范围，使用大数据技术能够对基础设施及网络、软硬件及应用、数据等运行情况进行实时监测和综合分析，利用大数据技术构建自动化的运维体系，一方面可以保证安全运行，降低 IT 运行成本；另一方面也可以分析测算资源需求，为组织制定场地、软硬件设备、人力等资源配置策略（或 IT 发展战略）提供重要参考。

（三）监管应关注的重点

1. 数据高度集中风险。

部分大型互联网公司在不断完善线上生态系统、开展综合业务的过程中，聚集了大量的信息流，资金流、物流、商流等多流汇集致使数据过度集中。数据高度集中的正面效应是数据融合产生的价值更为丰富；负面效应是存在着因管理使用不当而造成的诸多隐患，具体体现在数据管理、共享交换和使用等各环节中。

在数据管理方面，各机构对数据的存储和计算大多依托开放式网络环境和分布式系统，缺乏较为完整的安全标准与管理规范，可能出现因人为或操作失误而造成的信息泄露等问题。

在数据共享交换方面，数据过度集中往往会给跨机构数据共享带来阻力。海量数据的持有者作为既得利益方，往往缺乏对外提供数据的动力，其在数据交换过程中的议价能力也相对较强，导致数据交易市场的活跃度不足。同时，数据高度集中机构通常具有较好的数据综合利用潜力，一些附着于该数据生态运营的数据服务者在开展业务时，也会不断地共享新信息。随着这一生态体系不断发展，数据集中机构的优势地位不断被巩固，强者恒强，造成机构间数据集中度的分化趋势日趋悬殊，不利于数据服务市场的健康发展。数据交换方面，贵阳、北京、上海、武汉等多地建立了大数据交易所，但受制于交易规则缺位，市场交易并不活跃，比如需求如何界定，数据如何定价、交易过程如何确保各方权利，双方技术平台是否具有足够的开放性等都需要逐步规范。

在数据使用方面，金融数据往往涉及个人隐私信息，由于大量数据集中于商业机构，一旦不法分子突破技术障碍盗取账户信息，实施精准欺诈，将直接损害客户的权益和机构的信誉；若不法分子利用大数据技术对一些敏感金融数据进行关联性分析，则有可能对国家金融稳定与经济安全造成威胁。即使是对于不直接与账户资金相关的互联网用户行为数据，如果使用不当，用户被推送的定制化信息所误导，长此以往，也可能影响用户行为和决策。

2. 数据分析偏差与恶意使用风险。

大数据因其海量和实时等特性，一度为被认为是全量数据且分析结果是客观正确的，但在数据采集、分析设计、建模分析等过程中，如果使用样本偏差、分析使用目的不正当、因果关系与相关关系混淆等，其分析结果也会错误。数据采集方面，受上网人群、数据采集设施分布及采集能力、采集主体局限性等因素影响，数据范围和质量存在一定局限性。如火鸡理论：农场里有一群火鸡，农场主每天中午 11 点来给它们送食，火鸡中有一位"科学家"注意到了这个现象，且观察了近一年都没有发现例外，于是它认为自己发现了一个规律，每天 11 点农场主会带着食物降临。然而，在感恩节当天的 11 点，农场主并没有带食物来，而是把火鸡杀了。这个例子形象地说明了数据范围对处理结果有着至关重要的影响。大数据为我们提供了强大的分析处理能力，帮助我们较为轻松地应对各类复杂问题，然而，很多人还是习惯于使用传统分析过程中的因果逻辑判断和决策，如将相关关系误认为是因果关系，往往会造成分析结果错误。以前段时间微博广为流传的观影人群消费偏好"段子"分析为例，有数据分析机构在汇总了电影《芳华》和《战狼 2》的观众消费数据后披露，喜爱电影《芳华》的观众比喜爱《战狼 2》的观众消耗了更多的热饮，而年龄偏高的人群更喜欢选择热饮，因此就认为《芳华》吸引的主要是中老年观众，《战狼 2》吸引的主要是青年观众。事实上，《战狼 2》是 7 月上映，而《芳华》是 12 月上映，季节因素对冷热饮偏好的影响更大。维克多在《大数据时代》一书中提出大数据相对于统计学分析方法更关注"关联关系而非因果关系"，如果我们在利用大数据分析 CPI、通胀、就业率等宏观经济运行情况时，混淆了相关关系与因果关系，则可能对研判经济形式和政策调控产生重要影响。因此，我们应对大数据分析的特性保持清醒认识，积极探索大数据方法与传统分析方法的结合和互补，如对相关关系进一步交叉印证，将相关关系转化为因果关系进行利用，或借助大数据技术实现原有分析框架下无法逾越的障碍，形成新的理论和方法，则可能产生更为有益的价值。

事实上，借助大数据进行分析处理和决策是我们让渡了一部分权力给技术和数据，由于某些主观或客观原因可能造成数据分析偏差，我们不应该盲目地崇尚和信赖大数据，而是要主动甄别并优化大数据研究和处理方法，推动相关领域专家共同探讨符合学术标准且行之有效的研究方法。在数据分析中，主体（人）保持独立性是保证大数据分析有效的重要因素。

3. 大数据技术与管理风险。

随着数据的不断集中，人们对分析系统自动执行功能的依赖程度越来越大，技术故障、操作风险和管理机制等方面的潜在风险逐步显现。

在技术基础平台层面，与大数据处理紧密相关的风险包括数据加密技术的安全风险、身份验证及访问控制技术的安全风险、数据移植及数据服务接口的安全风险等。

在管理方面，建设大数据基础设施的各机构往往会面临基础环境扩容压力、数据标准不统一、法律相对滞后、需求具有不确定性、外包管理风险等挑战。其中基础环境扩容压力，主要指数据量迅速增加对承载数据计算和存储的基础设施构成持续扩容压力。数据标准不统一指多源异构数据缺乏较为统一的标准，部分机构开展大数据平台建设之前如不能及时统一数据标准，一旦技术平台建成，往往因数据质量不佳致使数据分析结果不可用，不得不重新对数据进行整理和清洗。法律相对滞后，是指大数据运用过程中，各机构会大量抓取或购买外部数据，各机构在外部数据使用方面的相关法律体系尚不健全。需求不确定性，是相对于传统应用开发，大数据类模型建设过程中的用户需求往往具有不确定性，对于评估质量、费用和周期等方法提出了新挑战。外包服务风险是指部分金融机构将业务和数据的运行环境托管到第三方服务机构，如何界定各方责任，对被托管方进行合理的监管，是托管方和行业监管部门都需要面对的问题。

大数据的技术及管理风险复杂多变，风险应对和处置任务更加艰巨。

目前，各类机构都在不断探索，试图找到合适的使用方式。人民银行推动产学研制定金融大数据标准，通过对数据治理、技术、业务、安全等多方面提供规范标准，引导行业机构完善数据治理机制、合规使用相关技术、夯实安全体系，维护大数据时代的金融信息安全。2018 年 5 月，银保监会发布《银行业金融机构数据治理指引（征求意见稿）》，在引导银行业金融机构开展数据治理、提高数据质量、推动数据深度等方面作出有益尝试。

4. 个人隐私泄露风险。

大数据为人们认识世界、预测未来提供了极大便利，然而数据充沛也容易导致对个人隐私的威胁。金融领域的数据直接与个人信息、经济利益挂钩，数据的潜在价值较高，非法交易获利丰厚。地下数据交易给个人生活和国家经济带来各类风险隐患。

从全球来看，数据泄露、数据滥用等问题屡见不鲜，2018 年 3 月，互联网巨头 Facebook 卷入一起用户信息泄露丑闻，与之合作的英国数据分析公司 Cambridge Analytica 在 2016 年美国总统大选前违规获得了 7 500 万 Facebook 用户的信息，其通过对用户分类推送定制信息，影响用户判断。该丑闻导致 Facebook 股价大幅缩水，并可能面临巨额惩罚。当地时间 4 月 10 日，美国参议院司法和商业委员会就此案举办了一场联合听证会，对 Facebook 创始人兼 CEO 马克·扎克伯格进行了超过 4 小时的质询，引起全球各界的广泛关注，《华尔街日报》评论该听证会可能是对科技行业施行长期监管的开端。

除上述因管理因素造成的数据泄露之外，还存在因技术原因导致的个人隐私信息泄露风险。如美国在线（AOL）公司曾公布了匿名处理后的部分用户信息供用户使用，《纽约时报》利用其他数据源同时进行相关分析，识别出了用户包括年龄、性别、家庭情况等在内的具体信息。

目前，数据泄露及其引发的各类案件已引起全社会的广泛关注，未来，个人对数据权利的诉求还将进一步提高，对监管机构健全数据保护机制也提出更高的要求。欧盟于 2018 年 5 月已正式实施《通用数据保护条例》。该条例被称为史上最严厉的数据保护条例，对数据保护范围、机构岗位设置要求、个人信息采集范围、信息泄露报告要求、用户行使数据遗忘权等进行了全面的界定，对强化数据保护树立了标杆。我国于2017年也出台了《个人信息安全规范》，但以上制度与标准如何落地，如何逐步建立健全覆盖数据分类、交换、采集、应用、销毁等全流程的制度规范体系，尚需要一个过程。此外，如何应用技术手段来解决管理问题，如推出支持数据安全存储、交换与处理的技术，也一直是研究的重要方向。

>> 支持数据安全交换与处理的技术：同态加密

早在1978年，密码学界就提出了同态加密（Homomorphic Encryption）的概念。一般的加密技术主要关注数据存储安全，对数据进行加密后进行传输或存储，只有拥有密钥的用户才能够正确解密，得到原始数据并进行处理；没有密钥的用户，则无法从加密结果中得到原始数据。在此过程中，用户除了存储和传输，不能对加密结果进行任何加工操作。

同态加密关注的是数据处理安全。即对明文运算与对密文运算的效果等同。在数据共享和协作处理中，可实现不让对方了解参与运算数据的具体内容，但可以得到数据处理的结果。

但由于效率问题，目前，同态加密技术尚处在研究阶段。

三、大数据在监管科技中的作用

金融创新日新月异，金融产品服务令人眼花缭乱，但万变不离其宗，金融业运行和金融监管关注焦点仍然是各类数据，可以说大数据是监管科技的核心。

（一）助力金融改革，提升监管能力

新形势下，国家金融安全和经济金融发展对金融监管提出了新要求，金融监管部门迫切需要借助新技术提高其在广覆盖、穿透力、敏捷性和可追溯性等方面的能力。大数据在支撑金融监管部门科学决策和风险防控方面具有显著的作用。在实践中，很多国家金融监管部门已经在借助大数据强化监管方面作出了有益探索，诸如预测经济指标、监测资本流动、识别信贷和金融市场风险等。

1. 拓展渠道支持数据验证。

通过主动采集公开数据，可对已有统计类数据进行验证，辨识真伪，帮助监管部门及时了解市场情况，作出科学决策。如北京市金融工作局基于大数据分析，发布本市 P2P 企业的"冒烟指数"，为北京市互联网金融行业健康发展提供了技术支撑。

2. 形成全局视图。

金融监管部门可以在保障安全与公正的前提下，采集被监管机构的一线明细数据，整合各机构金融业务运行情况，突破单个金融机构对交易对手方资金流向不可知的困境，建立起资金流向的全局视图，实时监测资金流通中的风险，对扶贫、救灾、支持高精尖产业发展等重点领域的专项资金进行流向追踪和溯源，确保经济体内资金血脉的畅通和精准。

3. 数据融合促进统筹监管。

在金融创新的过程中，跨业态经营蕴含的潜在风险，难以通过对各分业态的监管实现。实现数据资源在金融监管部门之间的共享和综合利用，整合各监管部门掌握的信息，形成监管信息全集，有助于完善宏观审慎监管框架的分析基础。目前，人民银行正在牵头建设覆盖金融行业的大数据服务体系，力求融合金融业各业态数据，并引入工商、税务等其他领域数据，结合互联网数据，找到与系统性风险高度相关的关键要素，逐步实现事前风险预判、事中实时监控和事后跟踪分析，全面提升统筹监管与协调能力。

（二）优化监管规则，防范金融风险

第五次全国金融工作会议提出"要健全监测预警和早期干预机制"，这个目标对监管部门在复杂情况下分析预判和应急处置金融风险的能力提出了更高要求。监管部门可借助大数据等技术实时监测，将复杂、海量的数据进行标准化和融合，识别出与金融风险密切相关的要素及其阈值，结合机器学习等技术，对关键要素进行跟踪分析，可建立动态调整的风险分析模型，并通过模拟不同情境下的金融风险状况，进行跨行业、跨市场的关联分析，提升系统性、交叉性金融风险的判别能力。

（三）实现对国家金融政策实施效果的评估，推进精准施策

我国幅员辽阔，统一的金融政策发布后，在不同地域产生的效果会有差异。受数据所限，传统的政策评估计量方法往往存在一定误差，大数据技术支持监管部门广泛分析相关行业数据以及社交媒体信息、互联网站和搜索引擎使用情况等信息，将传统计量分析方法与基于语义、文本等数据挖掘方法相结合，借助特定词的使用热图，识别公众情绪，及时掌握市场对于政策的反应。

目前，国际上一些国家已经开始尝试利用大数据技术对减税政策等的推行效果进行评估，或根据新闻媒体报道预判利率走势。在我国，有关部门也进行了有益的尝试，如分析利率政策对房屋交易价格的影响，以便为进一步优化政策体系提供支持。此外，在精准扶贫、普惠金融等领域，同样可以引入大数据技术，及时了解市场反馈和动态。

（四）降低帮助被监管机构合规成本，提高运营效率

随着金融监管改革的深入，监管部门对被监管机构提供信息的广度、深度和频度的要求越来越高。目前，各监管部门在标准和内容方面有所不同，据估计全球金融机构监管合规成本每年高达700亿美元（这个数字尚不包含因违规致使得高额罚金或赔偿）。随着监管的进一步加强，该成本预计还将持续增加。监管机构如应用高科技手段开展监管数据的收集工作，可大大降低金融机构的此项支出。如2018年3月14日，新加坡金融管理局发布消息，从3月31日起，将改变从金融机构收集数据的方式，逐步减少金融机构重复提交数据的数量，并采用效率更高的自动提交数据的方式。

同时，还可应用大数据构建快速响应、富有弹性的合规监管框架。

如探索将监管政策、规定和合规性等要求，进行数字化处理，建立数字化监管协议，通过大数据技术实现各类非结构化数据（监管要求、业务流程、邮件、社交网络等）的采集、识别、分析和评测，结合人工智能、机器学习等技术实现自动化的规则理解、流程优化、合规审核和风险管理等功能，并借助 API 建立监管机构与被监管机构的标准化接口，要求被监管机构根据监管及时提供各类审查内容。

大数据是一种资源，也是一种工具，更是一种思维方式，对社会结构、经济、文化、生产、生活等各方面都产生了深刻的影响和变革，重塑着个人、企业和政府的关系。可以说，大数据开启了人类发展史的新篇章。在监管科技中，大数据同样具有重要地位，往往与其他技术协作以实现最佳应用效果。

第六章　物联网

一、物联网概述与在我国的发展

(一) 物联网的起源

物联网（The Internet of Things，IoT）技术被称为继计算机和互联网之后的第三次信息技术浪潮。关于物联网的起源，版本很多，有人说物联网的概念可以追溯至1991年的英国剑桥大学"特洛伊咖啡壶"事件。剑桥大学特洛伊计算机实验室的科学家们工作时喝咖啡需要下两层楼，才能确认咖啡是否煮好。为了解决这个麻烦，他们在咖啡壶旁边安装了一个便携式摄像机并编写了一套程序，镜头对准咖啡壶，利用计算机图像捕捉技术，将图像传递到实验室的计算机上，可随时查看煮咖啡的进度。另一种关于物联网起源的说法是，1990年，卡内基梅隆大学的一群程序设计师，每次敲完代码都会到楼下的自动贩售机购买一听可乐。但他们经常遇到贩售机里的可乐被售空的情况，于是这些程序设计师就把贩售机连上网络并编写了相应的程序，监测机器里可乐的售卖情况，甚至可以知道可乐是否是冰凉的。不管两种说法哪个更靠谱，总之，物联网的诞生是由一帮富有想象力和实践精神的"懒人"创造的。1995年，微软公司创始人比尔·盖茨的《未来之路》一书轰动全球，其中也提到了对物联网的构想。其实"物联网"一词最早由美国麻省理工学院（MIT）自动识别中心（Auto – ID Center）的凯文·阿什顿（Kevin Ashton）教授在1999年正式提出。物联网起源于早期条形码（barcodes）自动识别以及后来的天线射频识别（RFID）技术。更早的物联网雏形可以追溯到20世纪70年代初的机器到机器（machine to machine，M2M）通信。不过当时受技术条件限制，M2M通信的应用面很窄，也不受关注，很少人把它与物联网联系起来。但 M2M 系统的结构、特征与现代物联网系统完全一致。近年来，随着集成电路、MEMS 传感器、无线通信和云计算等技术的飞速发展，与物联网相关的各项技术日趋成熟，从而在全世界范围内掀起了物联网研究和应用的热潮。

（二）物联网的组织架构

从字面理解，物联网即"万物相连的互联网"。其中的互联网，过去是指计算机相互连接并相互通信的全球网络，但今天的互联网终端不仅包含普通个人电脑（PC）、服务器，还包括手机等移动设备。因此，物联网的概念可以理解为借助电脑、手机这类常见的传统互联网设备，实现任意物品间的自动互联互通。物联网连接的物品能够自动采集、记录其本身或者周边发生的情况并上传至网络和远程服务器，从而遥控相关物品。如果说互联网实际上是人与人之间的连接，那么物联网就是通过感知和通信技术的运用，提升对重要物品的智能化感知、识别和管理，最终将人与人的连接扩展到物与物、人与物之间的自动连接。物联网不但大大地扩展了网络的覆盖范围，还深刻地改变着人与物、物与物乃至人与人之间的联系。概括来说，物联网技术的目标是实现"四个任何"：任何人在任何时间和任何地点都有能力与任何物理设备进行通信（见图 6-1）。

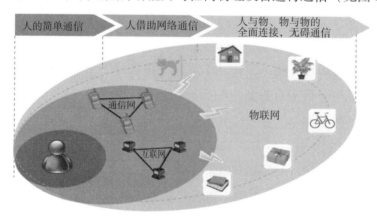

资料来源：中国移动。

图 6-1　物联网是通信网和互联网的延伸

　　目前，各方认可度较高的物联网组织架构分为四个层级，即感知层、网络层、平台层和应用层。

　　1. 感知层。

　　这个层级是物联网的信息获取层，也是最基础的物理层，就好像人类的五官、四肢和皮肤。人是通过视觉、听觉、味觉、嗅觉、触觉来实现对外界的感知，物联网则是通过感知层的传感器等物理设备来识别和感知任意互联物体的信息。传感器通过采集物体本身或物体周围的环境信息并将之预处理、数字化、存储、打包传输到云端服务器或其他节点。很多现代传感器的感知能力已经远超人类器官，它们可以"嗅到"人类无法嗅到的有毒气体，也可以"听到"人类无法听到的超声波，甚至可以"看到"人类无法看到的红外图像。更重要的是，它们采集的信息是数字化的，并能够进行复杂的数字处理和分析。物联网的感知系统还可以同时对成千上万的物体节点进行信息感知和获取，这是人类感官所无法比拟的。2007 年物联网上传感器节点仅 1 000万个，到 2013 年就已经突破 35 亿个。研究机构预测到 2020 年全球将存在 220 亿 ~ 500 亿个物联网设备；2030 年物联网传感器将超过 100万亿个，相当于平均每个人身边都有 1 万个传感器在感知你的周围环境和个人行为。另一项与物联网推广紧密相关的是 IPv6 网络协议，它可以为每一个物联网的物体都分配一个独立的网络地址。IPv6 拥有海量的地址（远远高于 IPv4 大约 43 亿个的地址），多到全世界每一粒沙子都可以有自己的 IP 地址。不仅如此，IPv6 还具备无状态地址配置和自动分配、结构简单清晰、更高安全性等优点。这些都为物联网感知器件的大量应用提供了坚实的基础。不过，感知层本身的安全性才是整个物联网系统的关键。

　　2. 网络层。

　　这个层级主要负责信息从感知器件到应用软件系统的传输，它就如同人体的神经网络系统。人体通过神经网络来传输生物电信号，物联网则通过各种网络传输方式将感知层收集的数据传送汇总到平台层进行后续处理和分析。这些"神经系统"具备不同的特性和专长，适用于不同环境。如为人熟知的 WiFi、蓝牙、ZigBee 等协议适用于室内近距离无线传输。eMTC、NB－IoT、SigFox 和 LoRa 等协议则属于低功耗广域物联网（LPWAN），适用于户外远距离无线传输，其中，eMTC 和 NB－IoT 使用电信运营商频段，可利用电信运营商网络实现数据传输；SigFox 和 LoRa 使用非电信运营商频段，则需要公司或组织铺设独立的网络基站，更适合用于企业级别的运营模式。另外，还有一类无线传输方式通过低轨道卫星作为网络接入点，即所谓"天基物联网系统"。天基物联网不受地域限制，可实现全球覆盖，但成本极高。如果把这些通信协议比作汽车的话，室内使用的几种协议就像马力强劲速度快但油耗高并且续航里程短的跑车，而户外的几种协议则属于马力弱速度慢但省油而且跑得远的混合动力汽车。

3. 平台层。

这个层级就类似于人类的大脑，能够对收集到的数据和信息进行汇总和处理。通信协议适配与标准化、数据打包与分拆、数据加密解密机制以及数据清洗与预处理都是平台层设计时需关注的要点。平台层需要海量数据智能化处理的支持，因此物联网的平台层一般使用云平台来完成。

4. 应用层。

这个层级可看作物联网的"社会分工"。物联网覆盖了可穿戴设备、车联网、智能家居、智慧城市以及工业互联网等垂直应用领域，针对不同的实际使用场景及领域，应用也不尽相同（见图 6－2）。例如，近年来流行的智能腕带和手表，可用来监控用户的身体状况以及位置定位，判断其是否发病或需要紧急治疗、是否需要送往就近的医院，这就属于物联网在可穿戴设备领域的应用；现今新款汽车大多包含通信导航、信息共享、远程操控、声音控制等功能，这就是物联网技术在车联网领域的应用。

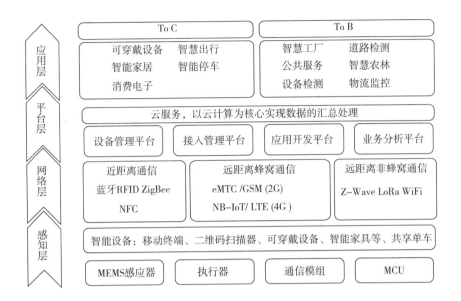

资料来源：36氪研究院。

图6-2 物联网技术的四个层级

（三）各国物联网战略比较

相对于实施物联网战略的主要国家（地区），我国在物联网技术方面起步较晚（见表6-1）。

表6-1 各国/地区政府实施的物联网相关战略

国家/地区	实施的物联网相关战略
日本	2001年开始实施"E-Japan"战略，以宽带化为核心开展基础设施建设；2004年提出"U-Japan"战略，其目标是实现物联网技术的广泛应用；2009年提出"I-Japan"战略，其目标是到2015年实现以国民为中心的数字化社会。
韩国	2004年提出"U-Korea"战略；2015年起，将投资370亿韩元用于物联网核心技术及MEMS传感器芯片、宽带传感设备的研发。
美国	2008年提出"智慧地球"战略；2015年拟投入1.6亿美元推动智慧城市计划，将物联网应用试验平台的建设作为首要任务。
欧盟	2009年提出"物联网行动计划"；2015年成立物联网创新联盟（AIOTI），计划2016年投入超过1亿欧元支持物联网大范围示范和未来物联网重点领域。

资料来源：中国信息通信研究院。

2009 年，国务院发展研究中心联合中科院共同撰写的一份研究报告指出，我国已经基本具备全面发展物联网这一新兴产业的技术基础。历经了几年的快速发展，我国物联网产业体系日趋完善，集聚发展态势明显。目前，我国已经初步形成了包括芯片和元器件、设备、软件、系统集成、电信运营、物联网服务在内的较为完整的产业链，形成了长三角、珠三角、环渤海和中西部四大物联网产业聚集发展区，同时在无锡、重庆、杭州建立了三个国家级物联网产业示范基地。我国一半以上城市在建的"智慧城市"规划，其主要应用项目依次为公共安全、交通、医疗、社区、环保、地下管网监测、水务、教育等。这些应用均以自动感知为基础、数据采集为手段、智能控制为核心、精细管理和服务提升为目的，实现了物联网技术的综合集成应用。2016 年，我国物联网连接数约 8.4 亿个，预计到 2020 年将达到 35 亿个（见图 6-3）。

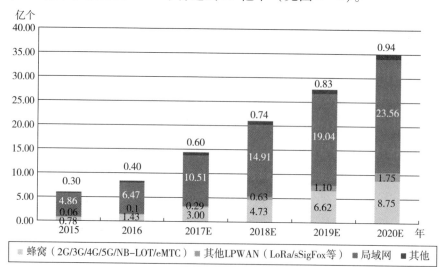

资料来源：Machina Research。

图 6-3　我国物联网连接数预测

二、物联网在金融领域的应用

物联网将对现实世界进一步数字化，并为各类物品赋予信息化属性，当这一特征与信息化程度一直处在领先地位的金融相遇时，将产生极大的"化学效应"，一方面，提升金融感知现实世界的能力；另一方面，推动物品实体属性与价值属性的融合。从促进金融服务实体经济的角度来看，物联网金融将有效拓展各金融机构掌握和了解实体运行情况的能力，以开展精准的金融服务，更好地服务实体经济。

在供应链金融场景下，核心企业一般只掌握其直接上下游企业的相关经营数据，如果整条产业链上各参与主体都加入基于物联网的数据平台，则可获得大量真实交易数据和实体行为，方便对产业链条上各环节主体的信用和经营状况进行全面客观评估。监管方可对各类数据采集后的分析处理，评估企业经营状况，预测未来效益。比如，徐工集团不仅利用物联网技术进行企业生产经营管理，而且还借此实现了对全球设备的识别、定位、跟踪、监控和诊断处理，其下属的徐工工程机械租赁有限公司则基于物联网开展供应链金融服务，以徐工集团主机制造企业为核心企业，为其上下游供应商、经销商和用户等提供金融、资产运作、经营租赁等综合型支持服务，并实施信用销售整体风险控制。

物联网成为商业银行授信的依据之一，为更好地服务中小微企业提供支撑。银行可运用物联网实时掌握其授信企业的采购渠道、原料库存、生产过程、成品积压、销售情况以及用户的使用情况，可按需贷款、按进度放款。物联网还可帮助银行开展贷前调查、贷中管理、贷后预警，预防欺诈违约案件。

在保险领域，物联网技术将推动保险机构实施精准展业，以区别定价等方式将保险覆盖到更广泛的人群。传统上，保险产品设计主要是依照概率原理，如果投保人出事概率低、赔付总和小于投保总额，保险公司就能盈利。物联网技术将大幅提高保险业对风险的预期和预防能力，例如，利用车联网技术分析客户驾驶习惯并设计车险产品，利用智能家居技术设计财险产品，利用物联网穿戴设备设计医疗险、人身险产品等。

物联网技术的定位功能和监测功能，有助于将"动产"赋予"不动产"的属性，会对保理和租赁等领域产生深刻影响（例如防止财产多次质押骗取超额质押金），有助于拓宽实体企业融资渠道。

物联网可以进一步改善金融服务和公共服务，为居民提供更加便捷和友好的用户体验。例如，利用物联网技术将居民家庭的水、电、气和热力表等与银行账户联网，城市公共事业部分的电表、水表、燃气表和热力表等装置加入物联网后，可以由用户设定合理使用额度区间，在此区间内发生的使用费用，可以直接在签约的账户上进行扣款，免去了每月查询缴费的麻烦。家用电器中的空气净化器、净水器等设备加入物联网之后，可设定耗材使用将竭时，自动购买补充。车联网的支付应用，更是可以不停车缴纳高速费或停车费，有助于缓解城市与道路的拥堵。

三、物联网金融应用需关注的问题

物联网在促进现代金融的信息化和数字化发展、降低融资业务等金融服务的信用风险及流动性风险的同时，也可能导致一系列新的问题，需要引起各方的高度关注。

网络攻击问题。海量的电子传感器和智能控制设备将数以亿计的各类设施连接起来，实现网络互联互通，增大了各类网络攻击的风险。非法入侵者可以利用智能设备中的软硬件漏洞渗透进网络，拦截和操纵信息，修改设备；也可以对金融服务网络发动攻击（如拒绝服务攻击等），引发金融服务体系不同规模及程度的崩溃。金融犯罪分子利用物与物之间的连接，实施金融犯罪，使犯罪追踪变得更加困难。

数据安全和隐私泄露问题。大数据与金融业的深度融合，使数据资源成为各方竞相追逐的"金矿"。随着物联网数据应用价值的日益显现，部分企业出于成为数据寡头的逐利驱动，可能借助各类传感器技术来收集个体隐私，对公民个人隐私带来较大威胁。

技术标准不统一的问题。统一标准是物联网金融应用的关键所在。缺乏统一的技术标准，将难以甄别物联网金融应用的优劣，不利于产业规范发展。当前，物联网金融应用尚未铺开，相关产业仍处于探索阶段，建立统一的标准体系是保障未来发展的基础性工作。

数据歧视与数据鸿沟的问题。物联网技术大规模实现行业应用后，人与物的行为特征被数字形式予以量化，数据歧视风险将不可避免。身体状况、活动特点等大量客户信息被采集，使得物联网金融服务提供者能够一清二楚地分析客户行为模式和偏好，进而导致客户面临高度针对性和歧视性的营销策略，如向遇到财务困难的客户提供不合理的高利贷服务等。对于中老年人或社会弱势群体而言，由于不善于使用物联网技术，则有可能丧失利用相关信息享受更好的金融服务的机会，如当保险公司未能掌握定价模型所需的全部个人数据时，该客户只能被迫以更高昂的价格来购买各类金融保险。

四、物联网在监管科技中的应用

从提升金融风险防范水平来看，物联网的优势主要体现在革新审计实施模式、完善信用体系建设和增强风险管理能力等方面。

革新审计实施机制，提升审计实施效果。常规的财务报告审计（如企业年报审计）都是在期末进行，财务报告通常只能反映某单位特定期间或特定时点的财务数据变化情况。借助物联网技术，被审计对象的存货、固定资产和金融资产等信息都能被实时感知和获取，每一笔业务都会被忠实地记录下来。这样一来，计算机系统就可以自动地对项目进行核算，实时监控并自动生成项目日志和相关账目，做到实时监控企业经济活动，给企业外部的财务信息使用者提供最新鲜、最全面的"增信服务"。

促进信用体系建设更加完备。一方面，金融机构可以利用物联网技术泛在化和客观化的特点，识别追踪企业及个人的经营、交易、消费等行为，提升支撑信用体系的信息维度，从而建立覆盖面更广的信用信息数据库；另一方面，通过分析传感器收集的数据，金融机构可以更加深入全面地掌握企业或个人的实时资产状态、销售情况等信息，从而对客户进行实时、全面、客观的信用评估。

　　增强金融机构风险管理能力。一是可以更好地管控抵押、质押信贷业务的信用风险。比如，在钢铁贸易中可以全过程地堵住钢贸仓单重复质押、虚假质押等问题，在汽车质押业务中解决汽车合格证重复质押贷款等难题。二是有效管控欺诈风险，比如，在基于手机的移动支付中，有线与无线配合使用的双重验证提升了支付安全性，有效降低了黑客、不良商户、钓鱼网站等非法交易发生的频率。三是有效管控案件和操作风险。比如通过监控现金柜、库房、机房等重要资产设备，监控 ATM 等服务设施，提高金融安防的可靠性。

第七章 人工智能

一、人工智能的起源与定义

(一) 人工智能的起源

人工智能 (Artificial Intelligence, AI) 一词自 1956 年达特茅斯会议 (Dartmouth Conference) 之后,逐渐进入大众视野。达特茅斯会议由约翰·麦卡锡等人共同发起,于 1956 年 8 月在美国汉诺斯小镇的达特茅斯学院召开。会议历时两个月,主要议题包括自动计算机、如何为计算机编程使其能够使用语言、神经网络、计算规模理论、自我改造、抽象、随机性与创造性等。

 达特茅斯会议

人工智能这一概念始于 1956 年的美国达特茅斯会议,距今已逾 60 年。如今,这一场具有超前意识的会议,不仅具有纪念意义,而且可以帮助我们看清人工智能这个学科发展的轨迹。

1955 年夏天,身为达特茅斯学院数学助理教授的约翰·麦卡锡等人提议召开一次"人工智能夏季研讨会"(Summer Research Project on Artificial Intelligence)。麦卡锡等人在发起会议的提案中写道,他将研究语言与智能之间的关系,希望能通过计算机程序"进行棋类游戏,并完成其他任务"。这一研讨项目获得了洛克菲勒基金会的微薄赞助,会议得以在 1956 年成功召开。这是人工智能概念首次进入人们的视野。

达特茅斯会议的研究计划共有七个领域:一是自动计算机;二是编程语言;三是神经网络;四是计算规模的理论(计算复杂性);五是自

我改进，即机器学习；六是抽象；七是随机性和创见性。会议规划的目标是：通过十来个人两个月的共同努力，设计出一台具有真正智能的机器。

会议历时两个月，虽然没有达到预期的目标，但由于首次提出了人工智能这一概念，并确立了可行的目标和方法，使得人工智能获得了科学界的承认，并成为一个独立的科学分支，为其最终成长为充满活力的新兴科研领域立下了汗马功劳。

达特茅斯会议是世界计算机科学史上的一座里程碑，尤其对于 AI 领域，堪称开天辟地的一件大事。

（二）人工智能的两个化身

人工智能是当今最充满想象空间的概念之一。事实上，现在人工智能有两个化身：一个是艺术的人工智能遐想；另一个则是现实的人工智能技术。

正是因为自带想象光环，人工智能的概念迅速进入科幻作品的艺术创作之中。1968 年，美国著名导演斯坦利·库布里克在电影《2001 太空漫步》中，描述了人类在进行太空探索时与人工智能进行伦理博弈的故事。2001 年，著名导演斯皮尔伯格在电影《人工智能》中，对于能否赋予机器人情感的探讨，引发了对人性本质的深刻思考。人工智能的艺术化身，让人不禁深深担忧：具有人工智能的机器是否会具备独立的意识和情感，进而会不会"挣脱"人类的控制？

人工智能的技术化身在近年来连续制造轰动。1997 年，IBM 公司制造的 RS/6000 SP 计算机"深蓝Ⅱ"与世界顶级国际象棋大师卡斯帕罗夫展开较量。"深蓝Ⅱ"以 1 负 2 胜 3 平的成绩胜出。2015 年和 2016 年，AlphaGo 的人工智能围棋程序利用"价值网络"计算局面、"策略网络"去选择下子，先后战胜欧洲围棋冠军樊麾和世界围棋冠军李世石。2016 年，AlphaGo 挑战《星际争霸2》，对战人类顶尖高手实现了 60 场全胜的战绩。2017 年 5 月，AlphaGo Master 在"中国乌镇·围棋峰会"上三胜世界排名第一的柯洁。随后，AlphaGo 被宣布将不再参加围棋比赛。

2017 年 10 月 18 日，DeepMind 团队公布了 AlphaGo 的最强版，代号 AlphaGo Zero。经过短短 3 天的自我训练就强势打败了此前战胜李世石的旧版 AlphaGo，战绩是 100:0。经过 40 天的自我训练，AlphaGo Zero 又打败该版本的 AlphaGo Master 版本。

（三）人工智能的定义

人工智能是相对于自然智能（Nature Intelligence）或相对于人的智能（Human Intelligence）而提出的。自然智能和人的智能的区别是：

自然智能 = 人的智能 + 动物智能 + 植物智能

鉴于人是唯一的高级动物，所以自然智能与人的智能区别并不大，唯一不同的是一些动物的感觉系统可能会对人类科技有新的启发。目前，利用动物智能的仿生学已广泛成熟应用，如利用蝙蝠的超声定位器原理发明了雷达和探路仪、利用蜻蜓的复眼原理发明了复眼照相机、利用青蛙的视觉原理发明了电子蛙眼、利用狗的嗅觉原理发明了电子鼻等。

因此，我们可以把人工智能简单解释为通过技术的方式给予机器以人的智慧。一些人就直接把人工智能称为机器智能。

当前的人工智能技术，是基于类大脑神经元的建模，只是用数据建模了一个"机器大脑"。所以，从模型的根本来说，它是一个思考的器官，不具有"意识"和"目标"等灵魂层面的能力。

人工智能即便在思考的层面，也与人类智能有差别。不同的器官特性，决定了不同的行为模式。人类大脑的精力局限，决定了人类智能的特点是"抽象""归纳""总结"，因为人记不住那么多东西，所以倾向于用少量规律去概括整个世界。人工智能，由于机器精力的边界要大很多，思考得会比人类"精细"很多。可以说人的智能是怎么简单怎么来，机器的智能是怎么复杂怎么来。

当然，当前人工智能的智能水平相对于人的智能水平来说，只能算单项领先。一是运算的能力超过人类；二是深层次的计算能力逐渐超过人类，如机器与人对决黑白棋、国际象棋、围棋；三是捕获图像、声音等的能力以及捕获后的计算处理能力超过人类，如全息图像分析、声音处理、语言翻译。同时，人工智能也有明显的弱势。首先是"举一反三"能力（学术上称为"千亿学习"）还比较弱。例如，虽然在安静环境的语音识别机器比人强，但在嘈杂环境下人明显强于机器；对于方言或普通话不标准的识别，人也明显强于机器。其次是人工智能的综合层次相对不足。人的思维包括 6 个层次：本能性反应、习得性反应、直接思考、反思性思考、自我意识、自我意识反思。从目前来看，前四个层次是计算机当前能够达到的高度，如反思性思考是可以做到的，称之为"强化学习"（reinforcement learning）。机器的反思性思考能力是强于人的。只需要源源不断地把数据收集回来，自己就会发现自己过去做错的事情，重新学习，不断改进。而后两个层次是自我意识与自我意识反思，人工智能尚未做到。"意识"是目前人工智能在数学上没有建模的部分，所以决定了目前的人工智能只是思考器官，不是意识器官。目前也有一些科学家在研究"意识"，但还处于早期。

在这里，就自然引出了强人工智能和弱人工智能的概念。美国丹佛的约翰·罗杰斯·希尔勒教授提出了强人工智能的概念，认为有可能制造出真正能够推理（reasoning）和解决问题（problem－solving）的智能机器，而且这样的机器还将被认为是有知觉的、是有自我意识的，可以独立思考问题并制订解决问题的最优方案，有自己的价值观和世界观体系，有着和生物一样的各种本能，比如生存和安全需求。在某种意义上，这种智能机器可以看作是一种新的文明。因此，上文提到的自我反思与自我意识反思能力在强人工智能中应该可以实现。然而，当前强人工智能鲜有进展。美国私营部门的专家及国家科技委员会比较一致的观点是：至少在未来几十年内难以实现。弱人工智能是指能够制造出真正能够推理和解决问题的智能机器，只不过这些机器看起来像是智能的，但是并不真正拥有智能，也不会有自主意识。1956 年的达特茅斯会议上提出的"人工智能就是要让机器的行为看起来就像是人类所表现出的智能行为一样"的定义，似乎更接近于在描述弱人工智能的范畴，忽略了强人工智能的可能性。

目前，我们正在经历的弱人工智能时代，主流科研都集中在弱人工智能上，一般认为这个研究领域已经取得了可观的成就。

此外，人工智能的另一个定义是指人造机器所表现出来的智能性。即机器"像人一样思考""像人一样行动""理性地思考"和"理性地行动"。这里的"行动"应广义地理解为采取行动或制定行动的决策，而不仅仅是肢体动作。

（四）对人工智能威胁论的讨论

人工智能威胁论实际上是源于人类对未知和不可控的恐惧。《人类简史》的作者尤瓦尔赫拉利曾在公开演讲中提到，人类智慧发展至今，已经掌控了自然界的很多东西，包括如何对抗自然灾害、掌控生物界的命运等，但人类始终恐惧不可控的东西，比如死亡。人工智能被视为继蒸汽、电力、计算机之后第四次工业革命的新动力。人工智能威胁论的出现，也促使人类开始反思人与技术的关系。

毋庸置疑，未来数十年，人工智能将为人类生活提供极大的便利，并正在给众多行业带来颠覆性影响。人类需要清醒地意识到保持自主性和自控力的重要性，要时刻理性看待技术所带来的双重影响，不能在使用技术的过程中丧失自我，迷失方向。

人与技术应是一种相互促进、相互制约的关系。人类通过自身的主观能动性可以左右技术发展的方向和应用场景，而人类社会的伦理道德、制度法规、认知水平、资源环境、文化传统同时也制约着技术发展的广度和深度。但是，技术本身也具备自主性，尤其是当技术发展到一定阶段时，人们就很难控制和影响技术发展速度和趋势。

总之，我们可以放心地去发展弱人工智能，但需要警惕强人工智能的出现。

二、从技术角度看人工智能及其发展史

（一）打通计算机的"任督二脉"

早在计算机诞生之初，人工智能即同步发展。但是，人工智能只能

通过机器的使用来实现，于是有了最早计算机的设计。囿于当时的技术水平，计算机的用途只是解决计算问题。"计算机科学之父"以及"人工智能之父"图灵在1950年就发表了论文《计算机器与智能》，"计算机之父"和"博弈论之父"冯·诺依曼在20世纪50年代也系统地研究了计算机与人脑，并在1958年结集出版《计算机与人脑》一书。

当年的计算机算力水平大概只有每秒钟几十次的常规数学计算，当时阿波罗登月用的计算机运算能力还不如现在的智能手机，甚至不如现在的单片机。有一个有趣的数据比较：阿波罗上面用的导航计算机主频2.048MHz，2 048字的RAM，36 864字的ROM，而现在Casio计算器的主频都有30MHz；当时航天飞机上的飞控计算机处理速度只有0.4MIPS，不到现在Xbox处理速度的1%。

AI随着数据、计算能力的迅猛增长四处开花，其核心能力，是将原本人工、手动操作的业务，进行自动的、科学化的替代。可惜当时可利用的数据无几，因此，早期的计算机基本处于"输入—计算—输出"的水平。在这个水平上，起到关键核心作用的是算法，人们需要进行无比精巧的设计来弥补计算机算力的不足。例如贝叶斯网络以及玻尔兹曼机，这些理论都是在20世纪80年代由当时的业界专家提出来的，为当今人工智能的发展打下了重要的基础。随着摩尔定律的神奇作用以及互联网的不断发展，计算机算力不断提升、数据不断累积，终于在近年来达到量变了引发质变的奇点。计算机一方面可以使用"蛮力"（即高速计算能力和大容量存储空间）来解决一些以前囿于算法和算力而不能解决的问题；另一方面依靠算法的"理论型"计算还可以得到依靠数据的"经验型"计算的补充。此时，计算机终于同时打通了"归纳法"和"演绎法"的任督二脉（见图7-1）。

（二）人工智能的发展

人工智能发展至今，经历了数次爆发和寒冬的更迭。从1956年人工智能概念在达特茅斯会议被首次提出后，相继出现了如机器定理证明、跳棋程序、通用问题求解程序、LISP表处理语言等显著成果。

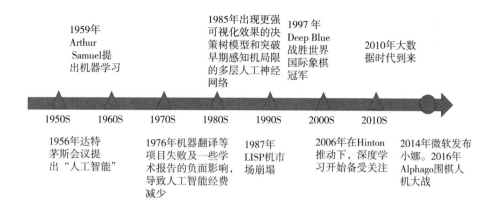

图 7 - 1　人工智能发展重要时间点

第一代机器人和智能软件的出现，带来了人工智能领域的第一次爆发，这次爆发一直持续到 1974 年。随后，由于消解法推理能力等算法的局限，以及机器翻译等的失败，人工智能进入了第一个寒冬直至 1980 年。

之后，随着标志性的 LISP 机器商业化，以及可以与人沟通、阅读乐谱、演奏电子琴的 WABOT2 的推出，引发了人工智能的第二次盛况，这次热潮持续了 7 年。从 1987 年开始，由于算力的不足，以及缺乏实用和商业应用，人工智能研究陷入了困境，进入了第二次寒冬。但这次寒冬却发生了一些让人振奋的事件，例如 IBM 的深蓝击败了当时的国际象棋世界冠军。

随着大数据时代的到来、硬件水平的提高（人工智能芯片的提出）、网络算法的同步显著提升，2010 年开始人工智能进入第三次爆发期，也是人工智能的第一次腾飞。人工智能的代表作——AlphaGo 击败数位围棋天才，搜索引擎、购买建议、智能设备等人工智能应用逐渐融入我们的日常生活，可以期待的是，更多的奇迹还在不断地出现（见图 7 - 2）。

（三）人工智能包含的主要学科种类

人工智能发展至今，其包含的学科可谓种类繁多，在应用层面可以分为计算机视觉、自然语言处理、机器人、语音识别等。从技术实现角

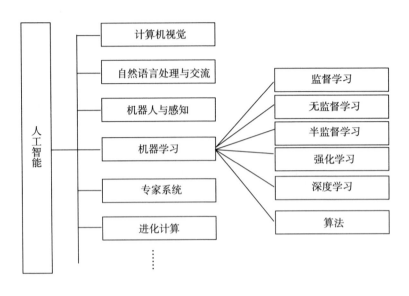

图7-2　人工智能研究分支

度可以分为机器学习、专家系统、进化计算等。其中，热门学科机器学习是目前实现人工智能的最主要方式，是人工智能领域中最为重要学科之一，也是人工智能区别于普通计算机程序的最重要的标志。依靠机器学习，计算机不再只是执行命令的机器，而是在一定程度上具有了举一反三、不断自我提高的能力。

顾名思义，机器学习是研究如何使用机器来模拟人类学习活动的一门学科，通过学习的过程获取新的知识或技能，重新组织已有的知识结构以不断改善自身的性能。从学习方法角度，大致可以分为监督学习（如分类问题）、无监督学习（如聚类问题）、半监督学习、强化学习等。

深度学习这个概念近年来频繁出现，它也属于机器学习的范畴，而且是当前机器学习领域中最热门、最引人注目的方向之一。深度学习与监督学习、无监督学习、半监督学习、强化学习等不同，它并不算是一种独立的学习方法，而更像是一种学习的方式和学习的过程。得益于大数据和强大的硬件技术支撑，深度学习研究与应用突飞猛进。

有了学习方法，机器学习还需要算法的支持。算法就像是机器学习的工具和器材，有了不同的工具和器材，机器在学习的过程中才能获得不同的能力和特长，其最终目的是代替或者帮助人类更好地完成相应的工作。线性回归、决策树、支持向量机、贝叶斯分类器、概率图模型、人工神经网络、聚类等是目前实现机器学习的常用算法。例如，决策树可以训练机器对事情的判断能力，支持向量机可以使机器具备更强的分类和归纳的能力；人工神经网络（Artificial Neural Networks，ANN）则是目前机器学习中最为重要的算法之一，也是当前人工智能领域的热点课题。

神经网络从信息处理的角度出发，对人类脑部的神经元网络进行抽象，按不同的连接方式组成不同的网络，最终模拟部分人脑的功能从而实现人工智能。人类至今尚未彻底探明人脑的工作原理，不过可以通过类似计算机的输入和输出先复制出一个人脑的计算模型。神经网络算法并非像计算机程序那样输入指令、输出结果，而是在人脑的多个神经元之间传递，每个神经元都对信息进行自己的加工，最后再输出结果。计算机科学家用同样的方式，在输入和输出之间，加入了非常多的节点，每个节点会对前一个节点传来的数据，按照自己拥有的权重系数进行加工，有时候节点还会分层（见图7-3）。

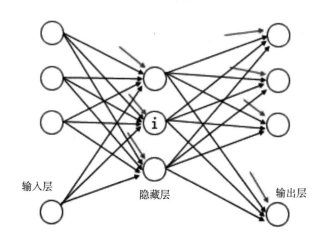

图7-3 神经网络的结构示意

根据实现方式不同，在神经网络这一算法学科之下还有更细化的分支，例如卷积神经网络（CNN）、循环神经网络、递归神经网络等。根据不同神经网络自身的优势及特性，适用的领域也有所不同。例如，卷积神经网络更适用于图像识别领域；现在最热门的自然语言处理则更适合使用递归神经网络。目前，最强大的神经网络技术不但已经非常接近人脑，还排除了很多人脑自身存在的低效的思维方式。

三、人工智能在金融业的应用

2018 年，李克强总理在政府工作报告中四次提及"智能"，并特别指出要"加强新一代人工智能研发应用、发展智能产业。如今，人工智能技术已经在金融、互联网、交通、医疗、教育等多个行业得到了应用。目前人工智能技术在金融行业的应用主要集中在以下五个方面。

（一）智能投顾

智能投顾是人工智能与投资顾问的结合，是利用大数据分析、量化金融模型以及智能算法，根据投资者的风险承受水平、财务状况、预期收益目标以及投资风格偏好等要求，运用一系列智能算法，投资组合优化等理论模型，为投资人提供智能化和自动化的资产配置建议。智能投顾具有规避人性弱点、快速提供方案、降低服务门槛及成本等优点。传统的投顾主要服务于机构投资人和高净值人群，收费较高，而面对中低收入人群，理财市场还是一个巨大的缺口，加上市场上优质的传统投顾资源较少、行业水平参差不齐，因此，投资门槛较低的智能投顾可服务的范围更加宽泛。相关数据显示，2016 年，中国个人持有的可投资产约 165 万亿元人民币，相比 2014 年复合增长率达 21%，以此增速来看，智能投顾将会是一个巨大的潜在市场。目前，市场上的智能投顾主要提供三种服务类型。

一是独立建议型。智能投顾平台通过采集分析用户的年龄、资产、投资期限和风险承受能力等数据，经过计算，为用户提供满足其风险和收益要求的一系列不同配比的金融产品。这类智能投顾平台只为理财用户提供建议，平台自身并不开发金融产品。

二是混合推荐型。该类平台与独立建议型的区别在于在业务中融入了平台自身特有的金融产品。

三是一键理财型。平台用户不直接参与具体的金融产品配置方案的制定，用户只需要选择"智能投顾"这项业务，平台就会根据用户的需求和以往的行为数据，自动配置产品。

从行业整体来看，预计短期内智能投顾将成为传统投顾的辅助工具；长期而言，智能投顾将有望取代传统投顾。

（二）资产管理

人工智能应用程序可以帮助金融机构优化资产，提供风险管理模型，并及时分析交易的市场影响。金融机构传统的资产管理严重依赖数学方法，而人工智能可基于海量数据的分析，快速给出维度更加全面的方案。在资产管理方面，人工智能虽然还不能达到人脑的理性思维能力，但科学有效地运用人工智能技术，可以优化资产管理公司的流程和业绩。

目前，公共基金、资产组合管理、私募基金以及对冲基金等资产管理领域，在很大程度上还要依赖人脑判断，如资产管理公司管理其资产时，必须依靠人来制订资产配置的战略性方案。这类战略性发展问题，人工智能目前还不能完成，仍需要人脑的创新思维能力。不过，在资金管理工作中我们可以将人脑与人工智能进行分工与配合。人工智能强于微观分析，人类的强项在于宏观分析。战略制定完后，可以将大量细碎的微观变量分析工作交给人工智能去做。

（三）预测与风险评估

在市场预测方面，人工神经网络能够较好地拟合数据中的非线性关系，对市场变动作出准确预测，帮助金融机构提高风险管理和投资决策的效率，从而在各类资产配置、算法和做市交易执行、投资及套利策略等方面发挥作用。

在风险评估方面，可以利用人工智能和机器学习算法分析大型、非结构化和半结构化的数据集，并结合市场行为、监管规则和其他趋势的变化，进行验证和测试，避免低估风险，提高模型容错性和透明度。目前，国际上一些投行和监管机构已将人工智能引入风险管理领域。此外，人工智能的图像识别功能可以用于人脸识别指纹鉴定，从而判定客户身份的合法性，降低金融交易的风险。

（四）信用评定

目前，金融机构面临的主要风险，就是信用风险和履约风险。基于关联历史数据和机器学习算法，金融机构可以更好地加快信用评估，加快信贷决策速度，控制增量风险。与传统征信报告相比，人工智能更擅长在海量弱变量（例如，互联网用户行为）中挖掘出与信用相关的信息。传统征信往往关注那些置信度在80%以上的强变量。但在超强的计算能力支持下，人工智能可以将数以亿计的51%的弱变量，组合成强变量。此外，人工智能能够利用关联历史数据，结合金融环境和金融周期，为信贷等级评估提供参考，同时还可配合相关预测和风险评估结论进行信用评定。

（五）智能客服

随着移动互联网的发展及智能终端的发展，国内企业需要多渠道、个性化的客服解决方案。在金融领域，智能客服可代替人工客服协助客户进行交易或解决问题，这有助于金融机构降低服务成本、提升服务效率、提供增值服务。人工智能自动化程序可以进行文本和语音识别，与客户用自然语言进行交流，解答日常问题、给出财务建议，基金帮助客户进行财务决策。金融机构也可以通过智能聊天程序与客户互动，以此获取客户信息。

四、人工智能技术应用潜在的风险

人工智能应用在帮助金融行业加快创新的同时，也存在诸多潜在的风险需高度关注。对此，应通过完善监管制度，并辅以监管科技手段，以增强对人工智能金融应用风险的识别与防范能力。

（一）过于依赖人工智能算法的风险

人工智能为金融业带来的益处不胜枚举，但是在享受人工智能红利的同时，也不可忽视目前人工智能技术的可靠性以及警惕过分依赖人工智能的后果。"乌龙指"就是其中一种典型的风险。"乌龙指"是证券、外汇等金融市场中，因键盘输入失误而造成的错误交易，通常会导致证券成交的数量和价格错误，造成经济损失甚至可能引发市场混乱。例如，美国东部时间 2010 年 5 月 6 日下午 2 点 47 分，一名交易员在卖出股票时敲错了一个字母，将 100 万（1 million）误打成 10 亿（1 billion），导致道琼斯指数突然出现千点的暴跌，并创下该指数历史上第二大振幅。一旦机器出现"乌龙指式"的程序化缺陷，同样会给金融交易甚至整个金融市场带来不可预估的风险。

在大数据时代，机器学习场景空前丰富，人工智能在引入金融业前必须做好评估与测试。人工智能在金融行业的具体使用场景及其介入的程度，都必须慎之又慎。在具体实现上，可以遵循各类人工智能算法的不同特性，在算法的灵活性和波动性之间做一些折中。同时，有必要在不同的场景下，对算法使用进行监管必须在理论上证明算法的安全性和稳定性，放弃使用波动性大的算法，以免给市场带来困扰。

（二）预测的不可实现性

人工智能在金融行业的运用，其中一部分是对市场行情的预测。预测本身就是一个概率问题，一次预测成功不代表下一次用同样的方法进行的预测也会成功。概率（预测前）和成功率（预测后）是检验预测工作的两个主要指标，可以在一定程度上评估预测方法的可靠性。基于那些高可靠性预测所作出的决策，其重要性以及对全局的影响往往是不容忽视的，必须提前做好风险评估、危险预警与补救预案，将小概率事件以及突发事件对其的影响考虑在内。

（三）同质化使用引发市场连锁反应

人工智能中最基础的部分就是算法。机器学习中使用的算法种类繁多，其中一些算法比较适合运用于金融行业。因此，人工智能在金融行业中的应用可能会涉及同质化的算法和策略。例如，2018 年 2 月 5 日发生的美股闪崩（道琼斯指数在美国东部时间 3 点过后 15 分钟内暴跌约 800 点），就是由于各投资机构使用的量化策略同质化，导致了市场的连锁反应。基于人工智能算法的量化策略存在自动追逐趋势的特点，多机构的同时做空造成了美股指数的暴跌。可见，同质化策略与算法的使用，容易将一些金融市场中本不重要的波动放大，形成蝴蝶效应。

（四）决策结果的不可解释性

已有文献证明，对于非参数和非线性的机器学习模型（如支持向量机、神经网络和深度学习等），其黑盒式决策策略无法解释，且模型对应的输入输出映射关系存在不连续性。算法黑匣、算法偏见确实是人工智能应用实践中面临的挑战。例如，一些算法模型虽可以在大样本上达到统计学的效果，但从个例看，其输出结论并不一定可靠，并且还可能会犯人类几乎不会犯的低级错误。这种模型固有的缺陷有可能带来更深层次的不确定性风险。即便这种风险未必会像英国物理学家霍金和微软创始人比尔·盖茨等人所担忧的那样会威胁人类生存，但相关技术应用于金融这样一个强监管领域，确实会带来模型有效性评估不易以及责任界定困难等法律难点。监管机构运用人工智能技术开展金融违规行为监测、分析和预警时，为避免拒真性错误，仍然需要通过人工加强对机器识别信号的再评估。因此，基于人工智能的监管科技手段，在降低宏观慎重监管成本同时，可能也会在某些微观审慎监管或行为监管领域中带来新的监管成本。

为了在一定程度上缓解上述问题，金融监管部门需要建立公开透明的金融智能应用全流程监管体系。一是构建金融智能应用标准测试流程与标准测试数据集，系统评估应用的可靠性与可用性，并在受限安全环境中进一步验证真实业务的开展情况。二是构建监测指标体系，动态持续监测金融智能应用的运行情况，及时识别应用模型异常并予以处置。三是构建算法模型报备机制，甚至设计一套机器监管的算法，对人工智能模型进行监管。模型变更前，金融智能服务机构需向监管部门报备模型源代码、参数或执行文件摘要等责任认定依据。运行过程中，金融智能服务机构应详细记录模型决策日志信息，确保模型决策的可追踪回溯。当发生金融智能相关的消费者投诉纠纷时，由监管部门根据日志记录信息和在线运营模型与最后一次报备模型是否一致等情况，仲裁投诉事由究竟是因模型内生性缺陷引起的，还是因服务机构主观故意或客观疏忽引起的，并以此确定相应责任的分担比例。

AlphaGo

2017 年 5 月，新一轮围棋人机大战，AlphaGo 以 3∶0 完胜当时围棋等级分最高的人类选手柯洁。很多围棋职业选手纷纷表示无法理解 AlphaGo 的落子选择逻辑。而事实上，AlphaGo 使用了深达 40 层的神经网络作为决策与价值评估模型。该模型包含了上百万参数，即便是 AlphaGo 的开发人员，也无法理解其落子选择逻辑。随着人工智能算法模型的日趋复杂，人工智能决策结果不可解释性几乎成为必然。

（五）技术红利伴随的社会性问题

在运用人工智能技术不断提升金融服务自动化程度的同时，也不可避免地产生对就业市场的冲击和资源分配失衡等社会性问题。智能化潮流一方面会重构很多金融服务模式，淘汰大量重复性金融工作岗位（如柜台接待岗位、会计报表编制岗位等），引发持续性失业现象；另一方面会导致因普通民众接受度的差异，出现金融服务广度及深度不均，加剧贫富差距。

为了应对上述问题，金融监管机构有必要根据人工智能的应用发展情况，审时度势制定就业帮扶政策，如引导建立适应金融智能行业发展需要的就业培训体系，促使从业者向高技能岗位流动。同时，监管部门还应逐步强化失业安全保障机制，避免失业问题对社会稳定造成冲击。

（六）人工智能能动性的触发

目前，人工智能产业还处于弱人工智能的阶段，并未真正做到人类意识特有的能动性和创造性。但是，随着产业的持续发展、技术的不断进步以及算法的不断革新，人工智能将向着强人工智能的远景推进。人工智能的能动性将会逐渐被开发实现。到那时，能动性触发的控制就变成了一个需要高度关注的问题。

五、人工智能在监管科技中的作用

（一）客户身份识别和金融反欺诈、反洗钱风险防控

加强金融业欺诈风险管控，切实保护金融消费者权益，一直是金融监管机构和金融服务机构高度重视的监管合规工作。通过训练机器学习模型，导入海量数据，并从中自动发现规则，可提升金融机构的 KYC 合规能力，快速精确地识别可疑客户或欺诈交易，提前作出相应对策。

在信用卡交易反诈骗方面，机器学习已经成熟地应用了近 20 年，并取得显著成效。银行机构利用高频的信用卡交易信息，为机器学习模型训练、回溯测试和验证提供了大量的数据支撑。同时，训练出的模型又可以监视潜在的欺诈支付行为，并实时阻止欺诈交易。基于监督学习方法，哥伦比亚大学研究学者在 1997 年就验证了使用历史信用卡交易数据，训练分类算法模型识别信用卡欺诈交易的可行性。经训练得到的分类算法模型，可达到 74% ~80% 的欺诈交易捕获率，并能将误报率控制在 16% ~23% 范围内。此后，相关研究成果不断涌现，监督、半监督、无监督等多种类机器学习模型，均被尝试应用于信用卡欺诈交易识别工作中，并可检验不同模型在欺诈行为识别表现方面的优劣差异，使得欺诈交易捕获模型可用性显著提升。

人类的生物特征通常具有唯一性的特点。金融机构在客户身份验证环节引入采用人脸识别、声纹识别等人工智能技术的人类生物特征识别认证作为补充，能够更便捷、更安全地自动识别客户身份信息，以此来评估是否需要采取进一步身份鉴定措施，从而更好地防范伪造身份注册金融账户的欺诈风险。

对用户的适当性分析评测，是所有金融机构必须进行的一项基础性、通用性工作，但是任何机构都无法全面掌握用户信息。基于机器学习的客户适当性分析评测，能够有效地降低金融机构适当性分析与评测的成

本，依托运行在云计算平台上的机器学习系统，实时地对客户进行多个维度的刻画，进而去判断客户的类型以及用户在交易时的状态等信息，可有效助力金融机构反欺诈、反洗钱业务的开展。

人工智能技术辅助反洗钱的相关研究起步较晚。洗钱这一行为较难界定，金融机构报送的可疑交易很少能够被执法机构证明是洗钱行为。因此，当前基于机器学习技术的反洗钱，其背后的算法称为"唯正学习"（positive only learning），即被标记为洗钱的交易为正样本，未被标记为洗钱的交易为未标记样本（既可以是正，也可以是负）。

随着无监督学习和深度学习模型的逐步成熟和广泛应用，探索通过机器学习识别多维度数据中的复杂模式，生成网络知识图谱，以提高反洗钱风险监测能力的应用潜力十分巨大。

（二）机构行为监管

我国金融行业现有监管模式仍以准入式机构监管模式为主，监管机构重点关注金融行业从业者能否满足特定的准入条件，对于不同类型的金融业务设立特定的准入门槛，不满足特定条件则不能从事特定类型的金融服务。金融科技、互联网金融的核心竞争力在于技术创新能力，其主要风险在于能否持续保证其数据优势和技术优势。准入式的监管框架重点关注企业能否满足特定的财务条件、风控条件等要求，与金融科技、互联网金融自身发展的特性并不匹配。因此，金融科技和互联网金融业务的发展，对监管模式提出了新的要求，即以业务和机构类型为区分的监管模式，已不能很好地适应新兴金融业务的发展，需要以行为监管作为监管导向和监管内容。

人工智能在企业行为数据监控方面的应用主要有以下几种。一是预测编码（Predictive Coding），即将被监管对象的一系列非正常行为进行数字化标记后，视作一串离散信号，利用前面或多个信号预测下一个信号，然后对实际值和预测值之差进行编码。这适用于遇到一些缺损数据时（如影像、音频等的缺损），辅助监管部门判断是否需要关注被监管对象。二是模式分析与机器智能（Pattern Analysis and Machine Intelligence），即将计算机视觉和模式识别、图像和视频处理、视频跟踪和监控、稳健统计学和模型拟合等先进技术，运用于判别、抓取、分析监管对象的非正常行为。

当前，机构行为数据监控的应用大多停留在企业运营数据的监控层面，运用人工智能深层技术实现金融机构非正常行为识别和监控的解决方案还需假以时日进一步培育。

（三）主动性、预测性及系统性金融风险监测

金融市场变化发展速度快，跨行业、跨市场金融产品不断涌现，使得金融监管总是滞后于金融创新，这隐含了一定的潜在不稳定金融风险。为了更好地应对这些金融风险，摆脱人力成本制约，依靠人工智能技术辅助提升风险预测及实时监测能力，已成为监管机构的一个优选方案。

人工智能可以避免由于缺乏必要的激励约束机制而导致的监管不力问题。加强对监管者的激励，对于提升监管至关重要。在监管机构薪酬体系改革难度较大、监管者激励明显不足的背景下，使用人工智能技术可以让机器代替人类执行大量机械性重复性的监管工作，激发监管人员的主观能动性，去思考更复杂的监管难题，提升工作成就感，并可间接提升金融风险防范效率与效果。

人工智能可以使监管具有更高水平的全局优化计算能力。基于人工智能的监管系统可充分利用其强大的计算与分析能力，发现更多人工监管发现不了的监管漏洞和不合规情况。

人工智能有助于提升金融风险预测能力。早在 20 世纪 90 年代初，学术界就已在探索运用机器学习算法提前预测银行倒闭风险的可行性。随着自然语言处理技术的发展，以及互联网时代下可用信息的爆发式增长，运用人工智能提升各类金融风险预测能力，缓解监管和合规风控滞后缺陷的潜力逐步显现。例如，通过 CART 决策树模型和支持向量机模型，预测个人及企业的信贷风险；通过神经网络模型，预测流动性风险；以公司新闻信息和邮件信息等非结构化数据为特征，预测机构破产风险等。

人工智能有助于更好地应对系统性金融风险。系统性金融风险的识别和度量。一直都是宏观经济学的一个难题，在现实操作中也是个难题。如什么情况下一个金融机构的风险会导致系统性金融风险？一个多大的金融机构关闭会导致风险？一个金融市场的波动会不会造成系统性金融风险？这其中有很多模糊的地带，需要全局性的分析。人工智能技术具备对不确定事件进行分析的能力，可以辅助监管机构更好地识别与应对系统性金融风险。

（四）构建嵌入式、持续化的金融监管机制

运用语义分析、专家系统和深度学习等人工智能技术，可以从两方面进一步完善现在的金融监管机制。

监管机构可构建数字化监管协议（RegPort），将各种监管政策、规定和合规性要求进行数字化转换，使其具备"可编程"的特征。同时，为金融机构提供各种监管的嵌入式 API 接口，以方便金融机构能够对其内部流程、数据进行编程，并通过 API 统一的协议交换数据和生成报告。RegPort 的核心思想是将监管政策函数工具化和标准化，金融机构只需将自己的数据输入就可以自动完成计算并生成报告。运用区块链分布式账本记录各种数据，由监管机构或指定的第三方机构提供监管政策函数作为云计算公共服务，可实现持续性在"云端"实时地监管金融机构。金融机构也可以持续地通过 RegPort，按照监管协议要求实时报告自己的状态，实现真正意义上的智能化金融监管。

金融机构可以构建监管合规系统（RegComp），持续开展合规审核和合规评估、评级工作。RegComp 通过开发包括机器人辅助合规在线学习手册（Robot Compliance Handbook）和智能合规官（AI Compliance Officer）等应用系统，将合规审核和持续合规评价、评估、评审流程，由以往的离线、间断式的工作改为在线、连续式的工作，实时地发现和识别违反合规性要求的流程。

第八章 区块链

一、区块链概述

（一）区块链概念的起源

1. 区块链概念的提出。

区块链（Blockchain）的概念，大多数人认为是一个自称为中本聪的匿名人士或团体，于2008年在关于比特币的一篇论文中首次提出的。实际上，这篇论文提到了"区块"67次，"链"27次，但却根本没有提到"区块链"。所以，这个概念到底是怎么来的，现在也无从考证。有种说法是，随着比特币逐渐火起来后，出现了各种山寨虚拟货币系统，为了将所有系统抽象出一个总的概念，就约定俗成地造出了一个新单词——区块链（Blockchain）。但不管怎么说，"区块＋链式"的数据结构确实是中本聪在比特币系统中首次构建的，比特币也的确可视为区块链在全球的首个应用。

 比特币

比特币可以说是当今全球最火的虚拟货币，凭借着稀缺性、便利性、全球流通、专属所有权等概念，比特币自2008年提出至今，备受投资者的青睐。截至2017年12月，全球比特币总市值已达到2万亿元人民币的规模。根据比特币的算法，全球平均每10分钟产生25个比特币，到2140年，比特币的数量将最终达到2 100万枚的上限。

想要获得比特币，需要在网上先注册一个比特币账户，通过线上或线下交易等方式购买比特币后，依靠电子签名技术实现比特币跨账户流通。如果想要自己动手淘金，则需要借助强大的硬件计算力量，不断地开展复杂的计算工作。理论上，贡献的运算能力越多，获得更多比特币的可能性就越高。以这种方式获得比特币的人俗称"矿工"。

为了防范"虚火过旺"的比特币，2013 年 12 月 3 日，我国五部委联合发布《关于防范比特币风险的通知》，明确了比特币不是由货币当局发行，不具备法偿性与强制性等货币属性，并不是真正意义的货币。2017 年 9 月，我国七部委联合发布《关于防范代币发行融资风险的公告》，基本上关闭了比特币在中国境内的线上交易渠道。从全球看，各国对比特币的监管态度并不一致，日本、瑞士、新加坡等国家对比特币产业链表示支持；中国、俄罗斯等国家则出台了严格管理措施；而一些传统的金融大国如英国、美国等则态度模糊。2017 年 12 月，全球第一个比特币期货由芝加哥期权交易所（CBOE）推出上市交易。比特币未来将何去何从，是财富神话在一夜间灰飞烟灭，还是有可能逐渐走进广大普通民众的现实生活中，有待进一步观察。

关于比特币的安全性和匿名性，在其准官方网站①上已有明确说明，即比特币不是匿名的，比特币仍然是实验性的，比特币交易不能认为是完全不可逆的。

2. 区块链的技术原理。

从技术角度看，区块链就是一个由计算机代码构建的分布式账本，或者说是一类分布式数据库。这里的分布式是指区块链技术利用链式存储结构，不仅解决了分布式数据存储问题，而且也解决了存储时的分布式一致性问题。它的技术核心可看作一种基础数据结构和一类网络协议的结合体。

为了建立一个数据库，区块链采用了由一系列"区块"构成的"链"表结构来存储信息。区块的主体是记载着特定时间段内发生的权

---

① 比特币为凸显其是去中心化的系统，没有专门的官方网站对其进行维护，但是最初的开发者们注册了这个网站，负责解释和说明比特币运行中的一些情况。

益转移关系信息（例如交易数据信息）的合集。例如，比特币系统中的
每个区块存储的是大约 10 分钟内发生的全球比特币交易数据。每一种区
块链的"区块"结构设计可能不完全相同，但大结构上都可以分为块头
（Block Header）和块身（Block Transactions）两部分。块身包含了经过
验证的、块创建过程中权益转移关系信息的记录合集。块头通常由四个
关键要素构成，分别是前一区块头的哈希值、本区块时间戳、一个随机
数和本区块交易记录哈希值的默尔克树根（Merkle Root）。其中，前一区
块头的哈希值用于将本区块与前一区块构建关联关系，以形成一条链；
时间戳用于记录存储区块的时间段；随机数用于该区块链系统所采用的
共识算法验证之用，即验证该区块是否符合共识机制的要求；而 Merkle
树根则是块身存储信息的摘要集合。

　　由于每一个区块的块头都包含了前一个区块头的哈希校验值，这就
使得从创世块（第一个区块）到当前区块按时间并列连接在一起，形成
了一条首尾相连的长链，存储着全网的信息，形成了最终的区块链结构。
由于不知道前一区块的哈希校验值，就没有办法生成当前区块，因此每
个区块必定按时间顺序跟随在前一区块之后，这些区块间存在着严格且
唯一的先后关系，区块链数据结构见图 8 - 1。

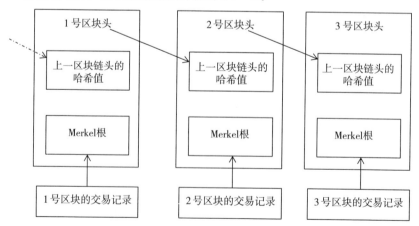

图 8 - 1　区块链数据结构（以比特币为例）

为了解决在分布式环境中谁来参与生成新的区块、谁来存储区块的问题，区块链技术依托一系列协议机制来保证其数据结构的稳健性。例如，通过对等网络（P2P 网络）协议建立无中心的网络通信拓扑，拓扑中每个节点在参与记录的同时，也负责验证其他节点记录结果的正确性，并借助约定的共识协议机制，保证只有全网大部分节点都认为这个记录正确时，记录的真实性才算得到全网认可，这条记录才允许被记入区块链中，同时这个过程并不依赖于特定的中心节点。

在协议层之上，区块链技术通常还包含应用编程的功能，即所谓的智能合约技术。跟区块链结合到一起，让其提供更灵活的合约功能、执行更为复杂的操作。经过智能合约技术扩展之后的区块链，已经超越了单纯数据记录的功能，实际上可以提供更加透明、更加可信、更加高度自治且分散化的泛在计算环境。

总之，区块链技术以加密算法为基础，通过去中心化的链条相通、时间有序，基于对等网络和共识机制，构建起了分布式可信网络数据库，并自带应用编程扩展接口。

3. 理想的区块链技术的特点。

一是分散化[①]（Decentralized），即整个对等网络中，没有中心化的记账节点，任意节点之间的权利和义务都是均等的，且部分节点的损坏或者被攻击，都不会影响整个系统的正常运作。

二是去信任化（Trustless），即参与整个系统中的每个节点之间进行数据交换是不以互相信任为前提的，整个系统的运作规则是公开、透明的，而对整个系统的信任是由分布在网络各处的节点通过各类共识机制所建立的且很难推翻或篡改，所有的数据内容都是公开的。因此在系统指定的规则范围和时间范围内，单个（或少数）节点想要欺骗其他节点，其付出的代价往往是得不偿失的，从而有效解决所谓的

----

① 这里翻译成"去中心化"，是因为我们认为区块链技术未必去除一个大中心，这个大中心仍然可能以分散化的形式继续存在。

"拜占庭将军问题"。

三是过程透明化，即系统中的数据块由整个系统中所有具有维护功能的节点共同维护，任何人都可以扮演这些具有维护功能的节点，权属转移记录集体维护，过程透明。

四是不可篡改性（Immutable），依靠签名技术，区块链使得每一个操作都可鉴权可审计；依靠哈希链式数据结构使得所有的数据融为一体，无法单独修改其中的一点；通过共识算法，可以让所有节点形成合力，让每个参与节点都能获得一份完整数据库的拷贝。除非能够同时控制超过一定阈值的节点（例如在比特币区块链上，这个确切的阈值上限为拥有超过全网算力 51% 的节点数量），否则单个或少数节点对数据库的变更是无法生效的，也无法影响其他节点上的数据内容。因此，参与系统的可靠节点越多且计算能力越强，该系统中的数据安全性越高。

≫ 区块链不可篡改性与公开密钥体系不可篡改性的区别

众所周知，公开密钥体系中的 RSA、DSA、SM2 等算法，也能保证数据的不可篡改性。区块链不可篡改性与公开密钥体系不可篡改性的区别主要体现在两个方面：第一，公开密钥体系不可篡改性依赖于私钥妥善保管的前提和破解公开密钥算法的计算复杂度。如果私钥信息意外泄露，不可篡改性将不再能保证，如果公开密钥算法破解问题被攻克（如发现算法技术漏洞或理论缺陷等），不可篡改性也不能保证，而区块链不可篡改性主要依赖于全局共识机制。只要大多数记账节点（大多数可以是从算力、资产占有率或可信节点数量等方面来界定）认可主链记录的信息，不可篡改性就能得到保证。第二，公开密钥体系只能保证数据的不可篡改性，无法保证数据记录时间的不可篡改性，而区块链则不仅可以保证数据的不可篡改性，还能保证数据记录时间（更严格地说是先后顺序）的不可篡改性。

拜占庭将军问题

"拜占庭将军问题"1982 年由美国计算机专家雷塞尔·朗波特（Lesile Lamport）提出，是关于在分布式节点传输信息时如何保持数据一致性的计算机问题。问题描述取材于中世纪拜占庭帝国的故事背景，故称之为"拜占庭将军问题"。

拜占庭帝国十分富裕，被周围十个邻邦垂涎已久。但它们实力相当，除非它们中的半数以上合作，否则单独进攻无法夺取拜占庭，而且自己也可能被其他九个邻邦入侵。进攻的过程中，如果有队友突然背叛，那么合作进攻的伙伴将损失惨重。在这种情况下，它们怎么达成共识去入侵拜占庭呢？

51%攻击

51%攻击，就是利用工作量证明机制、以算力作为记账竞争条件的特点，使用算力重新计算已经确认过（Proof of Word）的区块，使区块链产生分叉并且获得利益的行为。

事实上，智能合约自 1994 年由密码学家尼克·萨博（Nick Szabo）提出后，始终停留在理念层面，迟迟没有实现，一个重要原因就是因为缺乏能够支持可编程合约的可信运行环境。区块链技术的出现解决了该问题，它的分散化、不可篡改、过程透明可追踪等特点，天然适合于智能合约。用户可以对智能合约进行检查和审计，合约的执行结果能够保证公开和一致性，分散化的运行环境可以保证合约自动强制执行，终于让智能合约构想成为现实。

区块链技术的上述特点中最值得关注的就是分散化。区块链设计精巧的数据结构和配套的协议机制，可以做到让所有节点信息共享，互相验证，保证信息的安全性，从而间接形成了区块链去信任化的特点。分散化特点在人类社会政治、经济、金融发展史中鲜能见到。金属货币时代，铸币权往往控制在政府手中，著名科学家牛顿就曾担任过英国皇家铸币厂厂长。到了近现代，银行业开始发展，银行凭借着各自的资本以及信用，通过发行银行券这种信用凭证进行交易。这个时期，各类交易行为实际上就以各个银行为中心点。直至后来，信用凭证被统一到中央银行也就是国家的手中，市面上才以法定货币进行交易。

如果把以区块链技术为底层的比特币与其他电子货币相比较，那么对比的效果会更加鲜明。拿 Q 币来说，它本身就是用来在腾讯开发的各种应用上购买虚拟产品的虚拟电子货币，用途有限，在其他应用范围认可度不高。只是人们使用 Q 币多了，自然而然会在生活中的某些交易中使用它。但它本质上是以腾讯的信用为背书的，一旦腾讯撤销了 Q 币，它便丧失了作用。而对于比特币来说，"矿工"有能力挖矿产出新的比特币，并且挖矿的结果被全世界认可，无须信用背书。

当然，区块链的分散化是相对的，某些人打着互联网自由开放精神的旗号，宣扬区块链可以完美地实现去中心化管理，某种程度上其实是无政府主义在数字世界的延伸。实际上，无论是从技术角度还是管理角度看，区块链技术要实现完全的分散化或所谓的去中心化，既不可能也没必要。

（二）区块链技术剖析

虽然各国对待以比特币为代表的虚拟货币态度不尽相同，但均对其背后的区块链技术表现出了极大热情。区块链作为近十年来崛起于"草根"的一项技术，很多学者都认为它有望成为继 TCP/IP 协议后，推动构建未来全球经济社会价值交互新模式的强大引擎。甚至有学者乐观地估计，区块链作为一种典型的去中心化技术，有可能演变成为继大型机、个人电脑、互联网、社交网络和智能手机之后的又一次颠覆式计算范式，并重塑人类经济社会发展形态。在金融领域，许多学者们也很看好区块链技术，认为其将使所有个体都有可能成为金融资源配置中的重要节点，促进现有金融体系规则的改革，构建共享共赢的金融发展生态体系。

1. 从业务需求看，区块链迎合了金融活动去中介、去担保、去信任的诉求。

金融的本质就是信用，任何金融活动都是建立在一定信任基础之上的。在物物交换时代，人们只需要防范物品的质量风险即可建立信任基础；在贵金属货币时代，人们需要增加防范货币成色分量不符的信用风险；进入纸币（信用货币）时代，权威机构有可能滥用民众的信任，随意超发货币的信用风险时有发生；在互联网时代，随着在线上完成价值交易的需求越来越迫切，线上交易面临的信用风险也越来越高，大多数线上交易模式很难实现线下交易模式中司空见惯的"一手交钱一手交货"交易规则，且电子数据更容易被复制和篡改，从而使得交易各方无法百分之百信任交易对手。在当今社会中，除货币发行需要依赖可信任的权威机构维护其币值稳定外，金融交易往往也需要引入可信任的权威机构作为第三方参与整个交易过程，以避免信用纠纷。例如在电子商务场景中，商业银行、第三方支付机构等就扮演了这个可信第三方机构的角色。

很多人对在金融活动中引入众多的可信任权威机构的做法表示怀疑。货币发行场景暂且不论，单单对于金融交易中引入的这些可信任的第三方机构，许多人就对其作用表示怀疑，认为它们在某些情况下反而增加了金融交易成本、降低了金融交易效率，在受到内外部压力干扰时，其公信力也难以保证。因此，一直有人在寻求不需要可信赖权威机构即可开展货币发行和价值转移的机制，而区块链技术正好契合了这一诉求。它将账本信息记录在所有参与者手中，并可在一定程度上保持内容一致并不被篡改，使得原先在信任中介处于黑箱状态的记账行为暴露在众目睽睽之下。

2. 从理论发展看，区块链技术并不是灵光闪现、突然发明的全新技术。

从 20 世纪 80 年代开始，区块链的各项基础技术就已被各专业学者或兴趣爱好者广泛研究。在签名认证方面，1985 年，尼尔·科布利茨（Neal Koblitz）和维克多·米勒（Victor Miller）分别提出了椭圆曲线密码学（Elliptic Curve Cryptography，ECC）；1992 年，斯科特·万斯通（Scott Vanstone）等人进一步提出了椭圆曲线数位签章演算法（Elliptic Curve Digital Signature Algorithm，ECDSA），使基于椭圆曲线构建更高安全强度数字签名成为可能。

在可追溯证明方面，1991 年，斯图尔特·哈伯（Stuart Haber）与斯科特·斯托内塔（W. Scott Stornetta）提出了时间戳的概念。但这些概念最初只被用于文件安全保管，与人们的生活并不贴近。

在共识机制方面，1997 年，亚当·拜克（Adam Back）发明了哈希现金（Hashcash）工作量证明（POW）方法，当时主要用于解决邮件系统中 DoS 被攻击问题，却无意中打开了解决"拜占庭将军问题"的大门。

对等网络概念的源头，可以追溯到 1999 年发布的 Napster 文件共享系统。该技术的主要目的是为了处理传统集中架构中服务器端的压力过大、单一失效点等问题。

阿汶德·纳拉亚南（Arvind Narayanan）等人正本溯源，对区块链技术栈进行系统的梳理和论证后发现，几乎所有的区块链技术组成部分都源于 20 世纪八九十年代的学术研究，即区块链技术本质上是将各类已有学术理论进行有机组合后的产物。

从历史角度看，如果只考虑区块链底层依赖的各项核心技术，可以认为它早就产生了，只不过一直没有被整合应用到一个系统中。从未来角度来看，还会有更多的人在区块链协议栈中补充新的理论应用成果，未来的区块链可能还是被称为区块链，但它的核心却在不断更新换代。

3. 从技术演进看，各类工程技术发展成熟是区块链具备大规模部署应用的基本条件。

区块链技术的理论基础早已具备，但直到近几年才日渐兴起，其中一个主要原因在于工程技术发展的成熟导致区块链模型工程应用的成本降低，从而使得该技术的大规模应用成为可能。

从计算资源演进历程看，早期的计算机属于昂贵资源，主要采取集中部署的模式用于科学研究和工程计算，此阶段显然不具备分布式部署区块链节点的技术条件。随着集成电路技术的发展，商用和家用 PC 逐步走进了人们的日常生活，但彼时的 PC 计算性能非常有限，处理人们日常的办公、学习及娱乐需求已是捉襟见肘，自然没有闲暇的计算能力用来进行没有实际价值的哈希运算。现阶段，在成本不断降低的同时，处理器的运算能力仍遵循摩尔定理在飞速的提升，一般 PC 的处理性能应对正常需求绰绰有余，再加上市面上甚至还存在专门用于哈希、椭圆曲线等运算的硬件芯片，可以说当前可用于支撑区块链模型运行所需的计算资源已经十分充足且相对廉价。

存储资源也经历了与计算资源类似的演进历程。区块链技术需要让多个节点同时记录全部的区块数据，理论上甚至可以让所有的参与节点记录全部信息，数据存储的冗余度往往较高。存储资源价格高昂时期，要求各参与节点利用有限的存储资源记录持续增长的区块数据，显然不现实。随着存储硬件成本不断降低，存储资源不再成为制约区块链模型大规模应用的潜在技术瓶颈。

从网络资源发展看，作为区块链网络协议栈中的重要组成部分，对等网络得以规模化应用也是与网络拓扑的稳健性和网络带宽资源的富裕度密不可分的。虽然对等网络中的网络节点在功能上看似无差异，但实际上某些节点对保持整个对等网络的稳定性乃至区块链消息传递的稳定性都有着重要意义。那些决定整个网络拓扑点连通度的"瓶颈"节点，也就是作为多个独立子网间关键甚至是唯一通道的节点，一旦失效就容易造成全网的分裂，使得区块链全网共识机制被打破，容易造成区块链短时或较长期的分叉。互联网发展初期，仅有少数顶级电信运营商构建了互联网的骨干网络和顶层架构，其他运营商通过与顶级电信运营商转接互联形成全球网络，显然此阶段互联网的拓扑中存在大量点连通"瓶颈"节点，不利于构建大规模对等网络。而现阶段，大量下游运营商大力寻找对等互联的机会，互联网中低连通度的节点占比正在大幅缩减，如中国信息通信研究院的报告表明，2011—2016 年，低连通度网络占比已从 62% 降至 35%，缩减近一半，构建对等网络所需的网络拓扑健壮性显著增强。同时，区块链技术体系中各个参与节点生成的权益转发信息需要在网络中反复转发，当权益转移频率超过一定阈值时，众多转发消息在网络中泛滥将会导致大量网络带宽被损耗。以比特币为例，正常支撑其现有交易规模就要求每个节点需至少拥有兆比特/秒量级的专享带宽资源。这意味着，10 年前拨号上网的时代，很难有足够的带宽资源用以支撑较大规模的区块链应用运营，而现在随着万兆网络、5G 网络等技术的飞速发展，区块链所需的网络带宽资源早已可以轻易得到满足。总之，网络资源并不会成为制约区块链模型大规模应用的技术瓶颈。

（三）区块链技术的应用前景

区块链技术是互联网技术不断发展的产物。当前，行业主流观点认为，如果说互联网实现了信息互联、移动互联网实现了人人互联的话，区块链技术将会成为第二代互联网，能在无法取得相互信任的前提下，继续从事价值交换活动，有可能把人类从信息传递的互联网时代带入价值传递的互联网时代。也有观点认为，区块链技术言过其实，应用前景并没有想象的那样完美。对于一个尚处于发展和完善过程中的技术，我们难以知晓区块链将走向何处，终点在何方，所以还应该以辩证的视角，理性地分析其应用发展现状及潜力，既要看到其在不信任环境下建立信任关系的独特创意，认真分析其可能给金融业发展转型带来的机遇，又不能把它视为无所不能的"万能钥匙"。

1. 区块链数据库的三种形式。

当前行业主要存在三类区块链数据库应用类别：公有链、联盟链和私有链（见表 8 – 1）。

表 8 – 1　　　　　　　　　　三种类别的区块链比较

	公有链	联盟链	私有链
有写权限的节点	理论上任何节点都可以	只有群体内部指定的节点可以	只有特定组织或个人可以
参与节点数量	可以达到几十万个甚至更多	一般不超过一百个	数量很少，一般为几个
适用的共识机制	工作量证明（POW）、权益证明（POS）、委托权益证明（DPOS）、能力证明（POC）、活动证明（POA）、燃烧证明（POB）……	公有链共识机制＋"应对拜占庭将军问题"的分布式一致性算法（PBFT、dBFT、Byzanetine PASOX……）	联盟链共识机制＋经典分布式一致性算法（PA-SOX、RAFT……）
共识效率	低	中	高

公有链是指全世界任何人都可读取的、任何人都能发送交易且交易能获得有效确认的、任何人都能参与其共识过程的区块链。公有链是最早出现的区块链应用类别，可以看作是节点完全分散化的区块链，其共识机制主要采取工作量证明机制或权益证明机制等"加密数字经济"方式，将经济奖励和加密数字验证结合起来，并遵循着一般原则：每个人从中可获得的经济奖励，与对共识过程作出的贡献成正比。

联盟链往往是由某个群体内部指定多个预选节点作为记账人，每个区块由所有预选节点基于共识机制共同确定。除了公有链适用的共识机制外，联盟链还可以采用 PBFT（Practical Byzantine Fault Tolerance，实用拜占庭容错）、dBFT（delegated BFT，授权拜占庭容错）等可以解决"拜占庭将军问题"的算法作为共识机制。联盟链可视为"部分分散化"的区块链。

私有链是指区块写入权限仅在一个组织或个人手里的区块链，而读取权限则可视需求对外开放或者被任意程度地进行限制。私有链的共识机制选择更为宽泛，除了联盟链适用的共识机制外，还可以选择 Pasox、Raft 等成熟的、不能防范"拜占庭将军问题"的分布式一致性算法作为共识机制，以进一步提升共识验证的效率。

2. 区块链应用场景。

在业务参与各方与不信任且缺乏共同信任的第三方这样的场景，区块链技术将大有可为虽然可以在此场景下解决价值交换问题，但在一定程度上是以牺牲效率、隐私性和软件维护复杂度为代价的。不信任的参与者数量越多，效率、隐私性和软件可维护性则越难得到保证。因此，根据参与者数量上的差异和权限控制需求方面的差异，业界自然而然形成了上述三类不同的区块链数据库应用类别。2017 年 10 月，摩根·派克（Morgen E. Peck）深入剖析了真正需要区块链技术的场景，进一步论述了区块链场景适用性的评估策略（见图 8 - 2）。

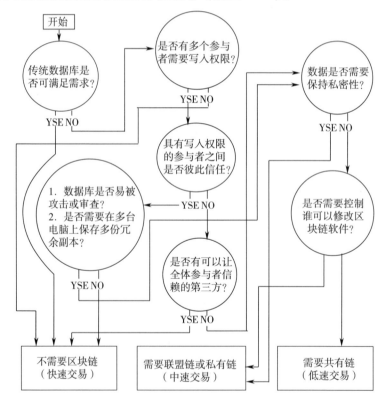

图 8 - 2　区块链技术应用场景适用性分析

（1）私有链适用业务场景较为有限。既然已经是"私有"了，大部分情况就不存在不信任问题了，所以私有链中就有使用 PAXOS、RAFT

等不防范"拜占庭将军问题"共识机制的案例。在这种情况下，仍然使用区块＋链的数据结构存储数据，显然会造成无谓的功能开销。当然如果公司担心仅由某个数据库管理员单独管理数据会存在被篡改的风险，想通过私有链多存储几份并由多个管理员共同管理，技术上也是能说得通的。

》》区块链与传统关系数据库在数据状态记录方面的差异

我们可以把区块链看作是把日志和数据保存在一起的一种数据库。区块链中保存的记录无法被修改和删除（当然基于这些记录构成的更上层的数据状态是可修改的，例如我们不能修改和删除比特币区块链中保存的交易记录，但是每个钱包地址拥有的总余额却可以随着链的延长而变化），所以从区块链中可以看到数据状态的演变。而传统数据库只能看到最终的数据状态，想看数据状态的演变就得去看日志。当然，传统数据库也支持不写日志就修改或删除数据库记录内容的操作，这类操作可以认为是无痕的，区块链技术无法支持这类完全无痕的写操作。

（2）针对大量互不信任的参与者同时进行价值交换的业务场景，公有链无异是一种可行的技术方案。应用此类场景时，设立一个具有公信力的权威机构可能效果更佳。以房产转让交易为例，如果将房产权属转移信息记录在公有链上，可实现交易去中介化的目的，有效杜绝交易过程中的不法行为和交易纠纷，大幅降低交易成本，甚至不需要特定权威机构来出具房产权属证明。但是，与上列种种益处伴随产生的，又出现了一些需要解决的新难题，比如软件缺陷修复困难、有可能需要牺牲个人信息的私密性等。面对这些新难题，公有链最终能否实现去中心化交易的初衷，甚至是否有必要实现去中心化交易的愿景，都有待时间进一步检验。因此，公有链在金融业务场景中的应用可能将会面临推广困难。

事实上，现阶段除了虚拟货币应用外，公有链大规模应用的其他案例十分罕见。

》》　　　公有链真的无法兼顾信息私密性吗？

无论是公有链还是联盟链，都会面临如何保护数据隐私的重大技术难题，只不过在公有链中，因参与节点众多，且无访问权限控制，隐私保护的技术难度更大。

当前，研究界和产业界探索了几类区块链上的隐私保护技术：第一类是链下存储，如基于通道技术保证之内的交易不存储在链上；第二类是身份混淆，依靠中心服务器或智能合约，实现交易双方对应关系的不可识别；第三类是密码学隐私保护，如环签名、零知识证明技术等。这些技术在工程和理论成熟度方面存在差异，在区块链分散化特性保障方面需要进行不同程度的取舍。总体看，即便在公有链上，实现较好的信息隐私保护仍然是可能的。

基于密码学实现完全隐私保护，即从交易账户地址、交易金额、账户余额等信息均无法在链上直接查看，不允许任何可信节点泄露链上权属转移情况。一方面，完全隐私保护无法对依托公有链开展的金融业务实施穿透式监管，难以防范利用虚拟货币进行洗钱等犯罪行为，这将是金融监管机构乃至社会公众所不能接受和允许的。以公认的现有隐私保护机制最为完备的虚拟货币之一——以色列 zcash 为例，当前仅有不到1% 的交易采用完全隐私保护交易方式。这说明即便是公众自身也认为过度的隐私保护会带来管理上的不便，更不用说监管部门了。另一方面，如果其加密机制存在漏洞或密钥等关键信息遭到恶意攻击被破解的话，反而会带来更为隐蔽的权属伪造问题或权属"双花"问题（即同一权属被多次转移），实际应用很难在第一时间识别，更容易危害到真实权属所有人的合法权益。即便不考虑量子计算攻击的长期风险，短期内，上述问题也是不容忽视的。仍以 zcash 为例，类似比特币历史上发生的因整数溢出漏洞造成的币数量暴增事件，虽在比特币区块链上可以被迅速发现。但在 zcash 区块链上，如果采用了完全隐私保护，因为无法观测总币量和公开查询交易记录，该类事件很难被及时发现。在 zcash 研究历程中，就曾发现过内部散列（Internalh）冲突漏洞，如果当时有人利用这一漏洞，就能凭空伪造 zcash 并重复使用。

≫　　公有链一定能实现去中心化吗？

以比特币为例，最早期的比特币之所以可以实现去中心化，是因为早期的"矿工"基本都处于势均力敌的状态。然而，随着算力越来越大，大规模集团化的挖矿行为逐渐成为主流，不但造成了算力的集中化，也导致了比特币归属权的集中化。专业矿工和矿机的出现，让人们对这个标榜去中心化的算法产生了担忧。时至今日，96.53% 的比特币归属于 4.11% 的地址，77.7% 的比特币算力集中于中国境内。由于比特币当前更多的是作为一种投机炒作品，其收付交易其实也基本是在有管理机构监督的中心化交易市场里来完成的。从 2016 年 3 月 1 日之前约两年的比特币交易情况看，币行、火币和 BTCC 中国①这三家交易所的比特币交易量之和，约占全球比特币交易总量的 90.85%，说明其交易也是高度。此外，从软件维护情况看，截至 2015 年 5 月，比特币核心源代码分析结果表明，7 名主要程序员贡献了代码总量的近 70%。由此可见，无论从哪个维度看，都仿佛印证了中国信息通信研究院何宝宏的精彩点评：那些高喊去中心化口号的机构，大都是自己想成为新的中心。所以，公有链技术也未必一定能实现完全去中心化的美好愿景。

---

① 已于 2017 年 9 月 30 日停止运营。

完全去中心化一定好吗?

近期比特币社区爆发的有关区块大小和扩容的讨论,引起了"分叉"出现可能,充分暴露出没有中心权威节点的管理,公有链有可能陷入路线选择意见分歧过大,进而四分五裂的风险。以以太坊DAO事件为例,在挽回损失的过程中,原有分散化机制未能有效地解决问题,最后还是通过"集中式"的方式,强制以太坊进行"硬分叉"完成交易回滚。反过来,从效率上看,1对N的连接效率理应高于N对N相互连接的效率,所以,中心很可能还是有价值的。有专家进一步论证认为,从去中心化开始,在竞争中中心化,最终被更大的中心吞噬,这几乎是社会发展的一贯规律。从真实业务用户体验上来看,对于忘记账户密码或不小心输错账号而导致转账失败这类情况,如果存在权威可信中心节点来管理数据,就很容易由中心节点干预处理。而在公有链场景中,想要在全网达成共识去修正上述问题,就极其困难。例如,数字取证公司Chainalysis对比特币区块链的研究显示,大约有278万~379万个比特币因密码遗失或地址错误等原因而永远消失无法找回,约占现有比特币总数的17%~23%。所以,过于追求去中心化,同样会带来新的烦恼。

The DAO 事件

2016年6月17日,在区块链发展历史上出现了一次严重的攻击事件。由于编写的智能合约存在重大缺陷,区块链业界最大的众筹项目The DAO(被攻击前拥有1亿美元左右资产)遭到攻击,导致300多万枚以太币资产被分离出The DAO资产池。其原因在于,The DAO编写的智能合约中有一个splitDAO函数,攻击者通过此函数中的漏洞,不断从The DAO项目的资产池中窃取资产给自己。针对此次攻击,2016年6月30日,以太坊创始人维塔利克·布特林(Vitalik Buterin)提出硬分叉设想，并于 7 月 15 日公布具体硬分叉方案，建立退币合约。7 月 21 日，超过 85% 的算力支持硬分叉，以太坊硬分叉成功。

 分叉

分叉主要指因区块链应用协议变更而导致的兼容性问题。协议启动变更后，会同时运行两个甚至更多的不同版本协议，它们的规则不同会导致区块链产生分叉，分叉后不同的链会被不同的网络认为是有效的，从而也导致网络分叉。区块链分叉常分为软分叉和硬分叉两类。两者的具体区别是：软分叉向前兼容，旧的版本会接受新版本创建的区块，在软分叉中只需"矿工"升级到新版本即可，用户可以继续使用旧版本的协议，但仍然会接受新版本协议创建的区块；硬分叉不向前兼容，旧版本不会接受新版本创建的区块，如要实现硬分叉，所有用户都需要切换到新版本的协议上。考虑到区块链应用本身是一个软件分散化部署的模式，组织对软件实施统一更新是一件较为困难的事，尤其在公有链场景中，统一更新更是不可能实现的愿景，因此采用分叉方式实施区块链软件升级无可厚非。只不过时至今日，很多公有链上的分叉，更多的是因为各方利益诉求不一致、达不成共识而引发的，即所谓的"一言不合就分叉"。正如周小川于 2018 年 3 月 9 日在十三届全国人大一次会议答记者问时所说："我们也很关注像区块链和分布式记账技术的应用。但与此同时，我们认为这些研发应该比较慎重，像比特币和其他一些产品分叉出得太快，不够慎重。如果迅速扩大或者蔓延的话，有可能给消费者带来很大的负面影响。同时，也许也会对金融稳定、货币政策传导，都会产生一些不可预测的作用。"因此，我们不妨设想：原本野心勃勃想取代各国中央银行成为大统一超主权货币的比特币，最后会不会沦落成为拥有很多个分叉、彼此各自为战的小众玩具呢？

（3）就金融业务而言，联盟链有可能成为最可行、最有应用潜力的区块链部署模式。从参与动力看，联盟链往往是由一定数量的行业参与机构自发合作或由某个行业组织推动、为实现某类业务上的共赢目标而构建的，因此，会比那些受经济奖励驱动的公有链更容易持久发展。从应用场景看，对于诸如积分互换、风险信息共享等场景，行业机构有合作意愿，却不愿推举少量成员作为中心管理节点，独享信息存储权限，甚至监管部门作为权威可信节点实现数据中心化管理的意愿也不强烈，此时，依托联盟链，在无信任中介的条件下，保障权属转移的有效、真实、可追溯，确实是可行的、较优的解决方案。从隐私保护看，联盟链本身就限制了参与者身份及读写权限，因此，联盟链容易提供更好的隐私保护，有利于业务推广。从效率方面看，联盟链的写入速度得益于节点数量的可控性和共识机制差异，较公有链的效率更高，且软件维护的复杂度降低提升了运维效率，因此，更容易满足高吞吐量场景下的金融业务需求。从防范道德风险方面看，联盟链毕竟仍是由集体维护，在一定程度上实现了数据去中心、分布式的管理。以联盟构成的中心，自然比非权威可信机构自建的私有链中心更具可信度。

3. 区块链技术在金融行业的应用前景。

时至今日，区块链技术已超越了最初比特币的应用范畴，未来有可能与云计算、大数据和人工智能等技术更加紧密地结合，使得分布式的计算服务可以在基于区块链技术的共识和激励基础上协同工作，从而引发更多的技术和服务创新。

《区块链：新经济蓝图及导读》一书的作者梅拉尼·斯万（Melanie Swan）总结了区块链的三个应用阶段（见表8-2）。

一是区块链1.0——虚拟数字货币阶段。该阶段主要产生了各类与转账、汇款和数字化支付相关的、基于密码学的虚拟货币应用，比特币是其中最为典型的代表。

二是区块链2.0——智能合约阶段。该阶段主要产生了除虚拟货币外的、基于智能合约的各类经济和金融领域区块链应用。从理论上分析，所有的金融产品（如股票、债券、期货、贷款、抵押、众筹、基金等）

的交易，都可以依托区块链来实现。以太坊、超级账本等是区块链2.0的典型应用。

三是区块链3.0——智能社会阶段。该阶段区块链将产生超越货币和金融范围的泛行业应用，特别是在政府、医疗、科学、文化和艺术等领域的应用。

三个阶段的总结如表8-2所示。

表8-2　　　　　　　　　　区块链应用阶段划分

区块链应用阶段	特征	应用场景
区块链1.0	数字货币	支付、转账、汇款等货币应用场景
区块链2.0	智能合约	股票、债券、贷款、金融衍生品等更广泛的非货币应用场景
区块链3.0	区块链自治	医疗、民主选举、产权登记、知识产权保护和登记、彩票登记、物流、食品追溯、公证认证、数字权利、第三方保管、多方签名交易、财务审计等

截至目前，斯万所描述的绝大多数应用场景中，区块链有较大影响力的应用实践案例仍较为罕见，且主要集中在1.0阶段（以比特币为代表）和2.0阶段（以以太坊为代表），3.0阶段的成熟应用案例尚未出现。区块链应用未来将何去何从，还有待技术不断进步完善后，在未来予以答复。从现阶段的应用情况看，区块链技术可以在以下几个方面改进金融服务体系。

首先降低特定金融业务的整体信任风险。以传统的场外交易（OTC）为例，该业务场景的痛点在于交易双方没有可信权威节点充当中介，无法实现同步实时交割，只能由交易双方自行承担信用风险。如果交易各方建立联盟链，实现代码透明共享，确保智能合约运行规则对参与者透明，充分利用区块链技术下每个节点都可以验证账本内容和账本构造历史的真实未篡改特性，智能合约可以实现单链或多链架构下不可分割交易的特性，就能确保交易的可靠性和安全性。即便违约，自动违约补偿也具备技术可行性，有望降低整个业务场景的信任风险。当然，交易双方进行的如果不是资产所有权互换或有法定数字货币参与的交易，想通过区块链实现不可分割交易仍然是很困难或不可能的。

其次降低特定金融交易的复杂度及成本。以跨境支付转账交易为例，该业务场景的痛点在于较难产生一个全球的权威可信中心清算节点，因此跨境业务往往存在到账周期长、费用高、交易透明度低等问题。如果各国商业银行和其他金融机构建立联盟链，借助区块链分散化和不可篡改的特点来实现去中介化交易，则有望缩短跨境交易周期、降低费用。如果通过加密传递技术，控制交易细节仅对参与交易各方可见，以消除参与者之间对客户流失的潜在顾虑，同时通过硬件等技术手段以支撑较高的交易吞吐量，这样的话，基于区块链协议的跨境支付转账技术方案还是有希望实现大规模应用的。

最后提升共享特定金融信息的便利性。以供应链金融场景为例，该业务场景的痛点在于，商品从原料供应到销售的全流程缺乏透明的跟踪机制，无论是监管部门、金融机构还是终端用户都无法对商品生产情况或销售情况进行监督，较难控制商品质量和信贷安全性。即便应用物联网技术全面广泛地收集进货信息和销售信息，也很直接将繁杂的物联设备获取的信息全部送至某个权威可信节点进行存储处理。通过辅以区块链技术，在准确收集物品流转信息后，可以基于共识机制就近上链存储，促使金融信息高效、流动，从而实现价值和信息的共享。

二、金融业区块链应用的监管重点

（一）应用风险分析

虽然区块链技术在金融业有着较广泛的应用前景，但在具体应用中仍有诸多风险需要重点关注。

1. 引入区块链特性的技术风险。

从网络安全性方面看，现有区块链应用往往采用分布式的点对点网络结构，未充分考虑或较难实施身份认定、地址绑定等传统网络安全机制，服务网络体系存在遭受路由欺骗、地址欺骗或拒绝式服务等网络攻击的风险。此外，由于采用消息广播机制，区块链网络易接收恶意节点广播的垃圾消息，导致带宽、计算资源被耗尽，服务被中断。

从应用安全性方面看，某些区块链技术应用中允许在区块中附加自定义信息（例如比特币区块链允许在 coinbase 数据域任意填充信息），如果自定义数据中包含病毒、木马等恶意内容，有可能形成对全网的恶意攻击。由于区块链信息的不可篡改性，这些恶意内容将难以移除。此外，目前很多区块链平台均提供了图灵完备的智能合约功能，这本身就是把"双刃剑"。复杂的智能合约虽可以完成更多更复杂的业务逻辑，但合约代码中潜在的漏洞也可能更多，某些漏洞甚至会对核心系统产生致命的影响。例如前面提到的以太坊 The DAO 事件，就是合约代码漏洞的典型代表。

从共识机制安全性方面看，某些共识机制（如工作量证明等）的安全性是建立在大量可信的计算节点基础上的，在发展大量可信节点之前确保不被攻击是其发展面临的一大挑战。特别是在某些区块链应用发展起步阶段，如果参与计算的节点数太少，采用工作量证明的共识机制应用将容易面临 51% 攻击的风险。这在虚拟货币发展史中并不鲜见。

从应用管理和工程实施方面看，由于参与节点处于点对点网络中，版本升级等操作难以同步实施，通常只能采取渐进式的硬分叉或软分叉升级策略。从软件开发角度看，软件从开发启动到真正稳定成熟使用存在较长周期，考虑到区块链大量应用了各种密码学技术，软件开发的难度更大，即便我们不考虑人或机构主观恶意引入 Bug 的可能性，开发过程中大量存在工程实现上的非主观缺陷也是在所难免。可以预见，区块链应用过程中，多个不同版本软件并行工作的方式较为普遍（公共链将更是如此），此情况有可能会产生较难预见的严重后果，如已识别的软件 bug 迟迟得不到修复、未识别的软件 bug 被利用来篡改区块链上保存的数据等。

2. 区块链技术滥用带来的犯罪风险。

由于区块链技术正处在市场持续炒作的阶段，该技术被包装后用于金融投机乃至金融欺诈场景中的案例日益增多。如比特币、以太坊等较流行的虚拟货币，因其无中心和匿名性特征，很容易成为投机交易的标的物，变成资金出境，甚至是毒品交易、洗钱等违法活动的媒介。此外，区块链技术还被广泛应用于首次代币发行（Initial Coin Offering，ICO）领域。从实际发展现状看，现在 ICO 项目大多数仅停留在白皮书阶段，并没有实际应用价值，存在项目执行风险，特别是 ICO 融资还存在项目"跑路风险"以及 ICO 完成之后的庄家操控风险。一些非主流 ICO 代币仅需要几百万即可"做庄"操控市场，代币的发行方以及利益相关方，披着去中心化的外皮，仍然通过调整代币发放规则及发行比例等手段，将代币牢牢掌控在自己手中，对币的价格进行人为操控。众多 ICO 项目无序发展带来了巨大的道德风险，不论是项目发起方"跑路"或者是项目发起方操控虚拟货币交易市场牟利，投资人都将面临巨大的经济损失。

3. 区块链金融创新应用新增的法律及合规风险。

现行金融法规体系对于区块链金融的诸多应用尚无明确的规定。例如虚拟货币发行的合法性、虚拟货币交易所乃至区块链上资产权属交易所设立的合法性、公证确权以及举证的合法性、智能合约是否具备《合同法》规定的合同效力、数字票据等数字化资产在区块链上的权利归属效力、基于区块链技术的记账清算应用中清算最终性的确定和资金跨境管制、基于区块链的股权交易发行方和发行对象的合法性等问题，目前在我国法律体系中还都是空白。此外，区块链金融因其去金融中介、数据应用部署管理分散的特点，有可能造成确定法律责任对象困难的新挑战。对于那些跨越国家地理边界和司法管辖边界部署的区块链金融应用而言，如果没有权威机构而是由松散的自治组织来控制和管理，这种法律责任认定和追责将更加困难。

4. 区块链金融无序发展导致的管理风险。

当前，区块链金融应用的规范化和标准化程度有待进一步完善，在技术、应用各个层面仍存在亟待解决的难题，各类区块链金融应用无序发展容易产生市场混乱。

从技术运用合理性管理方面看，区块链技术采用分散化的存储模式，参与记录区块链的每个节点往往需要存储完整的历史交易信息，数据的冗余备份量大，存储空间消耗多，而目前较为常见的共识机制工作量证明算法体系又具有高耗能的特点，参与生成及验证区块链的每个节点都会投入大量算力用于毫无意义的随机数计算。此外，数据需要以多路径方式在区块链服务及用户节点间流转，增大了网络通信资源开销。参与构建区块链的节点数越多，这种存储、计算和网络通信资源浪费就越严重。当大量同质业务（例如虚拟货币）不受监管地无序发展时，资源浪费问题将不容忽视。

从应用场景适用性管理方面看，区块链本身的技术优势未必适合所有的应用场景，或者说对于有些应用场景来说，使用传统技术解决方案的效率更高。当前很多业务创新在一定程度上盲目追求技术热点，片面认为区块链可以"包治百病"。实际上并未厘清多方参与、数据共享、数据回溯、合约自动执行等方面的需求。如果不及时加强行业引导，盲目依托区块链实施金融业务创新项目，有可能会增加无谓成本、降低业务效率。例如，分布式网络节点数量与共识效率本身就是一对矛盾，在高并发、实时性要求高的场景中并不适合使用区块链技术。

从资产确权仲裁管理方面看，区块链技术完全依赖加解密算法、哈希算法、共识机制等，对交易的有效性进行技术背书，而存储的交易信息本身也仅仅通过公私钥信息实现与权属主体身份的间接绑定。对于受黑客攻击、客户疏漏造成的密钥丢失或被盗等原因，造成交易违背用户真实意图的情况，如何通过其他渠道达成共识，重新确认真实合理的交易权属转移的有效性及被冒名的交易权属转移的无效性，实现中心化管理措施与非中心化技术共识机制的有机整合，是一类不容忽视又较难处置的管理难题。如果众多未加规范管理的区块链金融应用仓促上线，多类权属纠纷风险叠加后，甚至可能会带来一定的社会不稳定因素。

从行为监管方面看，如何兼顾金融消费者隐私保护需求和金融反洗钱反欺诈制度要求，需要监管部门精准把握。不可否认，基于化名机制的区块链技术应用已在实践中增大了监管部门反洗钱工作的难度。在传统监管模式下，只要锁定客户，通过管理员身份，就可以由后台直接调取中心系统的数据，进而掌握客户账户下的资金往来等信息。但在区块链环境下，由于没有中心系统，很难锁定客户的多个化名账户，除非掌握密钥，或者采用复杂的关联性挖掘算法，否则很难了解交易的真实性与合理性。这就极容易被犯罪分子所利用，从而带来洗钱、诈骗、偷漏税等一系列监管新难题。近年来涌现的混币、环签名、零知识证明等技术，在进一步提升区块链技术应用匿名性的同时，也使得交易情况完全不可观测，不仅较难及时发现人为故意和软件缺陷引入的错误交易，更是难以甄别洗钱等非法交易，与"穿透式监管"要求相背离。此类情况应引起监管部门的高度关注。

》 从虚拟货币交易所"黑客攻击"事件看风险

近年来，虚拟货币交易所"黑客攻击"事件频发。2013 年 11 月，澳大利亚 Tradefortress 比特币银行被盗，丢失 4 100 枚比特币。2014 年 2 月，一度占据全球比特币交易量 80% 市场的 Mt. Gox 交易所发布公告称，因黑客攻击，自有比特币 10 万枚与使用者比特币 75 万枚被窃，Mt. Gox 申请破产，用户损失无法追回。但事后调查发现，Mt. Gox 的创始人兼总裁马克·卡佩勒（Mark Karpelès）涉嫌伪造交易数据，将部分用户账户中的比特币资产据为己有，并用机器人虚假交易实现价格暴涨以掩盖比特币丢失真相。2014 年 3 月，美国数字货币交易所 Poloniex 被盗，黑客利用了交易平台的代码漏洞把资金偷走，导致交易所共损失 12.3% 的比特币。2015 年 1 月，全球知名的数字货币交易所 Bitstamp 被盗 1.9 万枚比特币。2015 年 2 月，台湾 Yes－BTC 交易所被盗 435 枚比特币，随后 YES－BTC 宣布关站。2015 年 2 月，国内比特币交易平台宣布被盗 7 170 枚比特币。2016 年 1 月，交易所 Cryptsy 称其被攻击，1.3 万枚比特币以及 30 万枚莱特币被盗，随后该交易所关闭并且再也没重启。2016 年 5 月，香港数字货币交易所 Gatecoin 遭黑客攻击，损失约 200 万美元。2016 年 8 月，美国 Bitfinex 宣布遭黑客攻击，约 12 万枚比特币被盗，此后不得不推出了名为 BFX 的代币，作为交易所向用户偿还损失的"欠条"。2017 年 6 月和 10 月，韩国 Bithumb 交易所先后两次被攻击，被盗数十亿韩元，3 万名用户信息被泄露。2018 年 1 月 26 日，日本加密交易所 Coincheck 被黑客入侵，580 亿日元新经币被窃，事后 Coincheck 发布公告称，将按照被盗时的价格，对原持有者进行补偿。2018 年 2 月，意大利加密货币交易所 BitGrail 宣布其价值 1.7 亿美元的 Nano 币被盗，但其创始人拒绝赔偿用户损失。2018 年 3 月，黑客利用 api 交易功能无二次验证的缺陷，将钓鱼获取的用户币按账户中的各种代币即时交易成比特币，并高价买入维尔币，导致维尔币被拉爆，涨幅达 110 倍。尽管上述行为触发了的风控措施，所有币种提现被暂停，但有研究认为，黑客还同步在 OKCoin 上了比特币空单，并在其他交易所抛售维尔币，因此仍然获利颇丰……

上述这些案例发人深省，因为使用传统技术的传统证券交易所并没有如此高频地曝出安全问题。从技术风险看，是区块链技术更不安全吗？那区块链在金融领域的应用还有必要吗？从管理风险看，这些交易所是否使用、是否应该使用区块链技术记录交易呢？打着去中心化旗号的虚拟货币，为什么没有在零售支付领域发挥作用，也没有服务实体经济，而是在有中心节点管理的交易所里频繁交易呢？最后还被黑客针对去中心化虚拟货币，通过中心化交易所，采用去中心化攻击手段非法获利呢？据不完全统计，目前全球数字货币交易所约 7 000 家，如此多的交易所算不算管理上的无序发展呢？从法律和合规风险看，这些交易所的存在是合法的吗？如果是合法的，那应该如何监管它们？对于一出问题就是黑客问题的惯用应答口径，应该由谁来鉴定事情的真伪呢？对于损失，应该由谁承担责任并予以补偿呢？

（二）区块链技术金融应用风险的防控策略

在区块链技术与金融相结合的发展趋势下，监管部门应该秉承"不盲从、不排斥"的态度，努力寻求区块链应用创新与金融防控风险之间的平衡，推动区块链金融监管体系的不断完善。

1. 健全区块链金融应用标准体系。

为提升区块链金融底层技术的兼容性，规范区块链金融应用的开发部署模式，切实防范应用风险，提升应用效果，避免无序竞争，监管部门应引导产业相关各方，积极健全区块链金融应用标准体系。

在运行风险管控方面，应基于分级分类原则，明确构建区块链节点间的网络通信安全要求（专线连接、地址绑定、多运营商冗余、通信加密、网络攻击感知及防护等）、应用安全要求（应用安全可控加密算法、密钥管理、数据脱敏保护、节点身份认证、节点权限管理等）和物理安全要求（联盟链、私有链节点布局、数据中心管理、物理设备管理等）。既要对高安全等级的金融业务提出更高的安全标准，以更好地防范网络攻击、信息窃取及安全生产风险；同时也要根据区块链技术物理分散部署的特点，有针对性地调整传统中心化信息系统运行的风险管控标准。

在技术适用性方面，应规范区块链金融行业应用的参考技术架构与功能视图。在保持功能组件模块化灵活可配置的同时，基于效率、资源开销和容错等指标，明确不同类型共识机制及算法在不同规模区块链实施场景中的适用性；确定区块链数据存储结构标准；确定区块链节点通信消息报文标准；确定智能合约语法、语义和语用标准；确定应用程序访问接口标准，以提升区块链技术应用的兼容性。

在应用场景适用性方面，应建立不同金融业务场景下区块链技术应用的指导标准和可用性测评规范，并建立该场景下智能合约条款的审计标准，引导市场根据应用场景特点，有针对性地应用区块链技术，防止盲目跟风行为。

2. 完善区块链金融监管法律与制度体系。

首先，技术上的去中心化并不等于管理上的去中心化，更不能等于法律责任的分散化。监管部门应强化区块链金融应用的准入管理，加强区块链金融服务提供者的事先审核及注册备案，限制以开源社区、行业联盟等名义依托区块链开展金融业务的行为，明确必须具备金融业务资质的法人单位才能发起相应区块链金融应用，并承担相应的合规责任。

其次，完善相关法律法规。完善区块链相关法律条款方面，应在现行电子证据司法认定标准的基础上，研究并明确区块链记录作为数字化资产权属存证及流通的法律效力、区块链智能合约作为电子合同的法律效力和争议发生后的证据证明形式（记录和智能合约如何作为呈堂证供）、裁决执行方式（裁决结果如何在区块链记录中更新体现）以及诉讼司法管辖权确定方式（匿名性和分布式记账技术特点下如何确定司法管辖地域与冲突规范下的准据法）。完善区块链金融行业法规方面，应基于功能监管和行为监管原则，在审视原有同质业务法规条件、解决原有条文与区块链技术的适用协调性问题的基础上，进一步对每一类共性区块链金融应用场景明确统一的监管原则，不留监管死角。紧密跟踪区块链金融业态变化，及时设立负面清单，明确不得依托区块链技术开展的金融业务类型。对于不在负面清单中的金融业务类型，也应及时根据业务特点，分别相应地明确统一的准入门槛、业务标准、监管制度和金融消费者保护指南，给予市场明确预期。

最后，应基于穿透式监管理念，明确各类区块链金融应用中需加入由监管部门控制监管节点的总体原则与实施方式，以确保中心化监管部门能够在非中心化区块链中有效地履行监管职能。在允许业务参与方身份"前台"匿名保护的前提下，视业务类型向监管节点"后台"公开参与方的实名身份。区块链金融监管主体应向监管节点提供可视化监管工具，以便监管部门实时掌握系统的技术及应用运行整体情况，定制化完成监管统计分析工作。

在健全标准体系和完善法律法规的同时，监管部门还应加强对公众关注度高、制度约束不严、炒概念或金融欺诈风险迹象明显的区块链金融业态的整治，避免局部风险扩散影响社会稳定。

三、区块链技术在监管科技中的作用

有效市场监管的目的是促进金融市场的透明性、效率性、确定性和

稳定性，让开放自由的市场正常繁荣地运行。任何形式的审慎监管所面临的一个共同挑战是：对市场体系中的风险行为作出反应的速度有多快？当有人作恶时，传统监管部门往往不能第一时间发现，即监管应对通常是滞后的。虽然监管部门采取了行业自律和刑事诉讼等措施力图弥补监管滞后，但仍不能完全消除。因为在某些情况下自律并不起作用；而通过诉讼进行监管，虽然很大程度上威慑了个体或特定欺诈行为，但却较难形成更加广泛的群体遵从共识。

依托区块链技术实现的分布式账本具有分散存储、公开透明、不可篡改、追溯性强、自治度高等特性，因此，可以进一步发挥大数据技术与云计算技术的优势，对监管合规数据自动进行重构，实时更新与维护。在这一点上看，区块链在监管科技中可发挥的作用与金融监管的目标在本质上是不谋而合的。

（一）有助于提升反洗钱和 KYC 的效率

应用区块链技术可以实现跨机构的信息共享和交易信息追踪，有效强化反洗钱的监管工作力度，以及简化 KYC 流程。

通常，各金融机构执行的 KYC 任务性质上是重复的，仅在收集和应用数据过程存在差异。作为反洗钱和 KYC 合规的重要组成部分，客户适职（Client Onboarding）需要大量的文件身份证明材料。为此，金融消费者经常需要重复提供相同信息，金融机构需要多次确认和核实客户信息，在效率至上的今天，上述传统做法严重影响了用户体验。

区块链存储信息的不可篡改性和透明度，支持将 KYC 所需要的数据记录在共享分类账户中，并且可以实时提供给金融机构使用，有助于快速、低成本地改进 KYC 的流程。一方面，除了数据收集之外，KYC 过程中还有大量关于信息验证、确认等工作要在向客户正式提供服务前完成，如果信息已经存在于一个安全的、防篡改的数据库中，那么就可以省略许多重复的信息验证步骤。客户数据的任何更改将立即分发给区块链上的所有参与者。该区块链将为每个客户提供一个按时间维度排列的信息记录，便于金融机构掌握真实的客户风险情况，从而降低调查成本，也便于金融机构在全面了解客户的风险情况后，有针对性地设计个性化金融产品。另一方面，金融机构作为防控信贷风险的利益相关者，将不再仅仅是金融消费者信息的简单接受者，它们也可以成为快速构建金融消费者画像过程中的重要一环。伴随区块链兴起的智能合约技术，甚至可能辅助金融机构直接放贷至借款人的特定"钱包"，分析和监督贷款资金用途，深度了解客户的资金需求，更有效地防范道德风险。

（二）有助于构建实时自动化监管新模式

一方面，区块链技术实现了一种基础设施，从一开始就具备兼顾监管需求的设计能力，允许监管部门以"普路"方式收集数据，且不增加被监管机构的额外成本。监管部门作为一个节点参与到区块链金融应用之中，实时监测交易相关信息，减少事后审计工作量。一旦发现疑似违规行为，就可以有针对性地采取监管措施。这种主动式、嵌入式的实时监管模式，既有助于防范非现场监管模式下获取信息失真的风险，也有助于减少现场监管实施的成本，还有助于改善监管滞后性问题。

另一方面，区块链技术可以更好地支持智能合约，甚至可以说重新定义智能合约。智能合约作为有状态的、运行在共享区块链数据账本上的计算机程序，能够实现主动或被动的数据处理，接受、储存和发送价值，控制和管理区块链上的数字资产，为静态的底层区块链数据赋予了灵活可编程的机制和算法。智能合约的自动化和可编程特性对于实现自动化算法监管大有裨益，可以更好地实现事前与事中的监督与预警。随着技术的发展，当前已经出现了以以太坊等为代表的图灵完备的智能合约，可实现更为复杂和灵活的计算功能，理论上可以进一步提升金融监管的自动化能力。此外，通过将监管制度的自然语言描述与智能合约的代码结合在一起，能够进一步提升监管要求的规范性与严谨性，更好地支撑合规自动化。

远期看，区块链技术内置了共识机制、共享账簿、智能合约等强技术约束，在特定的金融业务场景中，有可能实现由单一监管机构监管向所有利益相关方共同监管的监管机制理念的转变，理论上将使该类金融业务监管更具共享经济和自我智能监管的发展特征。监管机构可以利用这种技术提高审计跟踪、汇集报告等方面的能力。

（三）有助于加强金融监管统筹与信息共享

随着金融业务模式日趋复杂，各种跨市场、跨机构的金融业务形态日益增多，互联网产业巨头和大型私人企业发起成立金融控股公司，跨市场、跨业态、跨区域综合经营的现象日益普遍。当前我国分业监管体系很难全面实时收集信息，来实现对所有金融活动监管的全覆盖、无例外和无缝隙，监管部门间的数据孤岛现象依然存在。2018年4月9日，国务院办公厅发布了关于全面推进金融及综合经济工作的意见，为了落实中央指示，在此背景下我国监管部门间运用区块链技术构建联盟链，整合监管基础设施，加强监管信息共享，是提升监管能力的一种有益尝试。通过改变传统的金融监管数据报送流程，实现业务操作的同时即将数据上传至监管链保存，可以加强信息透明度及穿透性，提高业务数据的真实性，至少能够增加数据造假的难度。监管当局可以通过这些业务信息，自行加工处理，生成各自所需要的监管数据。同时，也可以加强不同监管部门间的监管协作，对链上存储数据的真实性、完整性及安全性进行交叉验证，推动监管体系无缝对接。信息集中在链上存储，也有助于对同质业务采取同样的监管规范和标准，进一步强化功能监管、行为监管，降低基础设施的重复建设成本。

（四）有助于加强行业组织自律管理的公信力

行政监管与行业自律是金融市场治理的两种制度安排。行业自律是对政府行政监管的有益补充和有力支撑，行业自律是行业协会的重要职责，但是，由于行业组织性质的二重性以及双重代理人身份难题等原因，有时会缺乏足够的公信力。一方面，政府监管部门担心行业组织易受到会员机构的控制而导致行业集体自律效果不良的问题；另一方面，会员机构之间也担心行业组织在自律管理时容易产生厚此薄彼的现象。因此，如果行业组织仅通过运营一个中心化系统来存储会员单位报送的自律管理信息，信息保存不透明有可能引起会员单位或监管部门对自律组织裁决的不信任。这种情况给了区块链技术一个较好发挥监管科技作用的舞台，通过在会员单位、监管部门和行业组织之间建立联盟链，在链上存储经脱敏处理的会员单位报送的原始信息（如电子合同等），据此生成自律管理决策，从而有利于提升行业组织自律管理的公信力。

第九章　量子技术

一、量子技术发展综述

（一）量子概念的起源

19世纪末，随着经典力学、热力学、统计物理学和经典电磁场理论的成熟，经典物理学发展到顶峰，物理学大厦从来都没有像这样金碧辉煌过。人们开始相信，上帝造物的奥秘已完全被他们所掌握，物理学再也不会有任何激动人心的发现了。这个世纪的最后一天，英国著名物理学家开尔文勋爵（Lord Kelvin，1824—1907）发表新年祝词，在回顾物理学所取得的伟大成就时踌躇满志地表示，物理大厦已经落成，所剩的只是一些修饰工作。展望20世纪物理学前景时，他却若有所思地讲道："动力理论肯定了热和光是运动的两种方式，现在，它美丽而晴朗的天空却被两朵乌云笼罩了。"

开尔文勋爵所指的第一朵乌云是指对光波能在真空中传播的解释。物理学家本来给光找了一个传播介质——"以太"，但Michelson - Morley的实验结果却推翻了以太漂移说。

开尔文勋爵所指的第二朵乌云是指黑体辐射与"紫外灾难"，即分别基于经典电磁波理论和分子运动假设推导的辐射能量分布定律公式计算结果，也只能分别在长波段和短波段区间内，与黑体辐射的实验数据相吻合。

当时的人们并没有意识到，正是这两朵"小小"的乌云，给日后经典物理学带来了狂风暴雨：前者开启了相对论，后者则引发了量子论，两者成为20世纪至今最重要的两大物理学理论，具有里程碑意义。

回到量子理论方面。为了能得到一个可以同时适用于长波段和短波段的辐射能量分布定律公式，德国科学家普朗克在1900年硬凑出了著名的普朗克黑体公式，该公式虽意想不到地与实验值惊人地吻合，但却没有办法找到理论上的解释。经过不断尝试，普朗克意识到，这个公式根本无法依靠经典物理学来解释，而必须假定能量在发射和吸收的时候，不是连续不断的，而是分成一份一份的。基于此，普朗克首次提出了量子的概念，他认为光辐射与物质相互作用时，其能量是一份一份的，这一份"能量"就是所谓的量子。自此，"量子论"宣告诞生。

（二）量子力学与经典力学的区别

量子的概念出现之前，牛顿的经典力学统治了世界将近三个世纪。经典力学的两个重要基础是绝对的时空观以及连续性，而与之对应的量子力学的主要特征却是不连续性和测不准。

经典力学的一项基础是连续性，物理量是连续变化的，而且可以分割。以经典光通信为例，通信光的能量可以连续调节，信息编码在光的强弱上，可以通过光纤夹弯折光纤，使部分光泄漏并探测分析光强变化窃取信息（见图9－1）。

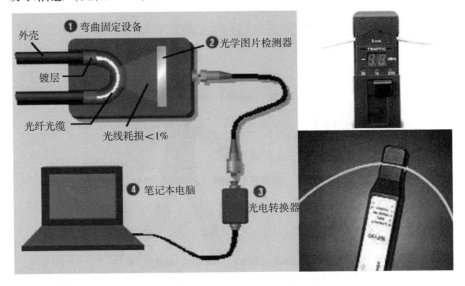

图9－1　光纤弯曲窃听示意

在量子物理的世界里，物理量是不连续的，是以"量子"为基本单位离散变化的，单个量子不可再被分割。以量子保密通信技术为例，其信息的基本单元是光量子，通信光的能量以单个光子（$E = hv$）为单位离散的变化，且单个光子不可再分。因此，窃听者不能通过分割通信光子来窃取信息，该特性为量子保密通信技术的安全性奠定了基础。事实上，除了能量表现出这种不连续的分离化性质，其他物理量诸如角动量、自旋、电荷等也都表现出这种不连续的量子化现象。这些与以牛顿力学为代表的经典物理有着根本的区别，量子化现象主要表现在微观物理世界。这也是量子力学在定义上与经典力学的差异。

量子力学与经典力学的另外一大显著区别在于测量的确定性。

经典力学中，所谓的绝对时空观即时间和空间是绝对客观存在的，物质的运动由时间和空间来确定。通俗地讲，可以认为世界的运行是确定的、可以预测的，一个物体不可能同时处于两种互相矛盾的状态。也就是说，在经典世界中，在某一时刻，我们只可能处在一个确定的地方，不是"这里"，就是"那里"（见图9-2）。

图9-2　经典世界里的物体位置表述

量子力学的一个重要特点就是不确定性。量子力学指出，世界的运行并不确定，是所有可能出现状态的叠加状态，我们最多只能预测各种结果出现的概率，一个物体可以同时处于两个相互矛盾的状态中。以薛定谔的猫为例（见图 9-3），假设在一个盒子里有一只猫以及少量放射性物质。有 50% 的概率放射性物质将会衰变并释放出毒气杀死这只猫，另有 50% 的概率放射性物质不会衰变而猫将活下来。因此，在不打开盒子时，猫将处在死和活的叠加状态。当人们打开盒子观察的一瞬间，猫就处在了或死或活的确定状态。在物理世界中，了解物质所处状态的手段叫作"测量"。量子世界中测量是不可逆的，对量子态产生了干扰，使其失去概率特性（不确定性）而确定地处于所有可能性中的一种（见图 9-4）。

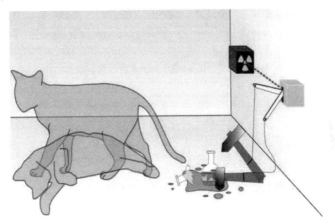

图 9-3 薛定谔的猫

另外值得一提的是，量子力学中还有一个最古怪的性质是"量子纠缠"。科学家们至今对该性质的内在机理仍是百思不得其解。依据该性质，相隔甚远的一对量子的状态，其行为也相互关联。以电子为例，如果采用特殊方式，将两个电子"纠缠"起来，那么这两个电子无论被分开多远，即便两者远隔天涯，都能保持彼此的相互联系，"感受"到对方自旋状态的变化情况，就好像彼此间有超距离的"心灵感应"一样。

量子世界中，在某一个确定的时刻，我们可以同时处于
"这里""那里"和"那里"……所有可能的地方

图9-4　量子世界物体位置表述

量子纠缠可以预测相隔甚远的电子对的状态，即便它们一个在地球，一个在月球，没有传输线相连（见图9-5）。如果你在某个时刻观测到其中一个电子在顺时针旋转，那么同一时刻必定有另一个在逆时针旋转。换句话说，如果你对其中一个粒子进行观测，那么你不只是影响了它，你的观测也同时影响了它所"纠缠"的伙伴，而且这与两个粒子间的距离无关。两个粒子的这种怪异的远距离连接，爱因斯坦称为"鬼魅般的超距作用"。

（三）量子技术的应用现状

近年来，量子技术为信息产业的飞跃式发展提供了新机会：一是量子力学理论的不断成熟完善；二是持续的技术创新推动了器件的小型化——器件的尺度不断向纳米量级迈进，可能会产生某些量子效应，这正好是量子力学出现后才可以理解和解决的问题；三是计算机技术的迅

一旦结拜兄弟之后，

这两个电子，无论被分开多远，都似乎都能"感受"到对方的自旋状态了。。。

图 9 – 5 两个电子"纠缠"状态

猛发展——随着集成电路芯片的体积缩小和集成度的提高，计算机的能耗对芯片的影响非常大，而依据量子力学规律工作的计算机可以克服能耗这一困难。

量子技术目前的主要研究方向有四个，分别为量子通信、量子计算、量子存储和量子测量与导航。其中，量子通信和量子计算最具产业化优势，有可能引领新一轮金融科技革命和金融产业变更。在量子通信技术中，量子密钥分发最具实用化前景，近年来呈现加速发展趋势；在量子计算技术中，则需要从量子比特、量子计算机和量子算法三个方面加以说明。

1. 量子通信。

量子通信的基本思想发端于 20 世纪 80 年代。量子通信以量子态为信息载体，利用量子力学的基本原理进行信息编码与传输。与经典通信不同的是，量子通信的安全性建立在物理原理上而非依赖于计算复杂度，在理论上可以证明是一种绝对安全的保密通信方法。1984 年，美国 IBM 公司的科学家查尔斯·本内特（Charles Bennett）等人提出了首个量子密钥分发协议——BB84 协议，使量子通信的研究开始从理论走向了现实。2005 年，美国学者 LoHK 等人提出了多强度诱骗态调制方案，解决了量子密钥分发系统中的弱相干光源多光子的安全漏洞，进一步推动了量子通信的实际运用。根据量子通信的任务性质，可以将量子通信划分为量子密钥分发、量子直接通信、量子隐形传态等诸多模式，量子密钥分发是目前最先进入商用阶段的模式，它是基于量子力学不确定性特质而设计的，并已在金融行业取得初步应用。BB84 协议是量子密钥分发的一个代表性协议，其通信原理如图 9－6 所示。从图 9－6 中可以看出，先实现通信双方之间的量子密钥共享，再通过经典信道，同时使用与信息等长的密码进行逐比特的加、解密，理论上可实现绝对安全的通信过程。但由于理想的单光子源和单光子探测器在现实中难以实现，在工程应用中还是不能将其视作绝对安全，但相比传统加密通信方式，仍然大幅提升了其安全性。

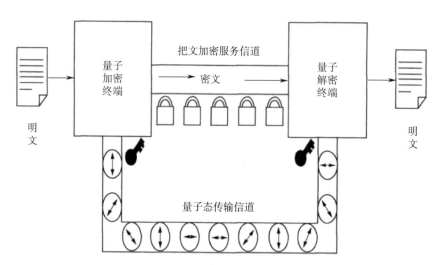

图 9－6　量子通信系统原理

除了目前已基本实现的"点对点"的量子通信外，利用服务器来完成制备和测量等操作的量子通信网络方案，也逐渐成为研究焦点。按节点功能分类，量子网络方案主要有以下三种：基于光学器件的量子密钥分发网络、基于信任中继的量子密钥分发网络和基于量子中继器的量子网络。前两类主要采用 BB84 协议及其诱骗态改进方案来进行量子密钥分发，配合经典信道来实现保密通信，技术相对成熟；基于量子中继的量子网络主要基于量子纠缠原理和量子隐形传态原理，利用量子纠缠的非定域性，实现量子态的远程转移，从而完成量子通信过程。该方案目前仍处于理论实验阶段，许多关键技术仍有待突破。

随着量子密钥分发技术的逐步成熟，世界各国试点应用呈快速发展趋势。2003 年，美国国防部高级研究计划局（DARPA）资助哈佛大学建立了世界首个量子密钥分发保密通信网络。此后，维也纳 SECO-QC、瑞士量子、东京 QKD 等多个量子通信实验网络相继建成，演示和验证了城域组网、量子电话、基础设备保密通信等应用。2013 年，美国知名研究机构 Battelle 公布了环美量子通信骨干网络项目，计划采用瑞士 IDQ 公司设备，基于分段量子密钥分发结合安全可信节点密码中继的组网方式，为谷歌、微软等互联网巨头的数据中心提供具备量子安全性的通信保障服务。中国科学技术大学 2007 年在北京实现了我国首个光纤量子电话，之后相继在北京、济南、芜湖和合肥等地建立了多个城域量子通信示范网、金融信息量子通信技术验证专线以及关键部门间的量子通信热线。2013 年 7 月，连接北京至上海，贯穿济南和合肥，全长 2000 多公里的量子通信网络——"京沪干线"项目由发改委批复专项，计划基于安全授信节点密码中继方式构建国际首个长距离光纤量子通信骨干线路。经过 3 年多的建设，于 2017 年 9 月 29 日正式开通运营。2016 年，由中国科学院牵头战略先导专项"量子科学实验卫星"计划顺利实施，并成功发射了全球首个量子通信卫星"墨子号"。

2. 量子计算。

利用量子不确定性和量子纠缠特性进行计算的方式被称为量子计算。量子计算的思想最早由费曼（Feynman）在 20 世纪 80 年代提出，多伊奇

（Deutsch）定义和研究了量子图灵机和量子电路模型，并于 1992 年，与约扎（Jozsa）一起共同提出了最早的量子算法 Deutsch – Jozsa 算法。1993 年伯恩斯坦（Bernstein）和瓦齐拉尼（Vazirani）开始考虑量子图灵机的计算复杂性问题。1994 年，彼得·舒尔（Peter Shor）提出了量子分解算法 Shor 算法，这也是迄今量子计算领域最著名的算法，后文还将进一步介绍。据不完全统计，当前已提出的量子算法已有 60 个，并且还在持续更新之中。姚期智证明了量子电路模型与量子图灵机在计算复杂性上等价，从而完成了量子计算机的理论奠基。量子比特不但可以表示 0 或者 1，而且可以同时有 0 和 1 的成分，形成所谓的"叠加态"。通常在处理量子比特时可以同时对 0 和 1 进行操作，这种操作具有内在的并行特性，可以加快运算的速度。n 个量子比特可以同时保存的状态个数为 2^n，这种指数型增长的规律正是量子计算威力的来源。另外，多个量子比特之间的量子纠缠是量子系统的重要特性，也是一种十分重要的计算资源。一些经典方式无法实现的效果，如隐形传态，可以利用量子纠缠来实现。与经典数字计算机架构类似，量子比特也存在相应的量子逻辑门来实现计算功能。量子芯片上如果能制备出所需的量子比特以及与之对应的量子逻辑门，就可以制备成通用型量子计算机。这种量子计算机通过控制量子比特依次通过不同的量子逻辑门来达到编程的目的，通过组合不同的量子逻辑门可以实现各种量子算法。但是由于量子比特十分脆弱，很容易失去叠加和纠缠特性，尤其是当处理多个量子比特的情形。目前公开报道的量子计算机的处理能力上限只能达到 50 个量子比特，超过这个极限后，量子计算系统将无法维持量子的叠加态或者对量子进行操作。这种规模的量子计算机更倾向于技术展示，难以满足实际运算要求。与通用型量子计算机不同，总部位于加拿大的 D – Wave 系统公司制造了一种可以运行量子退火算法的专用型量子计算机。该量子计算机只能专门解决一类特殊的最优化求解问题，目前还无法引入到与密码计算相关的领域中（见表 9 – 1）。

表 9 - 1 　　　　　　　　　IBM 和 D - Wave 量子计算机对比

		IBM	D - Wave
相同点		1. 基于超导环路量子比特 2. 对硅芯片制造工艺进行改造制成特制芯片 3. 正常工作需要低温、低磁场、真空等环境	
不同点	组成和工作方式	量子比特通过量子逻辑门进行操作	量子比特形成二维结构，量子比特之间的作用强度参数可调
	编程方式	通过控制量子逻辑门的操作顺序进行灵活编程	通过设定参数，经过绝热演化得到特定问题的解
	目前具有量子比特数目	5 个	最新产品为 2 048 个
	扩展难度	高	较低
	是否商用	否	是

二、量子技术发展对监管科技产业的影响

量子技术作为基础理论技术，虽然较难在金融科技和金融监管领域直接产生应用成果，但考虑它在信息安全和信息计算等领域可能带来潜在变革，进而对云计算、物联网、区块链和人工智能等应用技术的实施模式产生重大冲击，因此，无论是金融科技还是监管科技方面的产业应用，仍需要在初期阶段重视并跟进量子技术的发展，及时思考和应对相关产业可能受到的影响。

（一）量子技术对重构监管科技应用于信息安全体系的潜在影响

聚焦于信息安全，量子计算和量子通信是量子技术革命带来的一对强有力的矛与盾。

量子计算的强大计算能力不同程度地降低了基于现有对称加密、非对称加密和摘要算法的保密通信方案和签名认证体系的可信度（见表 9 - 2）。例如，前文已提到的 Shor 算法，可以运用于通用量子计算机上，实现多项式时间内对大整数分解其素数因子，如果量子计算机能够达到完全精确地操作 4 000 个量子比特（即所谓的逻辑量子比特）的能力时，现有 RSA 加密机制可以快速地被破解。Shor 算法同样适用于对基

于离散对数问题 DSA 等加密机制的多项式快速破解。此外，普罗斯（Proos）和扎卡（Zalka）也提出来适用于椭圆曲线离散对数问题的快速破解算法。虽然在对称和摘要算法破解方面，量子计算尚未明显地表现出破解优势，但基于量子 Grover 的算法，仍能够通过实现平方加速的技术效果来辅助提升穷举攻击效率。

表 9 - 2　　　　　　　　　　量子技术对现有密码算法的影响

密码算法	类型	用途	大规模通用型量子计算机的影响
AES，SM4	对称算法	加密	需要更长的密钥
SHA - 2，SHA - 3，SM3	杂凑算法	计算信息摘要	需要更长的摘要输出
RSA，DSA，ECDSA，ECDH，SM2	非对称算法	签名，密钥协商	遭受直接攻击；需要更换为后量子密码算法

现阶段虽然量子计算时代的到来还没有明确的时间表，量子芯片的研发也尚未最终突破。截至 2012 年，实验室环境中可以用 Shor 算法分解的最大整数只能到 21，且目前的技术水平还无法精确操作量子比特。实际上，起码需要有数百万个物理量子比特处理能力的量子计算机，才有可能真正威胁到目前的加密体系，因此各类密码算法当前是安全的。但是，未来量子对加密体系仍然存在威胁。例如，根据量子摩尔定律以及其他数据估算，量子计算机权威米歇米·莫斯卡（Michele Mosca）认为，能够破解 2 048 位长 RSA 算法的量子计算机在 2031 年出现的概率为50%。一旦进入量子计算时代，区块链技术所依赖的基于非对称加密算法的权属证明机制将需要彻底重构，基于摘要算法的工作量证明共识机制原有的 51% 攻击风险也需要重新被评估，物联网通信的安全性有加强的可能性。因此，监管科技产业界应该未雨绸缪，提前考虑如何完善上列技术实施架构以抵抗量子计算。

》》 量子计算机最新研究进展

2018 年 3 月，谷歌宣布推出一款 72 个量子比特的量子处理器 Bristlecone，该处理器的构造方法是将此前谷歌 9 个量子比特的设计方案，按照一定的规则扩展出了 72 个比特的量子芯片。谷歌的目的是实现量子霸权，即设计一个量子计算机，就能解决一个世界上最强大的经典计算机无法解决的问题——模拟波色取样。能实现这个目的量子计算机必须满足两个条件：一是量子比特的数目必须达到 49 个；二是量子处理器的处理误差率不能高于一定的阈值。这里，量子处理器的处理误差率包括单量子比特门误差率、双量子比特门误差率，以及读出误差率。目前，单量子比特门误差率和读出误差率都已经降低到阈值以下，难点在于双量子比特门误差率。理论研究表明，在达到 49 个量子比特的前提下，如果双量子比特门误差率低于 0.5%，那么量子霸权即可实现。此前谷歌 9 个量子比特的设计方案中，读出误差率为 1%、单量子比特门误差率为 0.1%，双量子比特门误差率为 0.6%，将近达到量子霸权所需的操作精度。谷歌计划在接下来的时间里测试和优化 Bristlecone，使其处理误差率尤其是双量子比特门误差率降到阈值以下，从而实现量子霸权。Bristlecone 也代表了量子计算机研究的最新高度，但是它距离破解 2 048 位长 RSA 算法所需的量子比特数，仍有较大差距，量子计算机研究之路还任重而道远。

从理论角度来看，量子技术可提供更为安全的信息加密传输技术方案和签名认证技术方案，更好地防御上述量子计算攻击的风险。最先走进产业化的量子密钥分发技术，就可以从加密传输方面证明其理论体系的安全性。对称加密体系与密钥交换体系相结合的方式，在无法超光速通信的假设前提下，量子密钥分发的安全性就可得到保障，而只要满足密钥随机产生、密钥不重复使用和密钥与明文长度一致这三个条件，传统对称加密通信方式也是绝对安全的。虽然密钥分发效率及系统稳定性等细节与理论安全性的要求有一定差距，但量子密钥分发在工程应用上，仍然能够为抵御现有通信密钥交换体制被破解赢得时间。

在签名认证方面，量子数字签名研究也不断取得进展。通过利用量子不可克隆、量子态坍缩和量子纠缠等物理学定理，量子数字签名不再依赖数学难解问题假设，具有可证明的信息论安全性。自 2001 年，加州大学伯克利分校和麻省理工学院学者提出了第一个量子签名协议以来，研究界不断改进量子数字签名的效率与成本。鉴于单向量子函数发展尚未成熟，自 2002 年起，以对称加密机制为基础的仲裁量子签名协议研究也逐步兴起并取得了较大突破。2012 年和 2014 年，光子多端口、线性光学以及光子检测器等技术先后被发明；2016 年，基于单光子量子比特状态和相位随机的弱相干状态理论被创立并提出了第一个不以量子信道不被窃听假设为前提的量子数字签名方案。总体看，量子数字签名在不远的将来有望走入商用。

在此背景下，监管科技产业界有必要密切跟踪量子加密传输和量子签名认证领域的技术进展，以进一步提升依赖云计算、区块链等技术部署的监管科技解决方案的安全性。2017 年 5 月，俄罗斯量子研究中心首次发布了量子区块链原型方案，并在俄罗斯最大的银行之一 Gazprom-Bank 成功地完成了技术测试，该方案利用量子通信技术规避现有区块链的安全漏洞，保证参与的每一方都能安全准确地对另一方进行身份认证。

（二）量子技术对于优化监管科技应用于信息计算模式的潜在影响

量子技术可能带来计算机计算存储架构的变更。量子计算的神奇之处在于，它可以真正做到并行计算与存储。例如，一个一位的经典存储器可以存储两个数字 0 或者 1，但在某一时刻这个数字要么是 0 要么是 1；而对于量子比特存储器来说，在同一时刻，它可以同时存储 0 和 1。基于量子计算的机器，由于体系结构发生了变化，在量子计算取得实质性突破后，可以预见，将为整个计算机科学领域带来一场变革。当前，量子技术已证明在人工智能特别是机器学习领域，可将发挥至关重要的算法优化作用。机器学习算法构建的核心资源是计算资源，受制于摩尔定律已接近极限，且经典计算机器件的热耗散问题不可避免，现有提升计算能力的方法只能通过增大计算设备体积容纳更多处理芯片来实现。量子技术通过运用相干叠加等特性，可以在保持无热耗散同时，进一步提升机器学习的能力和速度。同时，量子系统还具备能够更高效训练高复杂度、大规模机器学习模型的能力，这些模型是通过一般经典系统较难训练获得的，因此，利用量子技术可以更好地应对大数据的挑战。量子技术的这一潜在优势被称为量子加速。现阶段，量子机器学习领域已经建造出可以担当机器学习基石的量子算法，表现出了较高的量子加速效应。例如，几个量子基本线性代数程序——傅里叶变换，寻找特征向量和特征值，求解线性方程等，相比其对应经典算法展示出了指数量子加速，这种加速可转化为各种数据分析和机器学习算法的量子加速，包括线性代数，最小二乘拟合，梯度下降，牛顿法，主成分分析，线性、半定性和二次规划，拓扑分析和支持矢量机。同时，诸如量子退火器和可编程量子光学阵列等专用量子信息处理器与深度学习架构也匹配较好（见表9－3）。

表9－3　　　　　　运用于量子机器学习程序的量子加速技术

算法	加速程度	是否采用振幅放大技术	是否利用HHL算法#	是否采用量子绝热定理@	是否使用量子随机存取存储器
贝叶斯推断	$O(\sqrt{N})$	是	是	否	否
在线感知器	$O(\sqrt{N})$	是	否	否	可选
最小二乘拟合	$O(\log N)$ *	是	是	否	是
经典玻尔兹曼机	$O(\sqrt{N})$	是/否	可选/否	否/是	可选
量子玻尔兹曼机	$O(\log N)$ *	可选/否	否	否/是	是
量子主成分分析	$O(\log N)$ *	否	是	否	可选
量子支持向量机	$O(\log N)$ *	否	是	否	是
量子增强学习	$O(\sqrt{N})$	是	否	否	是

注：＊存在严格的附加条件，算法的实用性受到限制。

#HHL算法是许多量子机器学习算法基础，能够在多项式时间里解指数大小的方程组。

@是量子理论的重要概率，如果某种微扰足够缓慢地作用于一个物理体系，则该体系的瞬时本征态可被看作是恒定不变的。

总体来看，当克服了量子计算机硬件和软件方面现有的诸多挑战，使量子数据存储和量子算法运行成为现实后，现有的云计算部署、大数据存储以及机器学习算法执行都将发生重大转变，有可能将整体优化监管科技应用信息计算存储模式。

（三）量子技术对提升监管科技应用于信息获取精度的潜在影响

传感器技术是构建物联网的基石。当前量子技术应用于传感技术领域的研究不断取得新突破。量子传感器是利用量子信号对环境变化的极高敏感性，得到高灵敏度和测量精度的新型传感器。量子传感器可以观察到光子相位的微小变化，并通过量子态的调控高度压缩光场固有的散粒噪声，从而实现接近于海森堡测不准原理（物理学要求的测量极限）量级的观测。相比现有的传感器，量子传感器的优势在于，它能让传感器的敏感性、准确性和稳定性提升多个数量级。量子传感器技术在民用领域里的应用研究主要包括三类：量子光纤位移传感器应用于位移、温度、压力、辐射等高精度测量，量子光纤陀螺仪应用于角位移、加速度等高精度测量，无线量子定位应用于高精度、高抗干扰导航定位。有市场研究预测，至 2025 年，量子传感器市场规模将达到 3.29 亿美元。量子传感器将有助于提高物联网应用所需的敏感信号的准确性。物联网技术信息获取精度的提升，将帮助监管部门和金融机构收集更多的监管合规相关数据，有效地挖掘利用现有粗粒度数据未能识别到的新模式与新规律。

此外，利用量子干涉原理制备的原子钟，可以提供高度精准的时间标准，有助于提高某些金融应用场景中的计时精度，例如提升区块链金融应用中的时间戳精度等。2011 年的调研结果显示，最精确的量子钟误差已控制在每 37 亿年 1 秒，未来采用更新改进方式的原子钟又可能将发生 1 秒误差的时间延长到 370 亿年，比宇宙年龄的两倍还要大。2016 年，英国政府科学办公室发布的《量子时代：技术机会》研究报告指出，在金融市场，时间信号是同步交易和产生交易记录的关键。基于量子技术的计时可以满足金融市场同步的要求。为了应对交易更高实时性的监管要求，原子钟技术在监管科技领域的作用将逐步显现。

》》　量子技术在监管科技领域内的应用实例

　　现行欧盟股票交易时间戳条例要求所有交易场所及市场参与者将其时钟调整至与 UTC（协调世界时）一致，交易时间戳也要精准到毫秒。而预计于 2018 年 1 月 3 日生效的新监管条例（MiFID Ⅱ）则要求时间戳更加精确（微秒级）、可追溯以及透明，从而更好地保护消费者利益。2017 年，斯特拉斯克莱德大学、英国国家物理实验室、多伦多证券交易所以及英国咨询公司 Z/Yen 共同发起了 Atomic Ledger 项目，基于纳秒级原子钟时间戳，在区块链上记录股票交易，并且完全透明。在多伦多证交所测试结果中，该技术成功地对 200 万笔交易进行了记录，并标记了时间戳，是量子技术与区块链技术结合后，在监管科技领域里的一次成功应用展示。

第三篇　应用篇

第十章　监管科技应用分类

随着金融监管要求的日趋严格和复杂，监管合规的执行难度和执行成本日益增大。近年来各国产业界对监管科技领域投资机会的关注度越来越高，各类监管科技公司也如雨后春笋般纷纷创立崛起。我国的监管科技产业虽仍处于发展初期，但初创公司、金融机构、互联网金融机构乃至监管机构，已经开始各显神通，纷纷探索监管科技的应用，或提供通用型专业监管及合规技术服务，或提升自身合规内控技术水平，或开始创新监管统计监测模式，监管科技的应用价值正在逐渐展现。

在本篇中，我们将带领大家鸟瞰全球监管科技应用发展现状，并逐一领略国内监管科技产业的一些代表性应用案例。

但凡谈及金融领域应用，首先需要厘清的一个问题就是如何对其进行分类。例如，在谈到互联网金融应用时，我国金融监管机构将其分为互联网支付、网络借贷、股权众筹融资、互联网基金销售、互联网保险、互联网信托和互联网消费金融等若干主要业务应用类别；在谈到金融科技应用分类时，巴塞尔银行监管委员会将其主要分为支付结算、存贷款与资本筹集、投资管理、市场支撑服务四大类（见表 10 - 1）。

确定分类将有助于监管机构有的放矢地加强对金融业务的分类指导，科学合理界定各业态的业务边界及准入条件，落实监管责任。这一准则对于监管科技也不例外。正如本书第二篇所言，监管科技不是用来完全取代现有非科技监管实施方式的万能灵丹妙药，未来监管科技产业仍然需要有高水平的监管机构实施监管，因此，在介绍监管科技案例之前，我们对监管科技应用进行分类。

表 10 - 1　　　　　　　　　　　金融科技应用分类

	存贷款与资金筹集类	支付、清算、结算类		投资管理类
	众筹	零售业务	批发业务	高频交易
	网上借贷平台	手机钱包	支付网络（如 SWIFT、RTGS 等）	复制交易（也译作跟随交易）
	手机银行	点对点转账	外汇批发	电子交易
	信用评级	数字货币	电子交易平台	智能投顾
市场支撑服务（支撑表格上方的创新业务）	门户汇聚（统一入口）和数据集中			
	生态系统（基础设施、开源、API）			
	数据应用（大数据分析、机器学习、建模预测）			
	分布式账本（区块链、智能合约）			
	安全技术（客户身份识别与认证）			
	云计算			
	移动互联网、物联网技术			
	人工智能（机器人、智能金融、算法）			

综合国内外现有研究成果，我们先抛出自己的观点，后续将主要从客户身份识别、数据采集与监管报告、交易监测、风险预测与分析、机构内控及合规管理五个场景分别介绍并分析国内外较为典型的监管科技行业的案例。为什么要这么分呢？来看看我们的调研情况。

一、国际上对监管科技应用的分类

目前对监管科技应用分类最权威的表述来自国际金融协会（IIF）发布的《金融服务中的监管科技：关于合规报告技术解决方案》研究报告，在报告中列出监管科技的七大类应用领域（见表 10 - 2）。

表 10 - 2　　　　　　　IIF 所列监管科技七大类应用领域

应用领域	具体描述
风险数据汇总	汇总和收集金融机构高质量的结构化数据
建模、分析和预测	压力测试和风险管理对建模、分析和预测的要求越来越复杂，在计算能力和劳动力以及智力能力方面都有很高要求
交易监测	支付系统间的不兼容性是支付交易实时监测的瓶颈，而对复杂业务数据的自动识别将可以应用在恐怖主义融资、反洗钱等领域

续表

应用领域	具体描述
客户身份识别	通过运用自动识别解决方案（如指纹、虹膜扫描、区块链等），可高效地达成了解客户的合规要求
机构内部文化和行为监控	通过自动分析传达个人行为的定性信息，如电子邮件和口头语，确定其是否遵守服务流程
金融市场自动交易	金融市场的交易要求参与者进行一系列的监管任务，比如利润率的计算、交易地点的选择、中央对手方的选择以及评估交易对其机构风险的影响。这些任务的自动化将提高交易的速度和效率
自动解释监管规定	自动解释监管规定的含义，并将不同的合规义务分配给金融机构中对应负责部门

而根据风险投资基金 Summer Capital 创始人简·马丁·穆尔德（Jan - Maarten Mulder）的分类方法，监管科技应用主要分为十大类别（见表 10 - 3）。

表 10 - 3　　　　穆尔德所列监管科技应用分类

应用场景	具体描述
市场监管	通过自动化工具监控市场参与机构，识别内幕交易和价格操控等违规行为
监管报告	开发数据聚合工具，从不同数据源汇集形成完整数据集，并根据监管机构要求的最新报告格式，生成监管报告
压力测试	建立场景和压力测试平台来管理风险和/或计算资本要求
反欺诈	与 KYC 相关的，包括防范外部和内部欺诈的解决方案
控制自动化	自动解释和应用监管规则以实现内控管理
网络安全	保障网络安全，防范数据泄露
风险管理	引入工具帮助金融机构做好前中后台风险管理
客户尽职调查	组合来自多个来源的数据，并部署强大的分析工具来完成绝大部分常规性商业尽职调查/了解客户工作
智能内控	整合和监控各种通信渠道，建立可审计的通信工具
其他	合规培训、内部审计等
非金融监管科技	可满足非金融市场中的监管需求

值得一提的是，穆尔德在提出监管科技应用分类的同时，还于 2016
年 11 月做了一份较为详细的监管科技应用分类统计分布全景视图。从统
计中可以看出，当前国际监管科技服务提供公司的主营业务分布较集中，
近半数监管科技应用服务专注于客户尽职调查和监管报告领域，有超过
三成的监管科技应用则分布在市场监控和风险管理领域，其他如压力测
试和智能内控等领域的成熟应用较少（见图 10 - 1）。

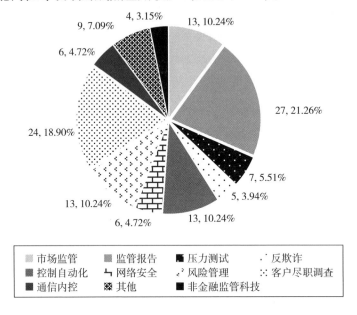

图 10 - 1　JMMulder 所列监管科技应用分类统计

2017 年 5 月，德勤（Deloitte）公司也发布了 *RegTech Universe* 的研究
报告，整理了全球主要监管科技公司的服务情况并将监管科技应用分为
五大类（见表 10 - 4）。

表 10 - 4　　　　　　　　　德勤公司监管科技应用分类

应用场景	具体描述
监管报告	基于大数据分析等技术，实现自动数据分发和监管报告生成
风险管理	检测合规和监管风险，评估风险和预测潜在的威胁
身份管理控制	优化客户的尽职调查程序，强化反洗钱和反欺诈筛查检测
合规	实时检测和跟踪合规情况及监管规定变化
交易监控	实时交易监测和审计

截至 2017 年 7 月 13 日，德勤公司已统计了全球 153 家监管科技公司的发展情况，显示出监管科技应用当前在各个应用分类中的分布情况（见图 10 - 2）。

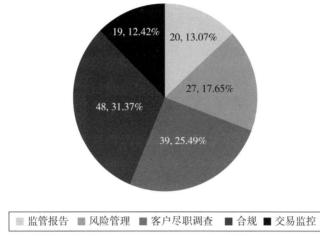

图 10 - 2　德勤公司所列监管科技应用分类统计

二、国内学者对监管科技应用分类

与国际上起步较早的国家比，我国的监管科技产业虽发展较为滞后，但仍然有大量机构及学者对监管科技应用场景分类开展了系统性研究。比如，海通证券金融科技研究团队将监管科技应用场景分为五类（见表 10 - 5）。

表 10 - 5　　　　　　　　　　　海通证券监管科技分类

应用场景	具体描述
监管报表	强化机构对监管法规的理解能力和应变能力，更好地实现对监管制度的执行和落实
风险管理	提供更为智能化、自动化的数据收集、整理及分析，降低数据库成本，助力风险管理
身份识别	相当于 IIF 报告中客户身份识别应用领域
合规	相当于 IIF 报告中机构内部文化和行为监控应用领域
交易监控	相当于 IIF 报告中交易监测和金融市场自动交易应用领域的合集

财经评论员曹硕提出监管机构应做好以下三方面与监管科技应用场景相关的工作：一是与监管科技公司就数据管理规定的数字化解读等方面进行合作；二是在数据类型定义和自动化报告方面为金融机构信息披露提供便利；三是加强洗钱或者内幕交易等违法违规行为监控的技术手段和制度创新。

中国人民银行陈广山指出，通过人工智能、云计算等技术应用、监管科技在四个场景具有潜在的巨大需求：一是监管报表，即利用监管科技将监管部门的技术系统直连每个金融机构的后台系统，实时获取数据，再利用大数据分析、人工智能等技术手段完成监管报告、建模与合规审查等工作；二是风险管理，即利用监管科技提供更为智能化、自动化的数据收集、整理及分析解决方案，从而降低管理成本，提高风险管理水平；三是身份识别，即利用生物识别技术，如指纹识别、虹膜识别、声音识别等技术，在开展客户审查和尽调管理方面发挥效用；四是自动化监测，即利用监管科技提供的智能化、自动化检测解决方案，进一步提高可疑交易监测分析的有效性，发现更多的犯罪线索，从而有效地打击各种犯罪活动。

中国邮政集团公司蔺鹏等人进一步从监管机构和金融机构两方面分析监管科技的作用。对监管机构而言，其应用价值在于可实现准确识别和快速处置风险、穿透识别；对金融机构而言，其应用价值在于可实现监管缺口分析、客户分析、交易报告、监管报告、合规自测自查等。据此，蔺鹏将监管科技应用分为以下几类：一是基于人工智能的数据识别与分析技术的应用，比如风险管理、压力测试、监管规则和合规准则的标准化解读以及客户分析都属于这一类；二是基于加密和安全技术的数据存储与流通技术的应用，金融机构之间以及监管机构和被监管机构之间可更高效、便捷、快速地进行数据流通和共享；三是基于区块链技术的数据记录与管理技术的应用；四是基于云计算的数据处理与共享技术的应用。总体上看，蔺鹏等人对监管科技应用分类主要还是从技术视角来进行切分的。

中国人民银行益言则归纳性总结了监管科技的五种运用技术，认为其在风险预测、反欺诈、反洗钱和反恐融资、交易监测、客户身份识别、监管报告和检查、数据采集共享等方面有重要作用，这事实上也是采用了与 IIF 相似的观点对监管科技提出了应用分类的方案。

中国人民银行金融研究所所长孙国峰指出，监管科技已在多个领域得到应用，如数据聚合、风险建模、情景分析、身份验证和实时监控等；监管科技公司通过对海量的公开和私有数据进行过自动化分析，可帮助金融机构核查其是否遵守反洗钱等监管制度要求。总体上看，风险管理、客户身份管理和机构合规管理等属于监管科技的重要应用分类。

三、监管科技应用分类辨析

从国内外不同学者和机构对于监管科技应用分类研究情况看，虽然不同分类方式表述各有差异，但主要类别的划分仍然具有较高相似性。

例如，从国际分类方法看，穆尔德提出的反欺诈和了解客户分类，相当于 IIF 提出的客户身份识别分类。他提出的通信监控分类则可看作 IIF 提出的机构内部文化和行为监控分类的一个子集，而他提出的建模、分析和预测分类，又与 IIF 提出的风险管理分类存在较大重合。

而从国内分类方法看，监管科技的运用场景主要分为客户身份识别、数据采集共享、监管分析报告、实时交易监测、风险管理、合规咨询/监管合规等类别。其中，合规咨询、监管合规场景属于机构内控及合规管理场景的重要组成。

在对现有文献归纳总结基础上，我们认为不宜将监管科技应用的分类拆解得过于琐碎，仅从客户身份识别、数据采集与监管报告、交易监测、风险预测与分析、机构内控及合规管理五个应用分类场景介绍并分析国内较为典型的监管科技行业的案例，主要考虑的原因是：

首先，本书的讨论范围限于金融监管科技，而对于更广义的监管科技产业范畴中，非金融监管科技相关的应用，本书并未涉及，因此与之相关的分类可以被剔除。

其次，我国的监管科技业态当前其实尚未形成。以前述德勤公司对全球 153 家监管科技公司的统计情况为例，德勤公司并没有收录一家国内的监管科技公司。与国际上当前有众多技术提供商审时度势，专门研究并向监管机构和被监管机构提供通用的、针对某类监管合规应用场景监管科技应用解决方案的产业现状存在较明显差异的是，国内主要还是由监管机构或被监管机构自主发力，根据自身监管合规特定需求，开发为己所用的监管科技应用方案。因此，对于某个特定机构，其在监管科技应用方面取得的成果有时候很难单独归类为特定业务类别的应用方案，而仅能根据案例呈现的最主要功能，将其归类为某一类监管科技案例。因此，将应用分类拆解得过于琐碎，其实也毫无必要。

基于上述理由，我们对穆尔德的分类进行了删减和合并（见表 10 – 6）。

表 10 – 6　　　　　　　　　　监管科技应用分类对比

应用场景	具体描述
市场监管	交易监测
监管报告	数据采集与监管报告
压力测试	风险预测与分析
反欺诈	交易监测
控制自动化	机构内控及合规管理
网络安全	未提及
风险管理	风险预测与分析
客户尽职调查	客户尽职调查
智能内控	机构内控及合规管理
其他	机构内控及合规管理
非金融监管科技	未提及

（一）客户尽职调查

2004 年 10 月巴塞尔委员会颁布了《客户身份识别一体化风险管理》，KYC 成为金融监管的一个重要程序。随着国际反恐、反洗钱的深入，KYC 成为反洗钱这一业务场景的重要监管措施。反洗钱工作的核心是大额交易和可疑交易报告制度，为反洗钱监管部门提供有价值的洗钱线索，金融机构反洗钱三大法定义务之一的"客户身份识别"是反洗钱法律制度的强制性要求。我国在防范和打击洗钱犯罪中作出了诸多探索，2003年在中国人民银行内设反洗钱局，2004年成立中国反洗钱监测分析中心，建立反洗钱工作部际联席会议制度，2007年开始实施《中华人民共和国反洗钱法》。随着计算机技术和通信技术的发展，各类交易数据呈现爆发式增长，金融机构的反洗钱工作和监管机构反洗钱工作均面临瓶颈。一方面，金融机构缺乏有效手段核实客户身份信息，客户风险等级划分不合理，客户交易记录留存方面存在不足，交易监测及可疑交易报告工作有效性不高，误报率较难抑制，且预设规则易于被不法分子规避；另一方面，监管机构与被监管单位之间存在信息不对称，缺乏有效手段衡量被监管单位反洗钱工作的有效性，监管获取的信息未得到有效的整合利用。此态势下，洗钱犯罪逐步由传统金融体系向P2P等新兴金融领域蔓延，我国反洗钱工作的压力空前加大。

根据零壹智库在2017年发布的金融反欺诈技术应用报告调研情况，我国是全球身份欺诈最高发的地区，仅2015年下半年到2016年上半年，中国网民因垃圾信息、诈骗信息、个人信息泄露等遭受的经济损失人均达133元，总体经济损失高达915亿元。金融诈骗是洗钱犯罪的上游犯罪，涉及业务环节多、手段多样、隐蔽性强，呈现出移动化趋势。据测算，中国"网络黑产"从业人员已超过150万人，市场规模高达千亿元级别。一些不法分子利用伪基站发送钓鱼链接，利用木马、黑客技术或利用电信诈骗手段骗取、盗取用户线上渠道账户信息的情况层出不穷，致使近年来在金融机构等线上渠道发生大量非本人交易等欺诈情况，给金融机构和客户都造成了严重损失。

此外，与传统金融机构相比，互联网企业依赖应用场景，进行线上获客。互联网平台提供的产品投资门槛低、受众面广操作流程便捷，吸引了大量投资者。但由于缺少与投资者面对面交流的环节，容易忽视对投资者投资能力和风险偏好的评估，更有部分产品信息披露不规范、不透明，甚至刻意隐瞒或模糊表述产品风险，导致一些高风险产品出售给了风险承受能力较低的公众投资者，最终酿成风险事件。

金融环境变迁以及互联网技术的发展，对反洗钱、反欺诈和金融消费者适当性等方面提出了新的挑战。监管科技方案将有望辅助监管机构和金融机构更好满足其在 KYC 监管、合规方面的需求，有效提升反洗钱情报搜集和分析工作的效率。监管科技在 KYC 监管场景中综合运用了大数据、人工智能、区块链等技术，具有较强的适应性。比如，通过大数据进行自动化的风险筛查并为客户构建出精准的画像，可以减少基础业务的人工干预，大幅降低人工成本、运用人工智能提升拦截和分析可疑交易的能力与准确性；通过区块链共享消费者适当性信息，可以为反洗钱、反欺诈、客户投资适当性等方面的 KYC 监管提供极大便利。

（二）数据采集与监管报告

目前，在金融业信息利用方面普遍存在着三方面问题。一是数据缺乏行业共享，存在"信息孤岛"问题。例如，信贷机构、消费金融公司等持牌机构以及小贷、网贷和助贷机构等平台均拥有海量信用数据，出于商业机密保护和数据隐私保护等考虑，较难协同有效地发挥其应有的价值。二是数据采集困难，存在信息失真、信息滞后问题。例如，监管机构往往只能依赖金融机构低频率定期报送的数据来做统计分析，数据采集的及时性不强、覆盖面不广，数据的准确性也难有技术手段验证，造成统计分析的结论缺乏可信度。三是数据综合利用困难，存在利用成本高、效率低下问题。例如，金融机构为了应对多个监管机构提出的相似或关联度较高的监管需求，需要对同一类源数据进行重复加工以形成多份监管报告；而对于散落在多个应用系统中的数据，又较难综合利用，不能最大限度地挖掘数据潜力。

实践证明，大数据、云计算、区块链、人工智能、物联网等新技术在金融业数据采集与监管报告领域的运用，可以在有效保护数据隐私的基础上实现有限度、可管控的数据共享和验证，数据交易成本、组织协作成本也将大大降低。大数据、云计算技术将有助于提升数据存储及综合利用效率；人工智能技术使非结构化数据解析分析成为可能，而物联网技术则有助于进一步提升数据采集的广度；将信用数据作为区块链中的数字资产，可有效遏制数据共享中的造假问题，保障数据的真实性。创新的数据采集与监管报告手段，将成为完善监管机制、创新监管手段的重要信息化支撑，对于全面提高金融监管的时效性和针对性具有重要意义。

（三）交易监测

交易监测是一个复杂而棘手的问题。对于监管机构而言，我国金融机构内部各个业务系统以自建风控模块为主，导致风险数据汇聚碰撞效果弱，监管机构监测金融机构的合规情况成本高。同时，对于金融机构而言，脱离客户交易背景等客观因素，不能与客户其他外部信息相匹配，交易监测失误率较高。此外，不管是监管机构还是金融机构，其工作人员往往会在可疑资金交易报告监测思维上存在保守认识和惰性心理，这也影响了对可疑交易报告的进一步识别。在金融机构依托客户尽职调查手段甄别客户可疑资金交易的背景下，信息共享机制缺失还有可能导致异常资金交易分析线索掉线的现象。总体上看，从海量交易数据中发现大额和可疑交易线索，并依赖人工逐一甄别是否为欺诈或洗钱交易，属于高能耗低效益的工作，工作人员往往还会存在劳而无功的消极意识，这也势必影响可疑交易报告的处理态度。

目前在交易检测场景运用中，监管科技运用了大数据、人工智能、云计算、区块链等技术，其中大数据及人工智能技术运用范围更为广泛。由于数据库技术本身的限制，无法做到针对异常情况进行实时反馈。流式大数据处理技术的出现，提高了风控系统对海量数据和复杂算法下的处理效率，从而满足事中风控的要求。随着人工智能的崛起，机器学习技术根据丰富的数据和监控模型，对数据进行多重处理分析，建立实时反欺诈规则和模型，结合当前用户特征，可实时识别交易异常行为，大大降低了人工分析的工作量，在一定程度上避免了事后分析在干预方式所存在的效率低下、风险难挽救等不足，也有助于消除人的惰性心理和消极意识。基于新兴技术的监管模型具备一定在各类实时交易检测场景中泛化应用的技术可行性，应用前景较为广泛。

（四）风险预测与分析

一方面，金融风险主要包括金融市场风险、金融产品风险、金融机构风险等。一家金融机构发生的风险所带来的后果，往往超过对其自身的影响。金融风险一旦发生，小则有可能对某个金融机构的生存构成威胁，大则影响金融体系的稳健运行，导致社会经济秩序混乱。金融风险具有不确定性、隐蔽性、扩散性等特征。随着金融产品多元化发展，现有的风险管理体系正面临着诸多挑战。一是行业复杂性增加。在金融混业经营发展趋势下，金融领域各市场主体的融合程度加深，金融系统的复杂性增加，对金融机构的风险识别能力以及穿透式的风险管理水平都提出了更高的要求。二是行业风险水平整体提高。互联网、移动通信及智能终端技术的成熟及广泛应用，在提高金融服务的覆盖率与效率的同时，也降低了金融服务的门槛，加剧了行业风险。三是风险防控难度加大。金融服务不再局限于物理网点，需要智能的风控系统，将风险管理从线下转向线上。金融机构较过去的经营方式相比，风险暴露时间更长，受到黑客攻击的概率更高，风险损失也更高。

另一方面，现有的风险预警系统，特别是管理部门针对互联网金融业务的预警系统，在功能实现上通常存在一定不足。一是关键核心数据难以获取。目前，互联网公开信息及相关特定机构获取数据不能完全满足风险预警系统的需求，难以达到准确及时预警的效果。二是监测模型的有效性有待提高。由于金融业务类型复杂，没有合适的模型和方法无法进行风险预警和监测，而有效数据监测模型的建立需要一个长期复杂的研究优化过程。三是数据来源复杂，获取成本高，数据清洗难。从各个数据获取渠获取的数据，准确性较差，数据清洗成本高。四是模型维护工作量大。一成不变的监测模型对长期性市场行为判断会有较大偏差，需通过历史数据不断回测及市场需求及时调整监测模型，才能提升预测效果。

目前监管科技在风险预测与分析方面主要运用的技术有云计算、大数据、机器学习和区块链等。通过运用大数据和机器学习技术，可以分析出各主体之间的关系，将各个主体之间的关系清晰呈现，有助于帮助监管部门或金融机构及时发现或切断与高风险市场主体的业务往来或交易行为，实现风险隔离；通过运用人工智能、云计算与大数据等技术，可以不断更新风险计量模型的指标、参数，自动进行风险核查，提高风险计量与预测精度，有效改善风险低估、风险定价不合理的风险管理困境，达到以数据为驱动的实时风险监测理想局面；通过大数据、云计算技术与人工智能技术，可以增加现阶段金融风险压力测试的仿真程度，可改进过去只采用几个代表性指标进行模拟的问题，能更好地模拟真实情景，将过去被动的静态测试变为主动的动态连续测试，避免风险累积，实现风险可承受的目标。

（五）机构内控及合规管理

合规是金融机构的生命线，合规的成本和门槛不仅有助于优胜劣汰，还将进一步推进金融科技创新建设，不断为用户提供更加规范安全、高效便捷的金融服务。目前，机构内控及合规管理存在的主要问题包括：一是员工合规意识不到位；二是公司内控制度存在一些漏洞，导致出现风险事件；三是对监管制度理解不准确，对制度条款变化跟踪不及时，导致出现违规行为。

在金融监管强化的背景下，监管科技在机构内控和监管合规方面的探索将使金融机构在大浪淘沙中脱颖而出。目前，一些金融机构以分布式大数据计算架构为基础支撑，用业务建模沉淀业务数据，以智能化技术为驱动，形成大数据体系和平台，解决合规问题。

第十一章 全球监管科技应用概况

一、产业发展情况

当前，监管科技领域的创新机会，已引起了全球范围内的广泛关注，相关的投融资数量和规模正在屡创新高，监管科技服务企业数量也渐成星火燎原之势。

根据风险投资数据公司 CB Insights 发布的报告统计，从 2013 年至 2017 年第二季度，全球监管科技领域股权融资累计总额达到 49.6 亿美元，共涉及 585 次融资。仅 2017 年上半年，监管科技融资案例数达到 73 例，比 2016 年上半年增加 3 例，投资金额增加 54%（见图 11－1）。

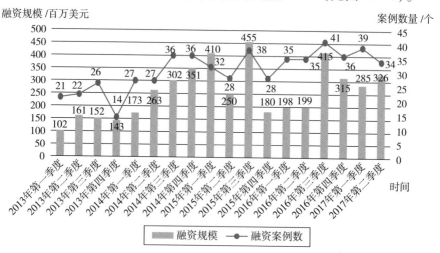

图 11－1 CB Insights 统计的全球监管科技应用融资情况

国际会计师事务所毕马威（KPMG）也发布了类似的统计数据：从 2010 年至 2017 年第二季度，全球监管科技领域股权融资累计总额达到

38.3 亿美元，共涉及 608 次融资；2017 年上半年，监管科技融资案例数达到 60 例，融资金额已达到 2016 年全年投资金额的 59.5%（见图 11-2）。

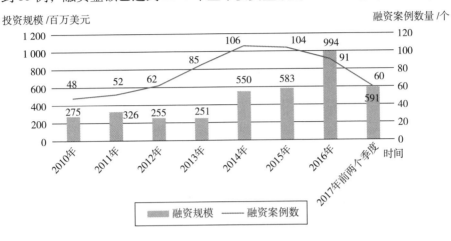

图 11-2　KPMG 统计的全球监管科技应用融资情况

尽管从不同渠道获得的统计数据存有差异，但我们还是可以大致看出，全球监管科技产业规模在近几年间一直处于稳步增长过程中，且投融资金额增长速度也在温和放大。总体上看，金融监管科技产业作为金融科技业态的新兴分支，当前发展形势良好。虽然与全球金融科技投融资相比，监管科技投融资总额还显得微不足道，但考虑到监管合规需求总是滞后于业务创新需求的实际情况，监管科技产业发展潜力仍不容小觑，未来前景值得期待。

≫　监管科技与金融科技投融资情况对比

根据 CB Insights 的统计数据看，2013 年至 2017 年，全球金融科技累计投融资规模为 565 亿美元，融资案例数累计达到 4 484 例；仅 2017 年内，金融科技投融资总金额就达到 166 亿美元，融资案例数为 1 128 例。根据爱分析咨询公司于 2016 年发布的统计数据，截至 2016 年，全球 1 362 家金融科技公司的总融资额为 258 亿美元。而零壹财经最新的统计数据显示，2017 年全球金融科技领域至少发生649 笔融资事件，同比增加8%；涉及资金总额约1 397 亿元人民币，同比增长19%。结合上述数据对比看，我们可以大致判定，监管科技产业规模目前尚不足金融科技的10%。

从监管科技投融资交易数量的国家分布看，根据 CB Insights 发布的统计结果，在 2013 年至 2017 年第三季度，美国监管科技公司达成的投融资交易数量占全球的74%，处于遥遥领先的地位；而英国则紧随其后，其监管科技公司投融资交易数量不到全球交易总数的10%（见图 11 - 3）。

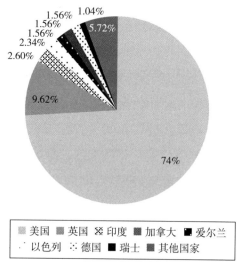

图11 - 3　监管科技投融资交易数量按国别统计

从监管科技创投公司数量的国家分布看，美国和英国扮演了举足轻重的角色。被德勤收录的 153 家监管科技公司中，英国42 家，美国41 家，两个国家的监管科技公司数量占据了半壁江山（见图 11 - 4）。

从上述 153 家监管科技公司的成立年代看，我们可以很明显地发现，监管科技相关的技术服务虽然早在 20 世纪就已经出现，但直到 2008 年国际金融危机爆发之后的一段时期，监管科技需求才得到广泛关注，相关产业也得以迅速发展起来（见图 11 - 5）。

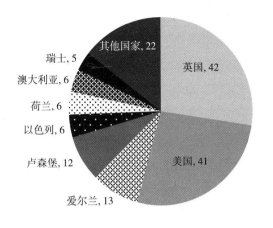

图 11 – 4 德勤统计的监管科技公司国别分布情况

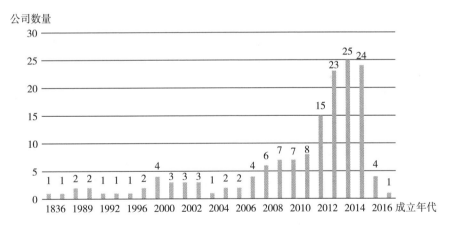

图 11 – 5 德勤统计的监管科技公司成立情况

从德勤列举的 153 家监管科技公司来看,当前监管科技公司在人员规模分布上有较明显的差异,虽然有大型传统金融机构涉足该领域,但当前主要还是中小型新兴创业公司在产业中发挥着行业引领作用(见图 11 – 6)。

从这 153 家监管科技公司的类型上看,当前在监管科技产业中,纯靠技术产品安身立命的监管科技公司数量,要多于传统的所谓技术咨询

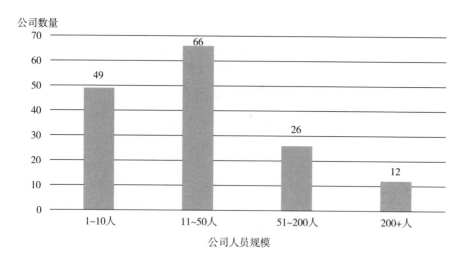

图11-6 德勤统计的监管科技公司人员规模

公司（见图11-7）。这也说明，在监管科技产业里，技术引领业务发展的格局已经初步形成，这些初创的监管科技公司，一方面为监管部门提供服务，辅助其更好地完成监管数据收集、分析和综合利用；另一方面为被监管金融机构提供服务，辅助其更好地完成监管制度落实和内控风险管理等工作。可以预见，全球监管科技应用产业将在监管者、被监管者和技术服务商三方协力推动下，步入一个更加美好的明天。

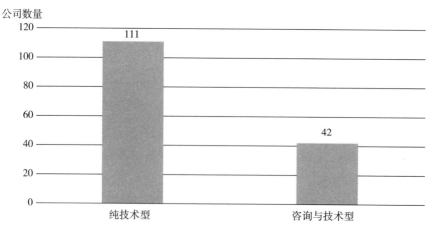

图11-7 德勤列举的监管科技公司类型

二、典型监管科技应用解决方案综述

（一）客户尽职调查

1. Trulioo 公司。

Trulioo 是一家提供在线身份认证和识别解决方案的客户身份识别服务商公司，2011 年成立于加拿大温哥华。公司服务遍布全球 60 多个国家，覆盖人群超过 40 亿人，拥有 200 多个独立数据源，除公共记录、信用报告和政府数据外，还包括社交网络、移动应用和电子商务平台上的行为数据。Trulioo 为金融机构提供 GlobalGateway 电子身份认证（electronic Identity Verification，eIDV）服务，帮助金融机构验证个人网络身份。当客户在互联网上填写完身份信息后，GlobalGateway 解决方案运用机器学习算法，判断客户身份信息是否真实，帮助金融机构落实反洗钱和客户身份识别等方面的监管合规要求，降低合规成本和操作风险。GlobalGateway 解决方案有 Normalized API 和 XML Direct 两种接入方式，前者为金融机构提供标准化的综合服务，后者可以依据金融机构的具体需求定制身份识别服务。

2. SecureKey 公司。

SecureKey 是一家专注于身份验证以及账户安全管理的技术服务商，它的新一代隐私保护服务可简化消费者对在线业务的访问流程，使消费者能够依靠银行、医疗服务、在线市场、通信公司和政府部门等受信任的供应商提供的信息方便地维护其身份信息，该服务允许消费者通过智能手机对在线的、离线的数据进行验证，从而获取特定网络节点的数字证书，并使用证书连接至敏感数据的在线服务，同时确保信息只在用户明确同意的前提下，才与他人共享。

SecureKey 与 IBM 致力于合作开发加拿大第一个应用区块链技术的数字信息认证系统，该系统内嵌在 IBM 基于 Linux 语言设计的开源区块链系统 Hperledger Fabric 上。不仅如此，惠普、英特尔及 Enstream 有限公司（位于加拿大，主要研究 NFC 近距离服务协议）以及加拿大的许多金融机构，如蒙特利尔银行（BMO）、加拿大商业银行（CIBC）、加拿大皇家银行（RBC）、丰业银行（Scotiabank）和加拿大国家银行（NBC）与SecureKey均有身份认证业务上的合作。

3. ComplyAdvantage公司。

ComplyAdvantage成立于2014年，是一家提供反洗钱和反恐怖融资监测服务的科技公司，通过将机器学习与行业知识相结合，可以帮助金融机构改进支付交易效率，其专利数据库中存有数以千计的政府法规、法则、条例等文件、美国财政部海外资产控制办公室（OFAC）、联合国（UN）、欧盟（EU）等国际机构提供的制裁名单和全球200多个国家中政治暴露人物（Politically Exposed Persons，PEPs）对应信息。公司利用机器学习根据风险等级、犯罪者年龄、犯罪类别信息，在风险专家指导下，监测PEPs的网络访问情况，分类分析新闻照片、社交媒体文章、网络链接、社交关系等负面媒体数据，处理量高达500万～800万媒体页面。

公司向金融机构以提供邮件或特定的API方式主动发送定制警告的服务，并根据金融机构特别工作组（Financial Action Task Force，FATF）的要求将风险分为4个等级，以确保信息对金融机构有用，而不向其推送不必要的邮件。平台的API还可实现双向互动，保证客户能根据自己的需求修改程序。

（二）数据采集与监管报告

1. AQ Metrics公司。

AQ Metrics于2012年在爱尔兰都柏林创立，是一家专注于金融监管合规领域的软件提供商。公司通过云计算平台为投资经理、资产管理机构和证券公司等客户提供数据管理、风险分析和检测、自动化报表和监管合规等服务。AQ Metrics提供风险登记表解决方案，以帮助客户更加系统地管理风险。风险登记表解决方案具体包括以下三个方面：第一，通过风险登记表记录风险分析的过程和风险应对的结果；第二，通过风险报表报告企业内设部门的风险和风险的集中点；第三，通过提供简单易懂的风险报告，将企业的风险管理和行为规范相匹配。

AQ Metrics 提供的（Markets in Financial Instruments Directive Ⅱ，MiFID Ⅱ）解决方案能帮助客户达到 MiFID Ⅱ 的监管要求。依据 MiFID Ⅱ，公司应尽可能实时向市场参与者发布合格金融工具（包括股票和非股票金融工具）的所有交易细节。对于某些金融工具来说，这意味着需要在交易后的 1 分钟之内发布报告，而现阶段欧盟市场上只有 10% 的金融机构能够达到这个标准。因此，AQ Metrics 的 MiFID Ⅱ 解决方案所提供的自动化报表服务，能够协助客户在报告精确度和资料收集时效性等方面符合监管要求。

2. Avalara 公司。

Avalara 致力于为用户提供快速、便捷、准确、符合税收规范的端到端税务解决方案。其 AvaTax 产品，提供基于云的服务，帮助用户将 AvaTax 与现有系统无缝集成，使一系列手工操作转为自动化服务。AvaTax 具有以下主要功能：

一是税务计算。AvaTax 为专业级用户提供了最新的税率及相关税务规则，同时也支持用户根据自己的需求进行定制。此外，AvaTax 还提供地址验证功能。由于税务规则与地址关系密切，为了得到准确的税务价格，AvaTax 将会在税务计算过程中验证地址是否正确，如果用户使用了错误的地址，AvaTax 将反馈相关错误信息。

二是 AvaTax 认证。当零售商在特定情况下对某些机构或个人提供免税政策时，AvaTax 可以提供相关认证服务，帮助用户管理免税认证信息。

三是报税与汇款。对企业而言，报税与汇款是一项开销很大的工作。AvaTax 所提供的自动化服务，能确保准确及时地完成报税与汇款，并在服务端保留相关记录，用户能很方便地审计或查询前几年的纳税信息。

3. Risk Focus。

创建于 2014 年的 Risk Focus 公司，总部位于纽约。该公司主要为经纪商、银行、结算所和对冲基金等提供云、交易报告和风险控制企业级解决方案。其风险控制业务可以细分为信贷管理、流动性管理、市场管理和保证金、抵押品管理等领域，采用组件式服务架构，帮助金融机构灵活全面地控制日常交易中的投资组合，在将数据传输到 Risk Focus 的云平台进行分析之后，还可实现数据的可视化，最终向金融机构清晰地展示运营状况。此外，Risk Focus 还提供交易监管报告的定制解决方案，基于监管法规要求，Risk Focus 通过智能控制手段，提供从前端到后端的交易全生命周期视图，以主动支持合规要求，提供的日内报告服务，可以有效地保证保送数据的完整性与准确性。

（三）交易监测

1. Rippleshot 公司。

Rippleshot 公司创立于 2012 年，其主营业务是运用机器和数据分析帮助银行和信用联盟实现更快速和更有效的欺诈检测。Rippleshot 拥有三种不同的反欺诈技术，可适应不同的客户与场景。通过分析用户与在线服务之间的交互行为数据，向客户提供反欺诈预警。Rippleshot 的技术可以实时监测数百万张银行卡的交易情况，通过多次访问监控设备和用户活动数据，在欺诈行为发生之前为客户提供预警。确定发生卡数据泄露的时间和地点，快速识别哪些卡最有可能发生欺诈活动，并提出有效的解决措施，尽可能减少损失。

2. SOCURE。

创立于 2012 年的 SOCURE 公司，总部位于纽约。该公司提供的客户身份识别一体化分析平台，将机器学习与人工智能算法和线上社交信息与线下数据相结合，可以向银行业、借贷行业与电子商务公司提供准确、健壮的 KYC 服务、身份认证和欺诈风险预测解决方案。SOCURE 通过分析调查客户的邮件、电话、地址等数据，将这些已知信息与公司的"ID + 系统"中已有的大量护照、驾驶证信息进行比对，验证客户姓名、联系方式、出生年月、社会保障号、IP 信息等有效，混合客户的线上、线下信息后，判断该客户信息的可得性、相关度，对客户的风险系数作出综合评估。不仅如此，SOCURE 还能根据不同国家地区的监管规则为公司制定不同的监视名单，以防止客户洗钱现象的发生。

SOCURE 平台目前已更新到 3.0 版本，它包括一个单一的 API 来处理平台录入信息与客户实际信息间的身份验证比较。SOCURE 适应了年轻人利用数字渠道进行沟通、财务、购物的趋势，避免了烦琐的身份验证，并实现了 SOC2（Service Organization Control，服务组织控制）合规验证。官方数据称，运用 SOCURE 所提供的服务，将能降低 80% 的客户欺诈损失，减少 90% 的人工调查工作。

（四）风险预测与分析

1. Promontory。

Promontory 成立于 2001 年，总部位于华盛顿，是一家提供合规咨询服务和风险分析与监测服务的金融科技公司，2016 年 9 月 29 日被 IBM 公司收购。基于 IBM 公司人工智能与认知计算平台 Watson 和 Promontory 在金融监管方面的专业知识及合规数据储备，开发了 Watson 金融服务系列产品，帮助银行更便捷地满足日渐增多且频繁变化的监管要求，比如建设反洗钱监测系统、客户投诉数据库或者进行压力测试等。

IBM 公司首先关注的领域是交易，2017 年 7 月 IBM 与 6 家银行和 3 家交易所共同启动了试点项目，通过将大量可能的违规手法被输入 Watson，让其可以对交易模式和各种交流内容（从公开信息到社交媒体）进行分析，进而帮助完成合规风险监测服务，甚至可以帮助应对更广泛的行为风险，如销售惯例、客户适用性和信托责任。该解决方案超越了传统的基于规则和专业术语的方法，能够识别与不当行为相关的各种活动和行为，提升洞察力。

IBM 关注的另一个领域是明确监管规则，是将所有规则按管辖权、部门划分、产品等进行分类，然后进一步分离出规则和指引。按照报告的工作进度，Watson 每周可以吸纳有十几条规则，随着系统的发展，这一进程有望加快。IBM 的最终目标是希望将重要人物发表的讲话、法庭判决和其他类似的信息源，自动地上传到 Watson 基于云的大脑。这些信息在决定规则的重要性以及执行方式方面能发挥作用。

2. AlgoDynamix。

AlgoDynamix 公司成立于 2013 年，总部位于伦敦，主营业务为向投资银行和资产管理公司提供金融风险预测分析解决方案。与其他传统解决方案明显不同的是，AlgoDynamix 公司方案的风险分析技术不依赖历史数据或历史波动风险事件知识，采用无监督机器学习算法实时扫描分析市场参与者（买方和卖方）的动态行为。这些市场参与者将基于共同的特征集合被分组为不同的用户群集中。算法所需数据来源于全球主要的金融交易所，通过不断监测和分析世界主要金融交易所的数据流，大部分 G20 国家股市市场的订单都可以如上所述被算法按聚类进行分析，分析结论可以通过电子邮件、excel 插件和 API 等形式交付。

（五）机构内控与合规管理

1. ClauseMatch。

ClauseMatch 公司创立于 2012 年，总部位于伦敦。该公司在智能文档管理领域为金融机构提供 SaaS 解决方案，该方案支持法律、财务、运营和风险文档的自动化处理，同时还辅助金融机构做好全面的审计追踪，以帮助其动态适应监管要求的变化。ClauseMatch 公司提供了一套基于浏览器的在线文档管理工具，允许金融机构合规，法律、财务、运营和风险部门的专业人员共同创建和编辑包括 Word、PDF 等格式的文档，所有文档的变更都变得透明，可显著降低人为错误风险，并实现文档变更审计跟踪及合规报告起草、审批自动化流程。通过 ClauseMatch 的产品，金融机构内负责监管法规、政策和标准更新的全球团队拥有了一个管理文档生命周期的单一平台。

2. Neota Logic。

Neota Logic 公司成立于 2010 年，由 10 位专注于科技与法律的律师创立，目前总部设在纽约。该公司构建了一个人工智能软件平台——Neota Logic System（NLS），并以此平台为基础对外提供 3 类监管科技解决方案：虚拟专家顾问（Expert Advisors）、智能化工作流程（Intelligent

Workflows）和智能文档自动化（Intelligent Document Automation）。该平台可以集成关系数据库、客户关系管理数据库、内容管理系统以及任何具有 REST Web 服务 API 的系统，使各领域专家可以方便地将其专业知识转化为智能化应用，从而实现顾问、流程和文档自动化处理。

NLS 平台包括三大组件：混合推演引擎（hybrid reasoning engine）、应用开发与维护工具（Studio & Workbench）、应用整合工具（Integrations）。

混合推理引擎是 NLS 的核心组件。它结合了布尔规则、数学运算（方程运算、Excel 表格运算）、多因素推理（带权评分）以及大量的外部工具。用户在创建自己的智能应用时可以使用各类推理工具，如场景设定、数学公式、if 语句、决策树等。

应用开发与维护工具为用户提供了一个可视化的、用鼠标拖放即可完成的应用开发环境。在开发工具中，用户通过定义问题、结论、推演方式、数据源等要素来进行应用创建。

整合工具提供的功能包括：数据转换工具，用于 NLS 智能应用的数据输入和输出；WEB 服务整合应用，方便 NLS 智能应用与用户现有系统的整合；数据库编辑器，用于 NLS 智能应用对数据库的访问。

基于上述人工智能软件平台，Neota Logic 能够为客户构建三种类型的解决方案。

一是问答式应用虚拟专家顾问（Expert Advisors），可为用户提供 1 对 1、7×24 小时的专家顾问服务。虚拟专家顾问提供的咨询领域包括法律、合规以及其他一些对分析能力要求较高的领域。虚拟专家顾问提供的解答是权威、精确且高度可定制的。

二是智能化工作流程（Intelligent Workflows），让机构的法务工作人员和业务流程得到简化，在方便普通员工的同时，可以提升专家和管理层的工作效率。在具体应用中，工作人员可以智能地加入与某个流程事项相关的员工、自动收集相关的材料，并且运用推理技术快速生成一个严密的工作流程。

三是智能文档自动化（Intelligent Document Automation），支持快速准确起草文档，并且将文档传递给恰当的主体进行会签流转。智能文档自动化可应用于多种类型的文档，包括合同、诉讼案情摘要、合规文档、项目文书、员工手册、合规指南、备忘录、信件等。用户可以通过回答几个简单的问题实现文档的定制，并且文档会根据用户需要方便地传递给他人用于阅读或电子签署，文档创建人可以方便地掌握文档的流转轨迹，将以往需要两周的文档流转过程缩短至两天或更少。

（六）延伸阅读提示

国际金融服务监管与创新行业咨询公司 PlanetCompliance 自 2017 年 2 月起，每周发布对全球监管科技公司的综合评估排名。该排名依据 Klout score 积分[①]分析了各公司在网络或社交媒体活跃程度，并综合考虑了各公司在网络或媒体上的曝光频率等其他因素，最终给出了全球监管科技行业当周最有影响力的前 100 强公司。这也给了我们一个很好地了解国际监管科技应用发展情况的信息渠道。例如，我们对截至 2018 年 3 月 10 日的最新排名情况进行了梳理，并分别依据 Jan - Maarten 分类和本书的分类对这些公司所提供的技术服务进行了介绍（详见表 11 - 1）。

表 11 - 1　　PlanetCompliance 所列全球监管科技公司排名表示例

排名	公司	主营业务	主要使用技术	Jan - Maarten 分类	本书的分类
1	AYASDI	医疗产业、航天产业和金融产业	机器学习和数据分析技术结合	压力测试	风险预测与分析
2	Duedil	为客户提供私营企业信息	建立免费数据库，存储有关私人公司的大量信息	客户尽职调查	客户尽职调查

① Klout score 主要是通过排名算法和语意分析对公司在 Twitter、Facebook、Google + LinkedIn、Foursquare、Wikipedia 等社交网络上的活动进行分析，从而得出一个可以具体量化公司影响力的分数。Klout score 分数范围从 1~100，分数越高，对应于更高的社会影响力。决定分数高低的因素包括许多方面，如活跃粉丝数量、发送的消息的转发率、原创率、与粉丝的互动等。

续表

排名	公司	主营业务	主要使用技术	Jan - Maarten 分类	本书的分类
3	Coinfirm	区块链识别和全球自动顺从性	区块链技术	其他	机构内控及合规管理
4	SEQVOIA	面向资产管理人、监管人的基金文献管理服务，包括合规检查、跨文档一致性检查、版本管理、审计跟踪、翻译	单一网络平台、自动化服务（通过微软办公软件）	控制自动化	机构内控及合规管理
5	Trulioo	在线验证身份	深度分析传统及网络数据源	客户尽职调查	客户尽职调查
6	IdentityMind Global	为虚拟货币提供合规性平台	数据库和身份验证技术	客户尽职调查	客户尽职调查
7	Onfido	背景调查、反洗钱调查	自行开发核心人工智能技术	客户尽职调查	客户尽职调查
8	Comply Advantage	企业反洗钱（AML）、打击资助恐怖主义融资（CFT），提供政治敏感人物（PEPs）名单，避免合规风险	人工智能、机器学习、大数据、REST API	客户尽职调查	客户尽职调查
9	Darktrace	网络威胁侦测和情报服务	人工智能和机器学习	网络安全	
10	SOCURE	电子身份验证平台	社会性生物特征验证技术	反欺诈	交易监测
11	Neota Logic	提供综合专家系统与人工智能技术（自然语言处理技术和机器学习）的推理平台，为客户开发APP或自动解答基本合规问题	AI动力平台、智能自动化、工作流程和文档自动化	控制自动化	机构内控及合规管理
12	Unicorn Training	学习管理系统（LMS）、在线学习方案（eLearning Solutions）	数字技术与学习思维	其他	机构内控及合规管理
13	Riskalyze	根据风险指纹提供股票投资组合	标准式计算方法	风险管理	风险预测与分析

续表

排名	公司	主营业务	主要使用技术	Jan – Maarten 分类	本书的分类
14	BitAML	提供合规性服务	团队专家根据公司具体情况提供解决方案	反欺诈	交易监测
15	Coalfire Systems	云设备、金融、医疗、高等教育、支付、酒店、公共部门、餐饮、零售；防范网络风险，提供合规、技术、咨询、工程、实时监管、最优化服务	云服务平台、可视化、移动安全、点对点加密（P2PE）、非接触支付，第三方信息共享	智能内控	机构内控及合规管理
16	Feedzai	银行、采购人、企业客户提供防欺诈服务	大数据（分布式文件系统）、人工智能、沙箱环境检验、云计算	反欺诈	交易监测
17	Secure Key	数字身份服务供应商，简化消费者对在线服务和应用程序的访问	基于分类账的身份认证方法、区块链	客户尽职调查	客户尽职调查
18	Convercent	企业负面行为（欺诈、性骚扰）规范及整合社交网络、员工数据	自有智能平台及 APP 上追踪内部问题	控制自动化	机构内控及合规管理
19	BioCatch	客户身份识别，通过捕捉的手眼协调、按压、手颤、导航、滑动页面 5 种行为，识别出操作者身份及诈骗方式，保护账户安全	行为生物识别技术、云计算	客户尽职调查	客户尽职调查
20	Smartlogic. com	将企业信息纳入决策过程	搭建企业级语义平台（semantic platform）	其他	机构内控及合规管理
21	NetGuardians SA	金融反欺诈和自动化合规，实时检测欺诈活动	大数据技术、连续监控数字化、机器学习	反欺诈	交易监测
22	DataArt	金融、旅游、酒店、医疗、物联网（IoT、M2M）、娱乐通信，建立用户软件系统，全球技术咨询	云计算、大数据、开源、区块链、技术堆栈	智能内控	机构内控及合规管理

续表

排名	公司	主营业务	主要使用技术	Jan – Maarten 分类	本书的分类
23	Alyne	提供风险管理和合规性管理	人工智能和机器学习	网络安全	
24	Mitek Systems	提供客户身份验证解决方案	人工智能和机器学习、OCR 技术	反欺诈	交易监测
25	Chainalysis	从虚拟货币中提取信息，打击比特币敲诈勒索	数字货币、加密技术、区块链	市场监管	交易监测
26	Featurespace Limited	反欺诈服务、检测赌博行为	自适应行为分析方法	反欺诈	交易监测
27	Encompass	协助银行、金融、法律、会计部门充分了解客户（KYC），反洗钱（AML）、建立最终受益方（UBO）	人工智能、机器搜索	客户尽职调查	客户尽职调查
28	Netki	数字身份识技术允许金融机构构建兼容的区块链平台和应用程序	数字货币、区块链、数字身份识别	客户尽职调查	客户尽职调查
29	Trunomi	提供全数字化客户上岗以及客户数据管理服务	API 接口	客户尽职调查	客户尽职调查
30	Temenos	领先的银行软件系统供应商，其产品主要面向零售银行、企业银行、通用银行、私人银行、伊斯兰银行以及小额信贷和社区银行	生物识别技术、人工智能	智能内控	机构内控及合规管理
31	Onapsis	甲骨文电子商务套件、企业管理解决方案（SAP）、第三方支付行业数据安全标准（PDI – DSS）、ISO 271 信息安全管理	SAP 实时监管，通过 SAP NetWeaver，ABAP，J2EE，HANA 和 S/4HANA 平台，云服务	网络安全	
32	Risk Focus	方案解决提供商，包括云问题、交易问题、风险问题及出具相关报告	CSV 和 FIXML API	监管报告	数据采集与监管报告

排名	公司	主营业务	主要使用技术	Jan – Maarten 分类	本书的分类
33	Elliptic	为金融机构和执法机构识别比特币中的非法活动	区块链	市场监管	交易监测
34	Digital Reasoning	提供数据查询、解决方案，检测欺诈、贿赂、违反政策的行为	认知计算、神经网络、机器学习	市场监管	交易监测
35	Ravelin	使用机器学习，图形网络和视觉洞察来保护在线企业免受欺诈	机器学习、数据可视化	反欺诈	交易监测
36	Percentile	提供风险管理解决方案，解决可视化、压力测试、BCBS239 等问题	大数据	压力测试	风险预测与分析
37	Visual Risk IQ	防范第三方支付、员工欺诈，审计、合规检查	大数据/可视化	风险管理	风险预测与分析
38	Grada Compliance Aml	反洗钱合规、提供 KYCC 金融科技解决方案	生物识别、大数据	反欺诈	交易监测
39	PerformLine	为企业提供自动化合规解决方案，减少合规风险	云技术	控制自动化	机构内控及合规管理
40	ISignthis Ltd	远程身份验证、支付鉴定、支付处理，反洗钱、反恐怖融资	增强型数字 KYC（客户身份识别）服务、实时电子认证	客户尽职调查	客户尽职调查
41	AQMetrics	为基金管理人、投资经理、资产管理公司以及经纪公司提供合规管理和风险管理软件，提供数据管理、风险分析和监测	风险管理软件提供商	风险管理	风险预测与分析
42	AppZen	企业差旅接待费用实时审计	机器学习算法、自然语言处理技术，自动化处理	智能内控	机构内控及合规管理
43	SteelEye Limited	提高分析数据合规性的服务	机器学习和数据分析技术结合	控制自动化	机构内控及合规管理

续表

排名	公司	主营业务	主要使用技术	Jan – Maarten 分类	本书的分类
44	GECKO Governance	管理 AML／KYC，操作尽职调查（ODD），为基金合规和治理提供监管服务	可视化试图、区块链	客户尽职调查	客户尽职调查
45	Voxsmart Global	移动通信业的先驱，帮助满足欧盟金融工具市场法规Ⅱ、《多德—弗兰克法案》合规要求；能够管理所有通过移动通信进行的交流，包括电话、音频、文本、即时通信 APP 等	云技术、软件开发	控制自动化	机构内控及合规管理
46	LockPath	提供风险管理软件	GRC 专家创建的 GRC 软件	风险管理	风险预测与分析
47	Kompli – Global	通过机器学习驱动的搜索平台，满足反洗钱和客户识别国际标准的合规要求	机器学习、人工智能	反欺诈	交易监测
48	Vizor Software	为金融监管机构提供自动执行财务数据收集和验证流程、风险预测、市场统计、现场监督和商业智能报告的系统，采用灵活灵活的解决方案，支持全面的监督生命周期	人工智能、管理云、SaaS	监管报告	数据采集与监管报告
49	Squirro	专注于大数据、数据分析、客户洞察、客户画像、销售洞察，使公司能够将大量无意义数据转化为有价值的数据，帮助公司更快更好地理解他们的经营情况和客户	大数据、数据分析、人工智能	客户尽职调查	客户尽职调查
50	Provenir Ltd	根据银行客户设定的规则，从识别信息中提取数据，确定申请人是否具有信用	云计算、人工智能、机器学习	客户尽职调查	客户尽职调查

排名	公司	主营业务	主要使用技术	Jan – Maarten 分类	本书的分类
51	ClauseMatch	提供智能文件管理的软件服务，以一种有条理、有逻辑的方式对一个文件中做出每一项更改或批准进行追踪，提供完整的审计线索和报告；专注于实时协作、风险与合规、文件编辑、文件管理、政策管理、供应商管理等	合规和风险管理软件提供商、人工智能	监管报告	数据采集与监管报告
52	Global Debt Registry	主要向银行和其他借贷人提供第三方独立的消费者贷款数据验证服务	大数据、数据分析、风险管理软件提供商	客户尽职调查	客户尽职调查
53	Fenergo	提供合规性服务、客户端生命周期管理、数据管理、数字转换与自动化解决方案	与各大金融机构合作、建立数据库	客户尽职调查	客户尽职调查
54	FundApps	提供自动化合规服务	白热技术（white – hot technology）	监管报告	数据采集与监管报告
55	Investglass	提供财富管理解决方案服务	人工智能	控制自动化	机构内控及合规管理
56	Hwxanika	EXANIKAFinTech 大数据软件公司，为银行提供端到端解决方案，以解决数据采购和报告方面的问题	大数据、数据分析、云计算	监管报告	数据采集与监管报告
57	Credit Benchmark	创新性地提供信用风险数据和分析解决方案。用成熟的商业方式来创建一个新的信用风险数据库：即将各银行的信用评估信息汇总起来，要求能够安全、保密、合法地收集和传输数据	大数据、大数据分析	风险管理	风险预测与分析

续表

排名	公司	主营业务	主要使用技术	Jan – Maarten 分类	本书的分类
58	Ncino	银行操作系统、银行服务软件提供商	云技术	控制自动化	机构内控及合规管理
59	Suade Labs	金融监管服务	监管科技	压力测试	风险预测与分析
60	NetConsult Ltd	为另类投资基金提供专业的 IT 解决方案和相容的 IT 基础设施，包括不限于软件、硬件和网络等服务；专注于灾难恢复、安全、云计算等领域	云计算	网络安全	
61	CrowdCheck	财政情况描述、资质以及他们的合法性状况	智能投顾、风险管理软件提供商、数据分析	监管报告	数据采集与监管报告
62	Pierre A. Rousselot	高端专业财富管理、金融定制服务	投资组合管理软件	风险管理	风险预测与分析
63	SmartStream	通过提供抵押品管理、智能服务、核对账务等服务来降低运营风险和成本	软件开发、人工智能、合规和风险管理提供商	智能内控	机构内控及合规管理
64	Cordium	提供资产管理软件和专业咨询公司	提供资产管理软件和专业咨询公司	风险管理	风险预测与分析
65	Kyckr	为金融机构提供客户身份验证	社会性生物特征验证技术	客户尽职调查	客户尽职调查
66	ViClarity	专注于提供金融服务，医疗保健，偿付能力Ⅱ和数据保护风险与合规管理	智能投顾、技术监管、风险管理软件	监管报告	数据采集与监管报告
67	Fundsquare	投资基金跨境销售提供服务	为分销商、发起人和转让代理人提供资金，以及为整个基金业提供信息服务	监管报告	数据采集与监管报告

排名	公司	主营业务	主要使用技术	Jan – Maarten 分类	本书的分类
68	BIGcontrols	自动跟踪、报告和合规管理公司内管理合规激励机制	云技术	非金融监管科技	
69	CUBE				
70	Privitar	数据保护	开发了能够帮助金融服务公司增加匿名性和私密性的软件	网络安全	
71	GAN Integrity	提供一个完全集成的系统、生产商业反腐败门户网站	数据集成、基于云的软件套件		
72	BehavioSec	阻止欺诈，防止攻击，并验证客户	行为生物特征识别技术（建立数据指纹）、人工智能	反欺诈	交易监测
73	Rippleshot	信贷防欺诈分析	基于云计算的技术解决方案，采用大数据的方法和机器学习/人工智能技术	反欺诈	交易监测
74	Oversight Systems	为公司差旅支出管理提供服务	通过大数据对支出数据的详细信息进行整体评估和定期检查	智能内控	机构内控及合规管理
75	Regtify	专注于《巴塞尔协议Ⅲ》、资本要求指令 Ⅳ 等合规、技术监管	技术监管、智能投顾	压力测试	风险预测与分析
76	Fund Recs	基金估值和投资定制、贸易收购、基于云的调和软件	自动化现金和投资组合	监管报告	数据采集与监管报告
77	Apiax				
78	Tradle	保障银行间和银行体系外转账的安全性	区块链技术	客户尽职调查	客户尽职调查
79	Autologyx				

排名	公司	主营业务	主要使用技术	Jan – Maarten 分类	本书的分类
80	OpusDatum	管理咨询，打击金融犯罪：金融犯罪、法律制裁、洗钱、风险评估、KYC	机器学习、大数据	客户尽职调查	客户尽职调查
81	ThisIsMe	多因素身份验证和增强尽职调查，实时控制客户的身份数据和身份验证能力	多点识别、远程 FICA	客户尽职调查	客户尽职调查
82	Trustev	将身份数据与数字数据实时融合的系统；阻止诈骗活动得到实现，过滤良好的客户	数据点分析，身份分析	反欺诈	交易监测
83	GRC Solutions	合规服务、管理企业合规的系统、CPD 培训	适应性电子学习平台	其他	机构内控及合规管理
84	OpenGamma	开源库，定制解决方案和风险产品	区块链技术	风险管理	风险预测与分析
85	Open Risk	提供金融风险分析工具和培训服务，帮助个人和组织通过在线工具来提高风险管理能力	Python 循环、API（应用程序接口）	风险管理	风险预测与分析
86	KyoLAB	监视和存档即时消息应用程序：服务于金融服务市场、公共部门、医疗保健、美容、物流等行业	大数据（即时通信应用）、云储存		
87	Arctic Intelligence	提供在线表单管理，共享和长期归档解决方案。帮助各种规模、部门和地理位置的组织管理金融犯罪风险	商业智能、大数据	智能内控	机构内控及合规管理
88	8of9	管理咨询：应对金融监管的服务方案	法律知识和科技的结合	控制自动化	机构内控及合规管理

排名	公司	主营业务	主要使用技术	Jan – Maarten 分类	本书的分类
89	Abide Financial	产生监管报告	人工智能（产生智能报告），内部加密的云数据、固定/分隔文本，MS Open XML，CSV，XML	监管报告	数据采集与监管报告
90	Sybenetix	使用人工智能帮助资产管理公司的合规官员分析其交易员的行为以防止市场滥用行为	智能投顾、技术监管、认知计算	市场监管	交易监测
91	Sphonic	领先的第三方数据网络供应商，可提供在线实时身份验证和欺诈管理决策服务	大数据（第三方供应商）、工作流引擎	反欺诈	交易监测
92	DemystData	抓取数据服务金融机构	大数据、云计算、API	风险管理	风险预测与分析
93	Enforcd	智能化监管服务	区块链与人工智能技术	智能内控	机构内控及合规管理
94	Starling	网上银行	大数据、云计算、数据风控	网络安全	
95	RedOwl Analytics	内控管理	结构化、非结构化数据行为分析	智能内控	机构内控及合规管理
96	Fonetic	帮助客户了解不断变化的监管环境，并分析通信监控数据	语音分析、语音解析和金融市场。开发团队由语音科学家、机器学习专家和具有深厚领域知识的计算语言学家组成	控制自动化	机构内控及合规管理
97	Ariadne	投资平台、企业融资和交易、AIFM 服务、Ariadne 资本运动	生态系统经济学	风险管理	风险预测与分析

续表

排名	公司	主营业务	主要使用技术	Jan – Maarten 分类	本书的分类
98	Funds – Axis	风险管理	大数据、机器学习、开放式协议、流动性监测	风险管理	风险预测与分析
99	Contego	金融行业	建立综合风险评估平台，可以处理复杂的多源的欺诈检测和检查	反欺诈	交易监测
100	Signwise Service	快速注册公司和政府的在线服务，提供全面、强大的电子认证和文档签名功能	API，电子授权，电子传输、电子文件管理	客户尽职调查	客户尽职调查

　　除此之外，总部位于伦敦的咨询公司 FinTech Global，在追踪研究全球 416 家监管科技公司的基础上，组织了一个行业专家小组，于 2017 年评选出了全球 100 家最具创新力的监管科技公司，他们的评选主要依据公司提供的解决方案的影响力，在融资、盈利和客户满意度等方面的增长性，技术解决方案的创新程度和为服务客户所带来的成本节约、效率提升或营收增加等指标，有兴趣的读者可以进一步查阅相关材料，此处不再赘述。

第十二章　我国监管科技应用典型案例介绍

一、客户尽职调查

（一）跨行客户信息共享平台

为打破金融机构间的信息壁垒和"信息孤岛"，提高各参与机构的服务和管理水平，在金融科技创新联盟整体框架下，中国银行牵头推动实施基于区块链技术的跨行客户信息共享平台（KYC 项目），把联盟内各金融机构的客户信息通过区块链平台进行了共享和统一管理。平台支持参与行存量客户信息上链，支持参与行根据客户需求对客户信息创建、修改和查询，支持上链信息的更新及后续运维管理。

该平台的建设有助于加强商业银行之间的信息共享，提升管理水平，降低操作风险和促进同业交流，降低合规成本。在监管层面，通过客户信息的共享和治理，提高了客户信息质量，创建了客户整体视图，提升了合规流程自动化程度，同时提供了自动挖掘监管分析报告的可行性。在技术层面，项目的实施是将区块链技术应用于商业银行业务场景的有益尝试，有利于加快实现"信息互联互通"的目标。

1. 功能流程。

首先，个人客户可以使用 APP 与金融机构间更新和验证自己的个人信息；其次，金融机构既可以将存量数据上传至链，也可以新建和更新客户信息上链；再次，个人客户可以再链上查询信息，也可以授权参与机构查询客户信息；最后，监管机构可以在链上自动进行合规性分析和检查（见图 12 - 1）。

2. 平台直接参与主体。

一是金融机构。金融机构将已有客户信息转换为 KYC 规范的客户识

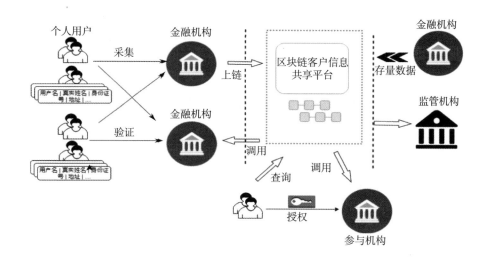

图 12 – 1　中国银行创新平台 KYC 项目流程图

别系统定义的格式，通过批量上传接口传输到后台，接口验证上传者身份信息，验证数据格式合法后记入到区块链中，也可以在发现客户信息发生变化时，在线更新用户数据，平台将保留原始数据项历史，并记录更新时间、更新方信息；更可以在本机构没有客户数据的情况下，经过授权后，向平台发起查询，获取客户信息，减少客户信息获取成本，提升工作效率。

二是监管机构。监管机构负责智能合约的合规性自动核验，建立客户整体视图，以及客户关联信息的数据分析。

三是系统运营方。系统运营方负责各参与银行节点增加和调整的技术支持，区块链系统的运维，系统的升级，提供业务使用记录。

3. 平台架构。

平台基础设施采用云链超融合设备（云链一体机），为上层服务和应用提供按需分配计算、存储、网络的弹性云计算服务，以及安全、高性能的区块链平台服务（见图 12 – 2）。在区块链的网络架构中，节点分为三种类型。

（1）背书节点。背书节点接受客户端的区块链请求并运行智能合约逻辑，产生记账结果和交易信息。

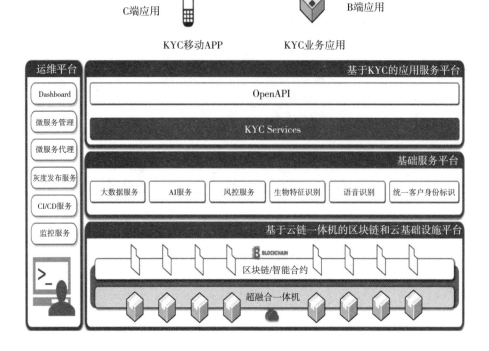

图 12－2　中国银行创新平台 KYC 项目技术架构

（2）共识节点。客户发起的交易请求通过背书节点的验证之后，交易信息会发给共识节点进行交易排序和共识，然后将共识结果广播至所有的记账节点。

（3）记账节点。记账节点接收来自共识服务广播的交易信息并将交易信息记入区块链。

组织之间通过共识网络互联，共识节点参与共识。在实际的部署拓扑中，参与机构可以选择性地部署共识节点，如不希望参与共识，可以不部署共识节点。每个参与机构内部有多个背书节点和记账节点，用于智能合约执行、交易记录背书和账本同步。在区块链网络架构之下，客户端与区块链的交互流程如下：客户端发起交易请求，选择金融机构的背书节点对其发起的交易背书，客户端按照策略检查背书节点的交易执行结果，如果通过则将请求转发给共识节点，共识节点将交易排序处理

（或共识）后将交易信息广播给所有的记账节点，记账节点将交易数据保存至区块链中（见图 12 - 3）。

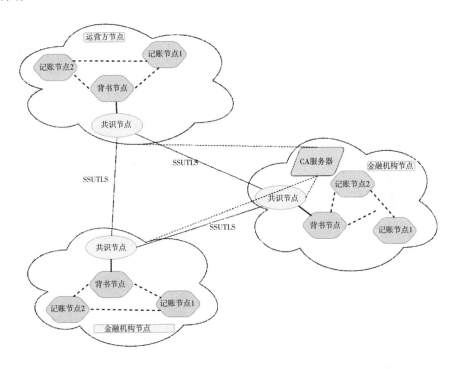

图 12 - 3　中国银行创新平台 KYC 项目系统架构

总体上，中国银行跨行客户信息共享平台把多个金融机构的各类客户信息统一存放在区块链上，不可篡改，通过历史信息可横向纵向追溯客户的详细信息，构建跨行的客户统一视图，同时通过智能合约实现合规性与反洗钱的实时自动细则校验。跨行的 KYC 平台统一了金融业的客户信息的规范和标准，为我国"互联网＋"战略提供坚实可信的数据支撑平台，是探索解决现有 KYC 合规执行标准不一致、周转时间长和效率低下等问题的有益尝试。另外，传统的 KYC/AML 系统是把监管的合规细则固化在系统内部，通过人工操作进行事后检查；而基于区块链的 KYC 系统则是通过智能合约来实现监管规则，在事中对交易进行审核，提高了监管的效率，也有助于降低金融机构的监管合规费用。当前，该平台对于监管机构开放提供的数据功能仍较为薄弱，平台制定的 KYC 数据规范和技术规范还有待进一步取得金融业的广泛共识。

（二）风险客户"三维立体"全景视图

在全球化、信息化、网络化的环境下，金融交易欺诈手段变化多样且隐蔽性强。面对严峻的欺诈环境，有三大问题亟待解决：一是欺诈风险监控需要更丰富的基础数据；二是欺诈风险监控需要更精准的模型方法；三是欺诈风险监控需要更及时的干预措施。为提升对欺诈交易识别率，工商银行于 2012 年开始在金融交易反欺诈体系中引入大数据技术，以分布式集群为基础，接入行内外各类丰富信息，部署了数百个智能模型，并综合实时、准实时和批量的监控手段，有效堵截了各类欺诈风险事件。

1. 综合利用行内外各类型基础数据。

工商银行金融交易反欺诈体系采集了各种产品和渠道的基础数据，不仅包括本行的客户个人数据信息、电子银行账户聚合数据信息、线下金融交易数据以及相关的各类交易日志，而且还包括中国人民银行征信中心的个人信用数据信息以及其他的外部数据信息（如 IP 地址信息、城市地理信息、物理设备信息等）。为有效监控外部欺诈风险，工商银行金融交易反欺诈体系还从其他部门和企业单位获取更丰富的数据信息，包括刑事犯罪信息、商业犯罪信息、金融诈骗涉案账户信息、网络犯罪信息、单位违法账户信息，以及来自国际银行安全组织、国际反欺诈组织、国际银行同业的各类欺诈信息等。这些内容丰富、结构关系复杂的基础数据接入金融交易反欺诈体系，进行数据格式化、数据筛选、数据整合等处理流程，即可全面掌握各类基础数据信息，为后续的欺诈行为分析和挖掘奠定了基础。

2. 基于智能模型挖掘手段实现精准欺诈识别。

针对不同的欺诈场景，工商银行金融交易反欺诈体系采取不同的分析维度，从海量的基础数据中，按照客户、商户、产品、渠道等多个维度，综合提炼出 1 000 多个统计指标和 3 000 多个特征变量，力求全面刻画出金融交易行为的轮廓，为构建智能模型和精确打击欺诈分子奠定基础。从欺诈风险管理的角度分析，欺诈场景一般可分为"已知"和"未知"两类。已知欺诈场景是指在前期某种金融交易行为就已认定为欺诈嫌疑，按照政策、法规进行欺诈风险管理。由于名单控制方法具有直观性、易于理解等优势，工商银行采用名单控制方法，运用相似度计算、模糊匹配、快速查找等技术手段来防范欺诈风险。未知场景主要是指在前期并不知某种金融交易行为是否为欺诈嫌疑，需要综合其他数据信息来评判欺诈的可能性。针对这类"未知"的欺诈场景，名单控制方法识别效果并不理想，工商银行采用专家规则及智能模型来识别欺诈风险。智能模型通常是建立在特征变量基础之上，通过历史数据和不同的智能学习算法（例如，神经网络、逻辑回归、决策树、支持向量机等），构建出不同的欺诈识别模型。目前，该金融交易反欺诈体系已部署了多种名单、规则以及模（见图 12 - 4）。

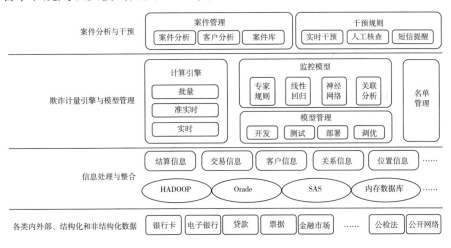

图 12 - 4　工商银行金融交易反欺诈体系整体架构

3. 基于大数据处理技术实现实时监测欺诈交易。

随着金融业的快速发展，金融交易量以惊人的速度在增长。以工行信用卡交易为例，每天的交易量达到数百万笔，高峰期间每秒需要处理交易达到上千笔之多，而且未来的交易量呈阶梯增长趋势。为快速处理这些海量交易并兼顾机器成本，金融交易反欺诈体系引入了分布式集群架构来平衡处理压力，通过高性价比的服务器组合方式，既提升了处理速度，又节省了机器成本。分布式集群架构主要分为三大模块：一是数据分发集群，采用哈希算法和 ShareNothing① 的设计思想，将这些交易数据动态地分配到各个独立的计算节点；二是数据计算集群，采用数据统计分析技术（例如，规则判断、模型预测等），对交易数据进行实时计算，并根据欺诈策略返回相应的计算结果；三是交易事件库，主要用于保存交易明细以及欺诈识别结果数据。在处理海量的金融交易过程中，保证系统 7×24 小时在线响应的稳定性也尤其重要。为此，金融交易反欺诈体系还设计了灰度发布机制，通过分批更新主备计算节点，并依次重启所有的计算节点，在不停机的条件下实现了程序版本升级。此外，在节假日（如国庆节）期间，金融交易量往往会发生突增现象，为了能够平稳处理高压状况，设计了生产者、消费者的异步处理队列，消除服务方与请求方偶发性的吞吐量不一致的影响，以应对生产环境交易量变化。除系统响应的稳定性，客户体验也是一个关注点。因此，交易欺诈的识别必须在极短的时间内完成。工商银行采用了大内存技术，提升了数据访问的 I/O 效率，实现在毫秒级别内对 3 个月内的历史交易数据进行在线分析，找出欺诈交易并实施干预措施，在实践中已成功堵截了各类欺诈风险事件。

总体上，工商银行围绕风险大数据重构银行风控体系，实现了对海量客户信息开展多维度数据挖掘，同时融合可视化技术研发投产了风险客户"三维立体"全景视图，可一站式可视化呈现风险客户基本信息（开户三要素、地址、联系方式等）、风险信息（外欺系统风险数据库信息）和银行业务与往期风险处置信息（资产负债信息和资产质量信息），并能根据外部欺诈风险信息系统的用户角色分级授权机制，按照"知所必需"原则，支持工商银行全集团各业务条线自动调用与实时展现，有

---

① 各个处理单元都有自己私有的 CPU/内存/硬盘等，不存在共享资源。

效促进了风险大数据与业务经营的高度融合。工商银行的成功案例说明，大数据、云计算和人工智能技术确实为解决风险监管的基础数据规模、监管模型、及时干预等问题提供了一条可行的解决路径。

（三）反洗钱风控系统

为了提升金融业务风控能力，京东金融依靠其覆盖支付、消费金融、财富管理、众筹、农村金融、证券、保险、供应链金融、金融科技等业务线积累的海量数据资源及领先的技术服务能力，不断强化反洗钱履职工作。

在数据应用方面，京东金融整合了电商、互联网金融、房地产、税务等多领域的结构化和非结构化数据，拥有 2 亿多名活跃用户、超万亿元交易规模。这些数据共形成近 10 万个特征变量，以主数据将所有信息进行有效关联。通过对不同类型的洗钱案例及上游犯罪特征分析，基于关系网络、碎片化信息整理、循环神经网络（RNN[①]）等技术识别用户的异常行为、利用 node2vec[②] 及 item2vec[③] 等算法批量生成训练指标，建立反洗钱可疑交易模型及客户风险等级模型，对个体以及群体进行异常监测。同时，模型能够自动感知相关指标变化，对模型参数进行增量更新。反洗钱模型的应用，极大地提高了人工审核的有效性及识别洗钱或上游犯罪的准确性。

在系统应用方面，京东金融自建了多套系统。一是反洗钱监控系统。该系统能够实现初审、复审、报告等流程，同时可实现对人工审核过程及上报流程的留存记录，实现对操作日志、分析行为的回溯性查询。二是规则配置系统。该系统可实现线上规则的灵活配置、动态调整、实时生效、分析统计，提高规则上线的时效性及可扩展性。三是黑名单系统。该系统通过内外部渠道收集覆盖全球制裁、涉恐、涉黑、政治敏感人物

---

① RNN：指循环神经网络，是一种节点定向连接成环的人工神经网络，这种网络的内部状态可以展示动态时序行为。

② node2vec：利用关系网络属性信息及拓扑结构批量生成指标的算法。

③ item2vec：基于物—物相似度的推荐算法。

等名单信息，实现对客户开户环节、交易环节、订单产生环节等进行黑名单扫描，将黑名单用户进行有效拦截，全面防范黑名单用户的操作行为。四是客户实名系统。该系统可通过光学字符识别、公安网校验、工商校验、银行交叉验证、登录设备识别、人脸识别、关系网络识别、黑名单扫描、生物探针等多方式进行智能化身份识别。五是反查系统。京东金融利用现有用户场景数据，构建基于账户、手机、身份、设备等多维度的关系网络；建立反查系统，实现从任意维度查询输入信息关联的所有信息；借助知识图谱推理和基于图的深度学习算法，对异常的个体、团伙、资金及其相关行为进行准确地识别。六是爬虫系统。该系统专门收集各外部渠道公开的客户信息，辅助反洗钱监控人员进行洗钱风险分析。

基于上述系统，京东金融将机器学习、深度学习等技术运用于日常风险管理中，为每个客户构建出精准的画像，将客户行为立体化，为客户风险等级划分提供有力的技术支持，为不同风险等级的客户制定针对性的风控策略，为建立全面风控体系发挥了积极作用。智能化的系统应用实现了反洗钱工作90%的流程自动化，最大限度地降低了人工干预的可能性，提高了整体反洗钱工作的质量。自2017年以来，京东金融上报了重点可疑客户17个，有效识别了传销、非法集资、地下钱庄、网络赌博等犯罪类型。同时，京东金融在发现疑似涉嫌犯罪或洗钱案件时，及时向当地公安同步相关线索，协同公安机关破获多起案件。

总体上，京东金融利用自身拥有的海量客户数据，通过对大数据的应用，结合智能化的技术能力，基于不同数学算法，自主开发了风险模型，在有效识别客户身份、防范不同类型的洗钱上游犯罪及洗钱行为等方面发挥了积极作用。但是，京东金融反洗钱风险模型是基于大数据通过对坏样本的智能化学习输出可疑客户，本质上利用的仍是有监督的机器学习算法。由于通过内外部渠道获取的确认洗钱案例（即坏样本）不足，这直接影响了模型学习效果的进一步提升。数据的获取以及数据的全面性、准确性决定了反洗钱工作的成效和能力，而单个机构数据从数量以及维度上均存在明显不足，坏样本数据缺乏是行业较普遍现象。因此，京东金融应积极加强与社会同业或非同业之间的配合和连接，拓宽渠道获取更多的数据资源。此外，随着互联网业务的不断创新，以及监管制度的不断完善，京东金融在落实反洗钱相关法律法规要求时，仍应积极做好业务创新与监管要求的动态评估，不断优化合规技术手段。

（四）投资者适当性管理系统

为了提升理财产品风险等级与客户风险承受能力间的匹配度，让普通投资者也能享受专家级的投资建议，陆金所基于平安集团积累的金融机构信息，已开始在投资者适当性客户身份识别方面开展了监管科技应用的探索。2015年底，陆金所初步建立第一代投资者适当性管理系统，功能包括风险政策、信用评级、信息披露、预警监控、风控系统、风险评价、资产与资金的精准匹配等覆盖投资全过程的立体化风险管理体系。2016年11月，陆金所将系统升级到2.0版本，通过大数据综合管理运用、机器学习以及金融工程等技术手段对出资人的风险承受能力进行更加精确的"画像"，并进行"适当性匹配"。该系统的功能具体包括以下几个方面：

一是产品风险评估（KYP）。根据实质风险情况将产品风险由高到低设不同等级，不同底层资产采用不同的评估风险方法。二是投资者评估。主要从确定衡量投资者风险承受能力的要素、利用新技术准确分析投资者的客观实力、优化问卷设置以准确衡量投资者风险偏好三个方面对客户"精准画像"。三是产品风险评级与投资者风险承受能力的匹配。在对KYP和KYC精准评估的基础上，以"将合适的产品卖给合适的投资者"为目标，在产品和投资者之间建立合理、有效的适配体系，力求在保护投资者利益的同时，保障其自主投资权利。四是信息披露。通过挂网材料，遵循"实质重于形式"的原则，穿透至底层资产，以互联网化的语言，将产品结构、风险缓释措施等要素清晰、完整、动态地披露给投资者。五是投资者教育。吸收传统金融经营管理的优点并运用新技术手段进行有效创新，为投资者提供安全、便捷的服务。

　　KYC 2.0 系统中的"坚果财智分"系统从投资者的客观实力和主观风险偏好两个维度对产品以及用户进行双向"评级"（见表 12 - 1）。一方面，使用优化后的问卷测评客户主观风险偏好；另一方面，利用大数据技术评估客户真实客观实力。在综合客户主观风险偏好和客观实力后，给予客户"坚果财智分"，综合评价其风险承受能力，为客户提供合适的产品。通过问卷将投资人风险承受能力由低到高分为保守、稳健、平衡、成长、进取五种类型，每种类型客户可购买产品种类不同。不仅通过相对量化的手段帮助投资者了解产品的风险程度，从而选择适合自身风险偏好的投资产品，也更体现了资管机构在资产端风险识别和管理上的附加价值。此外，"坚果财智分"系统还能够根据客户投资过程中指标和参数的变化更新测评结果。

表 12 - 1　　　　　　　　陆金所"坚果财智分"系统风险划分

产品安全等级	安全等级含义	适合投资人
五星	本金、收益稳定	保守型投资人、稳健型投资人、平衡型投资人、成长型投资人、进取型投资人
四星半	本金相对稳定，收益可能有轻微波动	稳健型投资人、平衡型投资人、成长型投资人、进取型投资人
四星	本金、收益可能有一定幅度的波动	平衡型投资人、成长型投资人、进取型投资人
三星半	本金、收益可能有较大幅度的波动	成长型投资人、进取型投资人
三星	本金、收益可能有大幅度的波动	进取型投资人

　　总体上，陆金所 KYC 系统的推出，有助于克服线上金融服务缺少与投资者面对面交流的环节、不能很好对投资者投资能力和风险偏好进行评估的不足，在一定程度上避免了将一些高风险产品出售给了风险承受能力较低的公众投资者的风险。但考虑到陆金所 KYC 系统更多地借助问卷等主观风险评估方式，大数据分析主要依靠自身数据积累，因此其测评模型有可能因样本不足而存在过拟合等问题，实际应用效果还有待进一步观察。

（五）大数据金融风控平台 Holo Credit

长期以来，作为金融体系的重要组成部分，商业银行是实体经济的主要"供血者"，然而中小企业"融资难、融资贵"却一直是横亘在商业银行与中小企业之间的一个难题。

一方面，中小企业发展面临"三重困境"：人力、物力成本困境；产能落后、创新不足的技术困境；融资难、融资贵的融资困境。困境的叠加，恶性循环，使许多中小企业陷入了生存危机，转型升级更是举步维艰。

另一方面，商业银行服务中小企业，也遭遇了三大难题，首先，成本难以控制。中小企业分布于各行各业，地域分散，数量庞大，在传统的经营模式下，银行往往难以找到切入点迅速开展业务。相对于大型企业贷款而言，中小企业贷款业务获客成本、调查成本、管理成本、风险成本都相对较高，又难以形成规模效益，投入大、产出小的客观事实难免导致商业银行发展中小企业贷款业务的动力不足。其次，模式难以创新。传统模式下，商业银行为中小企业提供的服务模式十分有限，同质化程度严重，单一的服务标准和模式难以适应中小企业短、小、频、急等多元化的融资需求。以传统的供应链金融业务为例，商业银行往往是在"分支机构主办制"的业务模式下，通过服务"大型核心企业"来为"中小卫星企业"服务，而事实上仅凭主办机构一己之力是难以真正做到服务后者，最终还是难以避免"抓大放小"的结局，离真正意义的普惠中小企业相去甚远。最后，质量难以提升。近年来，商业银行的"不良双升"集中爆发于中小微企业贷款。究其原因，主要还是由于信息不对称、内部管理不严所致，贷前调查失真、风险定价缺失、贷后管理松懈、风险处置不力等问题普遍存在，大量贷款"脱实向虚"，而商业银行却后知后觉，致使商业银行付出了高昂的代价。

为了缓解上述问题，重庆银行与数联铭品科技有限公司合作，探索运用大数据技术，在服务小微企业的金融产品、风险管理方式上进行不断创新，以构建小微企业信用贷款新模式，并发布了"好企贷"产品。

1. 基本情况。

"好企贷"产品基大数据风控平台"Holo Credit",以"海量企业行为数据＋全球顶尖信用风险和市场风险行为专家＋领先的大数据技术＋金融数据服务框架"四大方面作为支撑,构建了基于大数据下的"小微企业无抵押、无担保、纯信用贷款风控模型"。"Holo Credit"平台集数据、应用于一体。整合传统银行数据、政府数据以及外部公开数据,利用大数据处理、分析与建模技术,还原小微企业信用水平、行为特征与风险画像。其数据来源涵盖工商、税务、法院、征信等管理部门,以及银行自身的经营数据积累。模型运用了多个模板和 1 000 多个指标中的100 个为企业提供全息画像,根据结论使贷款客户进入模型对应层级。然后得出相应的评分结果,再根据这个结果与税务等级、年均纳税额相结合,最终确定客户的贷款金额。在大数据风控平台"Holo Credit"的基础上,"好企贷"以小微企业税务数据为核心,通过大数据分析技术重构了小微企业信用风险评级体系,通过互联网技术创新再造了小微企业的贷款流程。实现了对小微企业的画像,减轻了传统银行金融机构与小微企业之间信息不对称的壁垒,能较为有效地解决小微企业融资贵、融资难的痛点。

2. 系统架构。

通过充分使用多维度的数据,增加对小微企业评价的维度,打通"信息孤岛",在取得授权和合规的条件下开拓不同的数据来源,整合传统银行数据、政府数据以及外部公开数据。在地方政府和各委办局的支持下,适度获取企业税务数据、水电气数据、社保数据等,并结合工商数据、司法数据、关联方图谱数据、财务数据、专利数据、招聘数据、媒体数据与宏观经济数据等,Holo Credit 平台形成三位一体的"大数据"体系,即整合"企业资源数据""政府数据""企业行为数据"（见图 12 - 5）。

通过大数据采集、挖掘、处理、分析小微企业的信用情况和违约概率后,再面向在线信用贷款、交易融资、产业链融资、生命周期融资等

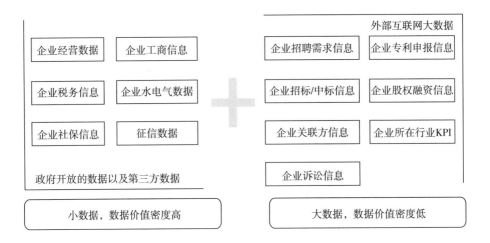

图 12 - 5 "Holo Credit"平台大数据源

众多金融场景建立信贷模型，有效识别风险，完成对小微企业贷款的风险定价。决策模型无须进行烦琐的贷前尽职调查、贷后监控预警（见图 12 - 6）。

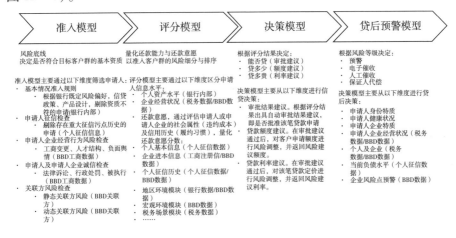

图 12 - 6 大数据风险决策模型框架

在贷前环节，利用大数据判断客户资质；在贷中环节，利用大数据识别还款能力；贷后环节，利用大数据跟踪贷后风险，从而实现帮助金融机构进行自动化客户探索、自动化信贷审批、自动化利率定价、自动化信贷额度、自动化监控预警，形成贷前、贷中、贷后一整套智慧风控决策方案。

总体上,从对"HoloCredit"的调研情况看,它较好地辅助了中小银行机构将大数据等技术应用贯穿于存、贷、汇等产品开发与创新中,帮助中小银行机构实现风险控制手段的迭代升级。从重庆银行"好企贷"看,该产品自 2016 年 7 月上线以来,短短一年多时间放款金额突破 10 亿元,不良贷款率明显降低,并成功实现了申请、审核、放款全流程线上办理,开启了小微贷款的"大数据时代"。考虑到"Holo Credit"当前主要使用的以结构化数据为主,数据的时效性和广度还有较大的提升空间,建议相关方进一步在数据收集和数据分析方面加大研发投入,不断提升风控模型的灵活性。

二、数据采集与监管报告

(一)互联网金融信息披露平台

在互联网金融行业迅猛发展而又风险迭起之际,党中央国务院及时提出互联网金融风险专项整治的工作要求。为此,作为国家级互联网金融行业自律组织,中国互联网金融协会组织建设了互联网金融信息披露平台,有效防范产品造假、期限错配、自融自担保、产品变相拆分销售、借款人重复借贷等理财产品风险。该平台具有以下功能:

1. 信息采集功能。

平台提供模板文件下载,支持从业机构基于模板向互联网金融协会上报从业机构基本信息披露文件(如组织架构图、注册协议、治理信息、LOGO 图、信息安全测评认证信息、财务会计信息、重大事项、高管履历等)、平台运营信息(如利润表、资产负债表和运营信息等)和产品项目信息(如互联网债权类融资、互联网金融产品及收益权转让融资信息等),平台在校验数据格式无误后,将更新上列信息,并支持从业机构查看上列信息的变更历史。

2. 信息披露功能。

平台可以通过设置披露项配置权限,实现对所有披露项统一展示配置的管理和查看。社会公众可以登录网站，查看披露项信息。平台将成为社会公众统一查询互联网金融企业和产品的总入口。

3. 信息分析功能。

通过各类互联网金融数据的采集，平台可实现互联网金融产品全生命周期监测和穿透式监督管理，将有力支撑互联网金融风险摸排和查处。

总体上，互联网金融信息披露平台已成为完善互联网金融行业基础设施建设的重要一环，可以更好服务监管、服务行业、服务社会。但是，当前该平台接纳的互联网金融公司数量较为有限，且平台披露的信息是从业机构主动上报的数据，因此该平台后续还有待进一步运用先进信息技术，逐步实现由被动接受数据的模式向主动采集数据的模式转变，更好地构建嵌入式、智能化监管体制，以实现更大范围、更有效地监管。

（二）人工智能金融监管云平台

为积极响应习近平主席关于强化金融监管的讲话精神，落实《新一代人工智能发展规划》中对于金融风险智能预警与防控系统的具体要求，互联网金融协会与法海风控公司合作，开发了人工智能金融监管云平台，依托云计算、大数据和人工智能技术，法海风控公司协助中国互联网金融协会构建了金融领域特定监管对象摸底监管、实时监管与预警、行业监管统计、风险监管要报等多种金融监管需求的监管科技技术实施方案。

1. 大数据采集。

基于 28 亿个高精度解析的风险数据底层，人工智能金融监管云平台实现对全国 3 000 多家法院、5 000 多家司法网站、9 万多个司法栏目的全量司法风险数据覆盖，能够对 10 万多个平台、栏目及舆情站点进行全量数据采集与梳理，覆盖工商、舆情、招聘、税务、质检、人民银行、等 19 个领域的 123 个维度的风险数据。

通过运用人工智能技术，人工智能金融监管云平台可确保采集数据的完整性和时效性，以智能全自动的方式，获取全行业的相关网站集合，自动获取集合里每个网站的全部栏目，具有不漏、不重、不丢、及时、有效等特点（见图 12 -7）。

图 12 - 7　数据采集示意图

　　在采集过程中，面对目标网站的复杂性和多样性，只有准确解析目标内容，才能保证数据的准确性。人工智能金融监管云平台统筹了光学字符识别（OCR）技术、文档对象模型（DOM）解析、正则表达式解析、自然语言处理（NLP）处理等方法，建立智能解析引擎，自动识别、适应所有目标网站的类型结构，保证数据的准确。

　　通过 OCR 技术，将网站页面中重要图片和扫描文档识别成可编辑的文字内容，增大了信息获取范围；基于文档对象模型（DOM）树方式，对于网站源网页的内容，进行数据解析，可以很方便地分析出标题、正文、文中图片等信息，方便字段抽取；通过正则表达式，对网页内容进行抽取时，可以判定给定的字符串是否符合正则表达式的过滤逻辑（称作匹配），从而获取目标字段，如标题、正文、发布时间、作者等信息；

通过 NLP 技术，综合运用分词、词性标注、命名实体、依存语法分析、语义角色标注和语义依存分析等步骤，实现对大文本、无结构化内容的分析和提取。

经过人工智能解析后的高精度数据，满足全量、结构化、数据属性识别等高精度数据特性，可直接用于数据建模。目前，平台将已有 140 个维度 28 亿元半结构化、非结构化的数据解析出超过 1 000 个字段，并且不断增加。其中仅裁判文书一例就由传统的 8 个字段扩展到超过 50 个字段，为下阶段量化分析，统计建模奠定了必要的条件。

表 12 - 2 所示为解析获得的高精度数据集。

表 12 - 2　　　　　　　　　解析获得的高精度数据集

编号	数据领域	具体内容	数据说明
1	高精度结构化涉诉数据	开庭公告、法院公告、裁判文书、执行公告、失信公告、曝光台等（含本期、历史、持续数据，含涉案金额数据）	可对全国四级 3 527 个法院实现全量覆盖；提供的数据为已经过高精度解析，可支持建模的结构化数据
2	结构化风险等级舆情数据	重点舆情摘要	可对 1 000 家以上有媒体资质网站实现全面覆盖，并提供智能文摘和单条舆情数据的风险等级识别服务
3	高精度结构化招聘数据	高精度结构化招聘数据	可对国内主流招聘网站实现全面覆盖，并提供可供建模的高精度解析数据；可支持建模的结构化数据
4	高精度结构化违规数据	银行存管、本息担保、产品利息率、ICP 认证	可针对指定互金网站进行全量数据清洗与分析，找出该网站存在的违规问题；可支持建模的结构化数据
5	高精度结构化工商数据	与工商总局数据同步，并提供数据验证和数据高精度解析服务	能够对工商总局数据中的疑似错误数据进行智能验证，对高风险数据进行结构化解析；可支持建模的结构化数据
6	高精度结构化税务数据	来自全国各级国税、地税网站，经过高精度解析的税务数据	可支持建模的结构化数据

2. 大数据建模。

在高精度的解析数据基础上，人工智能金融监管云平台能够针对监管部门的监控标准，定制各种有效的金融监管应用场景。通过运用法海风控自主研发的人工智能神经网络算法底层，实现数据的深度挖掘解析与蝴蝶推衍、残影还原、时空计算等，以打造风险监控平台、信贷监控系统及诸多应用模型，可有效控制金融风险，大幅降低金融机构的经营风险。当前，以数十亿个数据底层和万亿级海量数据运算为基础，人工智能金融监管云平台率先实现了对互联网金融风险监测 Excel 表格、Word 文档和可视化图三种报告模式的全面支持，成为互联网金融协会金融科技监管完整解决方案之一，具体功能如表 12 - 3 所示。

表 12 - 3　　　　　　　　　　　互联网金融风险监测要报

服务名称	具体内容	服务阶段
互联网金融风险监测要报	对互金行业特定的领域和企业进行风险因子梳理，整合多领域的风险信息，搭建金融机构风险分模型以及要报输出模型，提供包括 Excel 表格、Word 文档、可视化图在内的要报文件。具体内容包括： 1. 风险数据规则梳理； 2. 数据定向采集、清洗与校验； 3. 数据模型与要报设计； 4. 要报文件的整理与优化。	报告设计
		要报整理

自动生成的互联网金融风险监测要报示例如图 12 - 8、图 12 - 9 所示。

总体上，人工智能金融监管云平台通过使用大数据、深度学习、自然语言处理、云计算等技术，对特定金融监管对象有效实现了负面警报数据全面覆盖（基于全国全量负面数据的大数据库资源）、精准解析（基于人工智能的数据解析手段，可将大数据深度解析为可供数据建模的结构化字段数据）、信息聚合（基于自然语言解析与情感分析技术的中文智能文摘技术）和风险等级判定（风险分模型），对被监控企业的

重点机构监测信息

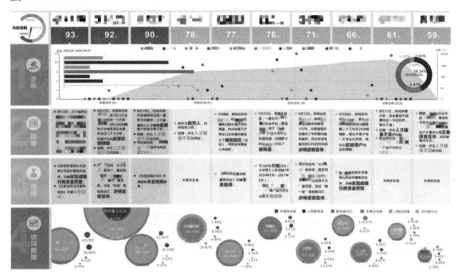

图 12 - 8　重点机构监测信息（可视化图）

关注机构监测信息

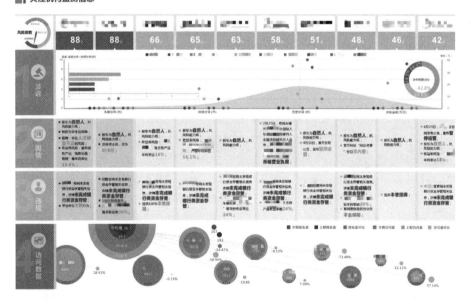

图 12 - 9　关注机构监测信息（可视化图）

司法涉诉、经营、舆情、违规、招聘、监管机构处罚、行政税务处罚等领域实现了全面监管，可立体审视某被监管主体历史风险和现存风险，是一个较为典型的面向风险检测通用监管科技解决方案，能够同时为金融机构和监管机构规范金融业务创新提供决策辅助。考虑到该案例存在因服务器集群数量受限，扩大监管规模较为困难，仍存在无法支撑金融行业的全量监管的问题。并且由于各地区应用场景差异和对技术理解的偏差，监管机构过于依赖该方案可能导致过度监管的情况。所以该方案在推广中还应加强应用培训，力求将风控在既定范围之内。

（三）企业行为数据监测

为进一步辅助监管机构提升公司上市合规性评价，因果树依托完备的投资及企业信息库，整合超过 2 000 万家企业运营数据和过万家风险投资机构投资数据，并结合已累计突破 100 万份的市场分析研报以及招股书、海量的全球知识产权数据和日均覆盖 7 亿的用户上网行为数据，运用人工智能算法，逐步形成了涵盖超过 1 000 个细分行业和国内外一、二级股权投资市场的投融资信息垂直搜索及行业/企业研究报告股权投融资评估服务体系。

垂直搜索产品涵盖全量互联网热点项目、机构数据库及上百万份行业研报片段，并与联通全国运营商进行了数据合作。依托平台大数据、人工智能评测，可以剖析企业运营状况、企业间关联关系。在企业行为数据多维度全景分析基础上，因果树与国家信息中心（中国创新创业发展研究中心）合作，针对双创企业、孵化器、投资机构三大类双创主体，联合构建国家及区域双创评价体系。与此同时，因果树还与深交所合作，基于企业行为数据的综合分析为深交所提供非上市公司评价体系搭建服务（见图 12 - 10、12 - 11、12 - 12、12 - 13、12 - 14）。

总体上，因果树运用了人工智能、机器学习、深度学习、语义分析等技术手段，通过数据抓取、清洗、数据建模、数据多规化合成以及交叉分析等构建企业多维画像，将散乱、无序、非标化的标签体系进行自动化归类和特征提取，进而机器自动化归类提取，较传统企业行为检测

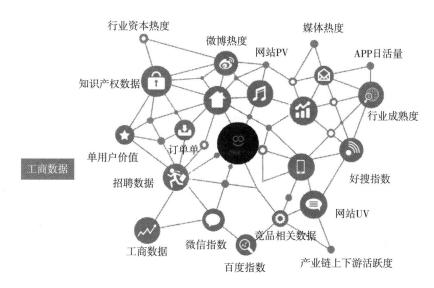

数据来源：因果树垂搜产品。

图 12 – 10　企业行为数据监测全景展示

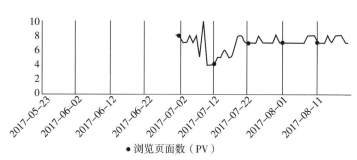

●浏览页面数（PV）

浏览页面数（PV）
对目标公司网站在全网
的日均访问量加总，并
经过加权计算的值。值
越高，访问量越大。高
指标反映了用户对目标
公司官方网站的访问情
况，是可以表明目标公
司网站内容受访热度的
指标。

数据来源：因果树垂搜产品。

图 12 – 11　企业运营数据统计可视化展示（PV）

模式效率有所提升，可实现对企业行为数据的较全面监测。该案例总体
满足多维输出的数据需求，并且在精准度、时效性、全面性上具备一定
优势。但在证券交易所对拟上市企业的审核评估过程和金融服务机构对
企业和个人各类投融资的尽职调查过程中的应用潜力还有待进一步验证
评估。此外，在企业行为数据挖掘和利用过程中，因果树应进一步加强
对敏感及隐私数据的保护，严防数据泄露风险。

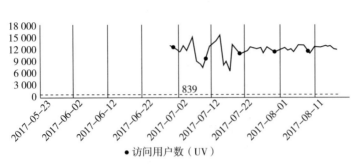

访问用户数（UV）

对目标公司网站在全网的日均独立访问用量加总，并经过加权计算的值。值越高，独立访问用户数越多。该指标反映了目标公司官方网站吸引用户的能力，是可以表明目标公司网站的获客能力的指标。

数据来源：因果树垂搜产品。

图 12－12　企业运营数据统计可视化展示（UV）

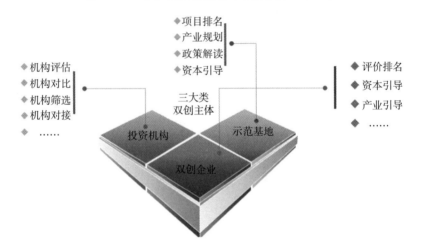

数据来源：因果树项目案例库。

图 12－13　因果树 & 国家信息中心双创评价体系构建示意

（四）北京市互联网金融监测管理系统

P2P 业务的互联网金融属性具有传统金融业务所不具备的一些新特征，如无事前准入制度、无固定经营网点、跨区域开展业务等。对 P2P 业务的监管是一个多部委参与、共同配合的过程，这就要求所有具有监管职能的政府机构以及负责资金存管的商业银行能够及时了解到 P2P 机构的经营情况和潜在风险，确保各方获得的信息能够做到数据的一致和时间的同步。为了在保证商业秘密不被泄露的前提下，实现 P2P 业务的

图 12 - 14 因果树 & 深交所非上市公司评价体系框架

信息共享，北京市金融工作局组织北京阿尔山科技有限公司开发了基于区块链的互联网金融监测管理系统（网贷风险监管系统）项目，以便及时发现违规行为和风险隐患。

1. 平台架构及参与对象。

互联网金融监测管理系统，在网络层面设计了区块链层、数据存储及处理层、核心服务层、API 及 Web 服务层、客户接入层等五层架构；在系统设计中，将网络借贷企业、提供存管服务的商业银行、监管部门等三个不同的角色纳入同一平台操作，相关数据都存放在同一区块链上，以便能够实时动态地记录各方的数据，反馈交易信息，并能根据需要和权限控制把信息共享到各方。同时，通过对网贷企业的一些敏感的商业信息进行加密处理，在保证商业秘密不被泄露的前提下，便于银行开展存管业务，让监管部门及时发现违规行为和风险隐患。

在使用互联网金融监测管理系统时，北京市银监局、北京市各级金融工作局和提供存管服务的商业银行，都作为参与节点连入平台区块链层。当 P2P 机构上传实时交易数据时，数据能够及时同步到各个节点，银监局和各级金融工作局便可以监控到与 P2P 机构上传的数据完全一致的内容来实现实时监测，存管银行也能够及时与存管数据进行比对和校验，来验证 P2P 机构上传的数据是否准确和完整。互联网金融监测管理系统交互关系如图 12 – 15 所示。

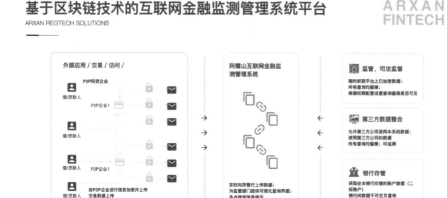

图 12 – 15　互联网金融监测管理系统平台

互联网金融监测管理系统风险预警效果如图 12 – 16 所示。

图 12 – 16　互联网金融监测管理系统风险预警效果

2. 交易数据隐私保护。

交易数据是 P2P 机构的核心资产和核心商业机密。2017 年 6 月 1 日实施的《中华人民共和国网络安全法》明确要求了确保网络信息安全和加强个人信息的保护。为了防止 P2P 机构在数据上传过程中的数据丢失、被盗从而影响其数据安全、业务安全和公司声誉的风险，北京市互联网金融监测管理系统中的区块链，P2P 公司上传交易数据时，只需要上传通过哈希算法处理过的敏感信息如姓名和身份证号等的散列值即可，以保护敏感信息不被盗用或用作非法用途。若一个人的姓名和身份证号是确定的，则其在任何 P2P 机构进行网贷行为，都可以得到完全一样的哈希值。因此，P2P 机构在上传交易数据时，监管机构通过姓名和身份证号的哈希值就可以一一对应。监管机构可以提供这两个哈希值要求相关 P2P 机构进行查询，但除监管机构以外的个人和主体都无法通过这两个哈希值对应到某个具体的人身上，以此确保 P2P 业务参与者的个人信息安全。

3. 交易数据防篡改保护。

以往对于 P2P 行业的监管，由于 P2P 业务完全是在互联网上进行，因此以往监管部门除了向 P2P 机构调取内部数据，并无其他途径可获知 P2P 机构的真实经营情况，这就意味着 P2P 机构可以通过修改内部数据来隐瞒真实经营情况，使得无法对其进行有效的监管。北京市互联网金融监测管理系统基于区块链技术的不可篡改性，P2P 机构在数据上链后，该数据将无法被其篡改，确保了历史数据的真实性，便保证了监管的有效性。当 P2P 机构为了掩饰其真实经营情况而刻意修改历史数据时，会立即被监管部门发现。

4. 数据溯源实现穿透式监管。

因数据的更新只能不断维护进后面的区块中，而不能修改之前已经生成的区块，所以通过对数据的溯源，便可以了解到 P2P 公司的真实历史情况。在 P2P 监管中，穿透式监管是当前存在的一个比较棘手的问题。无法得知出借资金的来源，也无法知道借款人筹得资金后的真实需求以及这笔资金的真实去向，这使得监管部门对 P2P 业务中可疑交易和洗钱等风险无法进行有效的监控。北京市互联网金融监测管理系统利用区块链技术的数据溯源特性，有效实现了 P2P 业务的穿透式监管。通过将与该笔资金来源的所有数据都上传区块链，便可以在任何时候都能够清晰、准确地了解到该笔资金的所有路径信息，监控资金的来源和去向。当某笔资金发现可疑情况时，可以及时锁定与该笔资金相关的所有信息，有效控制风险。

总体上，基于区块链技术的互联网金融检测管理系统平台，是一个兼顾数据采集与监管报告和风险预测分析应用场景的监管科技方案。该平台初步探索了解决网贷企业的交易信息不透明性消除，网贷企业交易信息真实性检验，以及网贷中资金来源和去向不可追溯性避免等几个 P2P 网贷行业最大的痛点问题的技术可行性。该平台通过对 P2P 企业上传的数据的关键字段进行哈希模糊处理，也避免了网贷企业交易数据核心字段的泄露，进一步增加了 P2P 企业上传数据配合监管的动力，有助于协助监管单位实现穿透式监管，有助于建立健康有序透明的网贷环境，在可疑交易出现的时候，也支持在区块链平台上进行交易追溯。但同时我们也应注意到，目前的区块链技术所能实现的交易速度尚不能够满足非常高并发的交易，在平台推广后，随着加入平台的 P2P 网贷企业的增加，上传的交易数据也会随之加大，该平台是否仍能支持大量交易数据上传后的快速处理，仍是后继需要进一步重点观察的方向。

（五）厦门小额贷款管理平台

自银监会和人民银行联合印发《关于小额贷款公司试点的指导意见》（银监发〔2008〕23 号）以来，我国小额贷款公司迅速发展壮大。小额贷款公司的出现对支持"三农"建设，解决中小企业和个体工商户的融资困难起到了积极作用。如今，小额贷款公司已经是中国信贷市场的一个重要组成部分。但与此同时，小额贷款公司也存在着信息系统薄弱、获客成本高、融资渠道有限、风控措施不完善等一系列问题。与国有商业银行、股份制商业银行相比，小额贷款公司尚不具备完善的、覆盖贷前贷中贷后的全流程风控体系，小额贷款行业缺乏涵盖贷款人信息及抵（质）押品信息的信息共享平台，导致在多头借贷及重复抵押等方面存在较大风险。2017年7月，厦门金融办组织银联商务公司和金丘科技公司，共同建设的"鑫e贷"小额贷款管理平台，正式投入商业运营，有望解决小贷机构之间的信任问题。

1. 项目业务功能。

"鑫e贷"小额贷款管理平台基于区块链技术，通过整合多方的贷款信息，构建大数据信息共享平台，打造各方参与的信用信息共享生态体系，助力小额贷款公司信息化建设，降低了监管机构监管成本，提升了小额贷款公司的经营效率。

在信息共享功能方面，平台基于区块链技术的可追溯、不可篡改等特性，将小额贷款公司的贷款信息、质押品信息、还款记录等信息，在小额贷款联盟之间互相共享，支持在用户授权下提供查询。

在个人隐私保护功能方面，借款人证件号码等敏感数据，通过哈希散列后加密存储，该加密方式不可逆，也就是无法通过加密后的数据解密成原始明文，避免出现信息泄露问题。如发生新的贷款申请，小额贷款公司通过录入证件号码，以相同方式加密，通过加密后证件号码的比对查询是否有贷款信息。此外，借款人在向小额贷款公司提交贷款申请时，需签订《个人小额贷款信用信息查询授权书》，小额贷款公司应保留该授权书以保证对贷款信息的查询符合法律规定。小额贷款公司仅在接到借款人申请，收到借款人证件号码及《个人小额贷款信用信息查询授权书》，才能通过该系统查询借款人贷款情况，无法在系统中直接查看现有存量贷款。

在机构商业机密保护方面，小额贷款公司可通过贷款全流程管理后台，查询借款人在加入区块链小额贷款信用信息共享平台的各家小额贷款公司的贷款情况，该信息均为加密信息，仅能查询借款人、借款金额、还款情况、借款期限、抵（质）押物等信息，无法查询具体贷款机构信息。

在借贷异常预警方面，系统提供多头借贷提醒和重复抵（质）押提醒功能，借款人在联盟成员中的小额贷款公司申请贷款后，如果借款人后续发生多头借贷，将向之前的小额贷款公司发出预警信息，提醒其注意借款人资金流动性；每个抵（质）押物，均根据相应属性设置唯一识别号，如房产证根据房屋产权证号，车辆根据车架号等。借款人如果发生重复抵（质）押，则贷款申请无法提交，提示该抵（质）押物已在其他小额贷款公司抵（质）押申请贷款。

在联盟生态激励方面，小额贷款公司将贷款数据上送区块链贷款信用信息共享平台，奖励数字积分，账户中的数字积分，可用于贷款信息的查询，该功能主要是鼓励小额贷款公司将每笔贷款记入这个平台。

2. 项目系统架构。

"鑫e贷"小额贷款管理平台主要由三个模块构成：客户端（手机APP）、贷款全流程管理后台、区块链贷款信用信息共享平台。

客户端（手机APP），是为小额贷款公司量身打造移动APP，用于其贷款客户在线了解贷款产品、在线注册、身份验证、电子签约、贷款申请、放款还款及贷后的各项业务办理。为小额贷款公司增加获客渠道并简化申请及签约流程，做好小额贷款公司信息化建设。

贷款全流程管理后台，是为小额贷款公司客户提供完整的贷款全流程信息管理服务平台，涵盖借款申请、贷款审核、客户信息查询、电子签约、放款、监控、回款、催收、贷款异常提醒等功能。在提高小额贷款公司的信息化管理水平的同时，为其打造规范化的贷款业务流程管理。

区块链贷款信用信息共享平台，通过打造联盟链，将每个小额贷款公司作为区块链的一个记账节点，实时记入并同步每个客户贷款信息及抵（质）押品状态，整合小额贷款公司贷款数据，丰富个人及小微企业金融数据，实现了小额贷款公司之间的信息共享，最大限度地避免多次贷款、重复抵（质）押的风险，降低小额贷款公司的经营风险。联盟链的部署模式如图12－17所示。

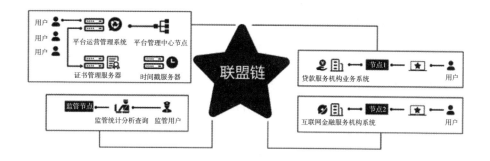

图 12 – 17　联盟链部署模式

其中，银联商务等公司作为运营方维护联盟区块链系统，执行对已授权小额贷款公司加入联盟的具体工作，并实施小额贷款公司的节点部署。

各小额贷款公司作为一个记账节点，参与到联盟中，将贷款信息安全上链存储，并向联盟成员广播数据，在通过区块链达成共识后生成区块，并获得一定的积分激励。同时，各小额贷款公司也可以根据用户的授权，利用联盟的安全数据进行风控管理。

厦门金融办作为监管节点接入，进行穿透监管，以便及时便捷地掌握当前行业的业务动态，对行业风险的管控监管机构可以作为非记账节点接入，实时监管贷款情况。

总体上，厦门"鑫 e 贷"小额贷款管理平台与北京市互联网金融监测管理系统存在一定功能相似性，是运用区块链技术提高小贷公司的风险管理水平，解决征信业数据缺乏共享、"信息孤岛"严重、征信机构与用户信息不对称等问题的一个参考实践案例。该平台通过使用区块链分布式账本技术打造了一个监管信息共享的平台，保证非敏感数据公开透明、可追溯、不可篡改，有效识别了贷款登记时多头借贷、重复抵（质）押等信贷风险，并通过引入监管节点，大大强化了监管机构在服务平台中的数据查看能力，赋予监管机构强大的数据统计分析能力。后续建议该平台进一步引入第三方数据，增加基于大数据、人工智能技术实现更强大的信息服务和风控服务功能，以更好促进厦门地区小贷行业的健康有序发展。

三、交易监测

（一）深圳证券交易所大数据监察系统

当前资本市场内外环境更趋复杂，证券违法违规呈多元化、隐蔽化等特征，一线监管工作面临前所未有的挑战。用好大数据、人工智能等新技术，不断提高科技监管能力，是交易所一线监管面临的重要课题，也是新形势下做好一线监管工作的必然选择。在此背景下，深圳证券交易所（以下简称深交所）积极推进科技监管、智能监管，充分运用文本挖掘、机器学习等先进技术，结合一线监管实践，开发了大数据智能监察系统、上市公司监管系统、风险监测监控系统等智能化应用系统，在交易监管、上市公司监管、债券监管、风险监测监控等方面精准发力，持续提升科技化、智能化监管水平，为交易所的一线监管提供强有力保障。

1. 交易监管。

在交易监管方面，深交所自主研发了大数据监察系统，全面支持实时监控、调查分析等核心监察功能。该系统具有四方面特点：一是海量数据处理能力，通过发挥穿透式监管体系优势，对深市数以亿计投资者的开户情况、逐笔申报成交等交易数据以及两千余家上市公司相关新闻、公告等信息进行整合、处理、分析；二是高效实时预警监控，该系统建立集自动化预警发现、可视化现场分析、电子化处理流程为一体的实时监控平台，对指数、个股、会员、投资者各个层面的异动能够快速预警、分析、处理，处理速度可达每秒 10 万笔，有效满足实时监控一体化高效运作的要求；三是科学的指标体系，系统逐步建立和完善市场监察指标体系，包括 130 个复合型监控预警指标和 5 套智能分析指标，能够及时有效识别异常交易行为以及内幕交易、市场操纵、老鼠仓等违法违规行为；四是智能化分析功能，充分利用大数据技术，引入高频时间序列匹配、交易重演、多维度分析等功能，实现从人工分析判断到大数据智能分析的跨越式发展，先后上线"老鼠仓智能识别""内幕交易智能识别"和"市场操纵智能筛查"等大数据应用系统，从数以亿计投资者的海量交易数据中，精准锁定异动账户，有效挖掘各类违法违规线索。

2. 上市公司监管。

在上市公司监管方面，深交所建立了上市公司监管系统，全面覆盖各项公司监管业务，目前上线了定期报告审查辅助、财务指标智能审核、会计审计监管案例库等功能模块，有效提升监管效能。

3. 风险监测预警。

在风险监测预警方面，深交所积极利用文本挖掘、数据挖掘、人工智能等大数据技术，不断提升对股市债市、股票质押、融资融券、分级基金等重点业务和领域的风险监测能力，优化事前、事中、事后全过程风险管理工作机制，推进风险监测监控平台搭建工作，自主研发了债券风险监测系统，实现了债券发行主体财务、收益、交易及信用风险的监测和评级，并根据风险评级情况进行预警，该系统是证券监管系统内首个集合交易数据、评级数据、财务信息建立的债券风险监测系统。

总体上，该案例是一个典型的交易检测和风险预测分析场景下的复合监管科技应用。依托相关智能化系统，深交所持续强化依法、全面、从严监管，全方位提升一线监管有效性，切实维护市场秩序，保护投资者合法权益，保证资本市场平稳发展。后续，深交所还将进一步落实各项证券监管要求，不断加大科技监管投入，大力发展监管科技，全面提升一线监管效能，强化风险监测预警能力，守住不发生系统性风险的底线，努力筑牢证券市场监管的第一道防线。一是稳步推进新一代监察系统建设工作，采用开放式、大规模、可扩展的分布式架构，进一步优化系统性能，丰富监管数据资源，利用流计算、数据挖掘、可视化等大数据技术，探索关联账户合并预警、投资者画像、证券画像等智能化应用。二是持续优化上市公司监管系统，运用文本挖掘、云计算等信息技术，探索构建上市公司画像图谱、公司与股东行为特征分析体系，逐步实现信息披露、舆情信息、举报信息的交叉可比性分析，提升探索发现问题线索能力。三是积极推进风险监测智能化建设，继续研究开发市场运行风险监测系统、股票质押和融资融券监控系统，搭建统一的风险监测监控平台，全面提升风险监测监控和预研预判能力。

（二）"磐石"平台

为便于向银行、互联网金融机构等提供身份识别、反欺诈、信息核验、信用分等合规能力提升一体化解决方案，以及向监管机构输出金融风险统计及监测预警能力，百度公司充分发挥自身在人工智能方面的技术储备优势，利用百度大数据挖掘技术、建模技术，重新塑造了风控管理的各个阶段，建立起了涵盖信贷全生命周期的监管科技产品解决方案——"磐石"金融大数据风控体系。该体系在每个阶段都有相应的产品或工具解决新业态下遇到的风控难题，具体产品体系如图 12 – 18 所示：

图 12 – 18　百度金融科技产品——磐石

1. 身份识别产品。

通过百度多年安全经验及数据沉淀，运用百度专业的深度学习算法和海量数据训练，形成了与设备相集成的身份识别产品，让识别应用环境更加安全。因设备具有迁移、替换难度大的优势，可帮助金融机构更有效地对注册场景、登录场景、活动场景、其他攻击等进行风控。

2. 反欺诈产品。

基于百度海量数据源，实现对千万量级极黑、灰黑风险名单的动态更新，并基于百度独特的互联网用户行为数据，挖掘提炼用户画像和行为特征。运用大规模机器学习和数据建模等前沿技术，对海量数据进行挖掘、处理和分析，运用 spark graphx 建立的一套子图计算管理、关联快照和关联分析算法，形成完整反欺诈产品体系。

3. 信息核验产品。

磐石信息核验产品提供的系列能力，能够帮助机构识别申请用户资料造假。其中，地理位置核验基于百度地图覆盖 70% 移动人群，能够精准刻画居住地、工作地、常访地等位置信息，用于用户信息核验。

4. 信用分产品。

依托百度大数据及人工智能技术，为客户提供用户信用评分，具备覆盖率高、模型区分度强等特点，可有效应用于客群划分、审批信用风险、资产违约预测等场景。

5. 福尔摩斯产品。

福尔摩斯产品是百度金融自研的关联分析系统。依托图关联技术，结合百度各场景海量数据，构建了业界较为领先的图关联系统网络，可以帮助金融机构有效识别隐藏在网络中的黑产信息，在团伙欺诈、黑中介识别、复杂风控规则实现等方面协助机构快速提高风控产品和运营能力。

百度"磐石"平台依托百度大数据，整合百度实时、多维、海量的沉淀数据，使用图关联算法，构建 100 余亿节点，400 余亿边，提供实时、交互式和离线多种方式的应用，并基于关联网络构建反欺诈能力，服务于信贷风控、案件反查、催收、资保等多种场景。当前"磐石"平台一方面对内已累计为百度内部拦截数十万名欺诈用户，拦截数十亿元不良资产；另一方面还向近 400 余家外部金融机构及互金机构提供了服务接口，外部机构日查询次数达数百万次，帮助机构降低资产损失，有效提升了金融行业整体风险防控水平。此外，在"贵州金融大脑"等政府合作项目中，"磐石"金融科技平台还充分融合政府、企业、金融、互联网等数据，开展区域金融监管与国民经济运营监测的全新探索。"贵州金融大脑"一方连接众多中小微企业，另一方是贵州省银行、小贷公司等金融机构，通过系统提取多个数据维度的信息，并在机器学习的基础上形成企业画像和综合评估报告，精准评估企业信贷风险，为金融机构信贷决策提供有力参考依据。此外，平台还可以通过采集分析数个日常生活信息指标，进行贷后风险预测和监控，及时发现企业经营异常。作为首个国内打通政府、企业、金融机构、互联网数据的中小微企业智能融资撮合平台，依托"磐石"平台构建的"贵州金融大脑"项目，帮助贵州金融监管部门做好大数据风控，进而促进政务的公开化、透明化、科学化。总体上，百度"磐石"平台，也是依托百度大数据，整合百度实时、多维、海量的沉淀数据，使用图关联算法构建的一个面向客户身份识别、交易监测和风险预测与分析等多个应用场景的综合性监管科技解决方案，已初步证明可在各类金融场景下有助于解决行业面临的反欺诈、信用评估等痛点问题，是人工智能、大数据、云计算等技术在监管科技领域里的一次成功应用。考虑该平台当前收集的个人信息数据较多，平台还应进一步提升信息安全保障体系建设，确保用户打分评级结果不能反推识别出特定个人。

（三）企业级反欺诈平台

金融行业可以说是最受欺诈问题困扰的行业之一，根据全球最权威的 Kroll 行业调查显示，全球有超过 91% 的金融行业从业机构在 2017 年遭受过欺诈问题的困扰，高于其他行业平均水平 7 个百分点，数量在所有遭到欺诈的行业中排名榜首。与此同时，《中国银行卡行业发展蓝皮书》显示，交易欺诈（伪卡交易、电信诈骗、互联网欺诈）成为了造成国内银行业过去几年损失最严重的前三大欺诈手段。

为了应对如此严峻的形势，金融企业通常会大量利用第三方外部黑产数据和云风控服务来防控欺诈。然而，这样的反欺诈在发挥积极作用的同时，也存在一定隐患。一方面，企业的反欺诈数据和策略是企业的核心风控能力，它们被掌握在外部企业手中，本身就是巨大的风险；另一方面，企业的反欺诈能力完全依赖外部，一旦某家风控服务企业策略被攻破，会产生连带反应，形成系统性欺诈风险。因此，企业亟需在内部建立一个自己的、伴随业务发展而不断迭代、反馈、自学习和自修正的反欺诈系统，这将成为解决当前新形势下欺诈问题的一个行之有效的方案。

中国金融行业企业级人工智能服务提供公司第四范式，通过开放企业级的人工智能平台为金融企业提供智能反欺诈能力，在深度服务多家国有银行和股份制商业银行的过程中，探索出了如何帮助企业搭建自有的人工智能反欺诈平台，该平台具有以下特性：

一是，帮助企业集成自身数据、第三方外部数据、第三方云风控服务等全部可以获取的信息，综合得到欺诈倾向的判断。

二是，为企业设计拥有内部欺诈识别能力的自有模型，让企业不再过于依赖第三方数据或外部云风控服务，从而将最核心的机密放在第三方，规避了最大的系统风险。

三是，运用机器学习技术，提升欺诈识别准确率，并通过高性能系统实现了实时事中反欺诈，可以将欺诈阻断在第一笔交易完成之前。

四是，与传统数十到数百维模型相比，平台可以建立高达数十亿维的模型，大幅提升欺诈团伙攻破模型的难度。

五是，可以提升天级别（最高可到分钟级别）的自学习更新能力，有效防范变幻莫测的新型欺诈手段，极大地提升了银行和机构的反欺诈能力。

1. 平台功能。

第四范式反欺诈平台包含有交易反欺诈（伪卡/盗账户，盗刷、转账等）、反套现、养卡识别、反洗钱、反薅羊毛、申请反欺诈、退税反欺诈、反骗保、欺诈团伙识别等众多场景解决方案，可应用于银行、证券、保险、P2P、税务等行业客户，协助识别恶意用户与行为，解决客户在支付、借贷、理财、风控等业务环节遇到的欺诈威胁，降低企业的损失。其核心组件如下图所示：

第一，提供超高维的模型能力。模型的维度就像人的脑细胞数量一样，决定着模型的复杂度和识别能力，数十亿级的特征可以细微地

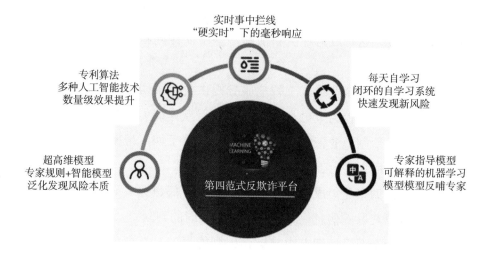

图 12 – 19　第四范式反欺诈平台核心组件

刻画每一个用户的各种行为，同时模型和特征的泛化能力可以在人能理解的维度之外发现欺诈的共性和本质，进而可以对应欺诈手段的各种变种。

第二，在多种人工智能专利算法，如长周期时序特征、自动特征组合、知识图谱等底层核心技术的支持下，应用层可以获得突出的模型和业务效果。

第三，依托分布式架构设计，平台可在高并发的生产环境支持数十毫秒级的响应，毫秒级的处理速度，使得实时事中交易反欺诈成为可能，将首笔欺诈就拦截在系统之外。

第四，提供自学习能力。闭环的自学习系统，是区别于传统专家模型模式的至关重要的优势。由于流程的智能化和自动化，平台可以每天（甚至每小时）基于新的数据进行自学习和更新，及时地调整适应业务变化和欺诈手段的变化。

第五，提供机器学习模型反哺能力，专家可以将经验数据输入到反欺诈平台，使平台的模型输出有一定解释性的特征，反哺专家，系统在专家和人工智能模型的相互协同下不断优化和提升。

2. 应用场景。

第四范式企业级反欺诈平台，在欺诈侦测领域为企业提供了一体化解决方案，可应用于交易欺诈侦测，贷前审核风控及贷后监控，线上营销风控等方面，如下图所示：

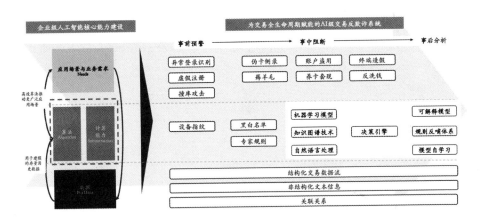

图 12 - 20　第四范式企业级反欺诈平台功能流程分解

在交易欺诈侦测方面，通过人工智能的方法全面地刻画交易场景的各方面的因素，包括交易双方的属性信息、交易信息、交易账户/交易设备的交易短时间行为和长时间兴趣、交易账户的和其他账户的图关系信息等，详细信息如下图所示：

在贷前审核风控方面，反欺诈平台一方面依托自然语言处理和知识图谱等技术，有效识别伪冒信息、中介包装、团伙欺诈等情况；另一方面，通过基于大规模知识图谱的"人机博弈"问答系统识别冒用身份、伪造信息等欺诈。系统会基于申请客户的基本信息自动生成问题，基于申请人回答问题的行为、节奏、回答内容等信息综合判断欺诈概率，使欺诈无处遁形。

在贷后监控方面，反欺诈平台周期性地预测存量客户的逾期概率和黑中介养卡概率，并建议业务跟进，同时还提供智能催收方案。发现集中逾期、养卡和欺诈时，可实时对存量用户进行全量检测，及时发现跨

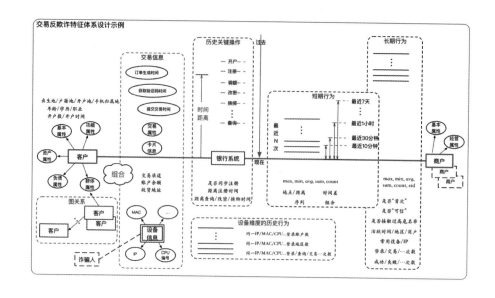

图 12-21 交易反欺诈特征体系设计示例

平台逾期、多头借贷、用户异动等风险，并重新对借贷人生成智能催收策略，减少逾期坏账概率。

当前，第四范式反欺诈平台分别在某国有银行和某股份制商业银行生成了十亿级别的特征，并最终相对客户原有效果取得了较大提升。总体上，通过对第四范式反欺诈平台的调研可以看到，这是一个侧重交易监测场景并兼顾客户尽职调查场景的监管科技应用。从案例中可以看到，在过去直接利用第三方黑产数据、外部云风控和传统专家模型的基础上，基于人工智能构建企业内部的反欺诈系统，能够以远超传统专家经验的维度，提升模型被攻破的难度。同时，基于银行自身的业务特点进行欺诈防范，还可以随业务发展变化而不断迭代、反馈、自学习和自修正，是应对当前日益复杂多变欺诈风险的较优选择，也是监管科技在合规侧的有效应用。另一方面，我们还是应看到，过于复杂的反欺诈模型，也势必会进一步增大模型的不可解释性，考虑到金融风险防控是永恒存在的，互联网领域的欺诈风险也不可能完全被消灭，任何反欺诈系统都不是万能的，在设计反欺诈模型时，还是应该在模型复杂度、一类错误率与二类错误率之间，获取得一个较优的平衡。

四、风险预测与分析

（一）应收账款资产证券化管理系统

资产证券化是目前被广泛运用的结构性融资方式，也是一种基于多笔不同资产上附着的现金流进行管理的资产管理手段。当前，资产证券化产品结构复杂，从资产的转售交割、现金流打包—分割—重组—分配到证券登记结算流通的全业务流程中，参与主体多、操作环节多、数据传递链条长、数据及现金流分配过程繁复。一方面，业务依赖人工处理交易信息，过多道中介传递后，信息出错率高，且成本高昂、效率低下；另一方面，在资产包存续期内，也较难做到对底层资产的穿透管理，难以确保资产包的健康状态，进行主动的风险管理。

为了探索上述行业痛点的可行解决方案，易见股份公司建立了应收账款资产证券化管理系统，借助区块链不可篡改、数据可追溯等优点，有效解决资产证券化过程中存在的环节多、流程复杂、底层资产透明度差等问题。

1. 系统参与主体。

以应收账款为底层资产进行资产证券化的过程中，涉及到多家参与方以及不同的系统。在易见股份的实践中，通过使用"易见区块"来形成底层资产，由资产管理系统"易见ABS"进行资产管理，最终全部数据导入交易所，完成发行以及发行后存续期的信息披露，如下图所示：

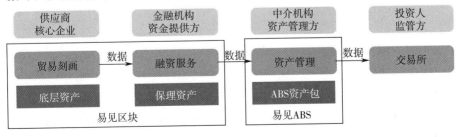

图 12 – 22　易见 ABS 工作流程

投资人和监管方通过交易所信息系统或直接访问资产管理系统，可以实时查看底层资产的形成过程、当前状态，并根据现金流评估风险和预估收益。

2. 系统资产刻画。

在易见区块中，可以形成两种关联的资产。首先是通过供应商与核心企业之间的贸易行为产生的应收账款资产；其次是金融机构或保理公司等其他资金提供方通过对应收账款融资处理形成的保理资产。其中，应收账款资产是保理资产的基础。在资产管理系统中导入易见区块的底层资产，经过审核、封包等操作，形成资产包进而提交给交易所发行。

上述底层资产的刻画通过完整、实时的将资产形成过程完整记录在区块链上来实现。易见区块中，贸易源头的合同、到订单、发货和收货单、结算数据都由贸易参与的一方提交、另一方确认；被确权的结算数据即结算单是发起应收账款融资（保理）的前提。除此之外，还记录买方的支付操作，即何时、以何种方式对哪些结算（账款）进行了支付。区块链的签名机制有效的保证了上述数据的不可抵赖。同时，结算单需要关联其生成结算的基础数据，即收货单、发货单、订单和合同。通过对这些基础数据的关联性分析，能够有效发现虚假数据。

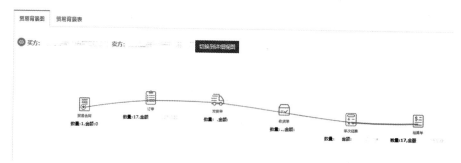

图 12 - 23　应收账款资产示例

上图给出的是一个应收账款资产的示例。从图中可以清楚的看到这个资产以一个贸易合同、17 个订单，经过了发货、收货和结算的环节，最终形成 17 张结算单。通过"切换到精细视图"或查看"贸易背景表"，用户可以查看中间每个环节的详细数据。下图给出了"精细视图"的显示，该视图能更清楚的展示出数据之间的逻辑关联关系。

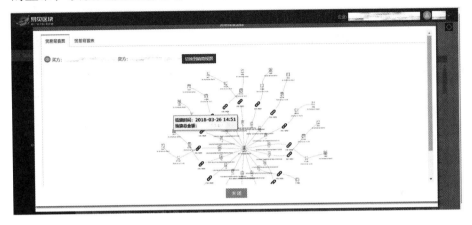

图 12 - 24　应收账款资产精细视图

由于区块链本身并不能保证数据上链之前的真实性，而操作人员的手工输入数据既有主观造假的可能性、也有操作失误导致的数据错误。因此，在数据源头采集上，易见区块尽可能的使用系统对接、物联网设备采集等手段。例如，合同、订单数据可以从企业 ERP 系统中接入；收货数据可以从物联网（扫码、电子过磅等）设备中获取。

在整个过程中，易见区块和易见 ABS 系统通过使用区块链、物联网以及大数据分析技术，保证投资人和监管方获取数据的真实性、完整性和实时性、以及资产管理的有效性，以支撑穿透式监管的实施。

3. 动态资产管理。

易见 ABS 对入池资产从数据源头进行穿透管理，每个资产都对应于易见区块中的应收账款或保理资产，其相应状态及属性都记录于区块链上，有效保证底层资产的真实性。

通过易见 ABS 系统的动态管理，对资产属性进行实时监测，并对存续期内资产包超出设定值的资产条目进行预警。所有数据从源头进行系统管理，发行期及存续期的所有操作均由系统进行记录上链，并保留相应附件，降低过程中人工处理产生的错误率，实现全链条的在线协同工作，提高发行效率，并且保证操作可视、数据可溯源。

由于系统中保存有底层资产的实时、全量数据，通过对资产数据的分析和交叉比对，可以有效发现资产包中的不合格资产、过期资产，分析资产包中根据属性特征分类和趋势，进而对资产包的健康状况给出评估。如下图给出了一个示例资产包（房贷尾款资产）的统计分析展示，除右边给出的资产包资产基本统计信息外，还可以进行付款方式、房屋类型的分类比例分析以及账龄分布统计。这些数据都可以帮助资产管理者和投资人判断资产包的健康状态。

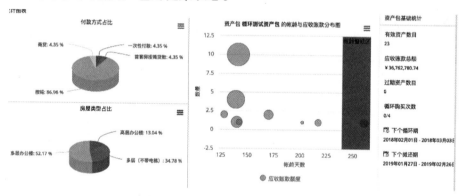

图 12 - 25　房贷尾款资产示例的统计分析展示

在易见 ABS 构建的联盟链条中，各参与方可以实现信息共享，信息无法被篡改，从而实现对底层资产全生命周期的信息监控，对资产池可以进行实时监控、获取全部信息，而不再是样本抽查。评级机构可以将自己的评级及监控内容嵌入区块链之中，生成更精准的评级报告并可以及时调整评级结果；律师能更大程度地把握整个资产池的法律风险；投资者可以掌握所投资产的真实信息，透明程度进一步增加。易见 ABS 系统解决了资产证券化过程中信息不透明、披露不充分的问题。同时基于区块链的功能特性，有效保证资产自身数据和资产管理过程数据的真实性，安全实现全流程的价值转移和信用转移。

总体上看，尽管易见区块应收账款资产证券化管理系统主要作为资产管理工具设计和开发，但由于其全流程的刻画了资产形成、审核、发行、循环及成熟的全生命周期，并利用区块链、物联网等技术进一步提升了数据真实性和不可篡改保障，整个系统实现了信息闭环，有效把控了资产的真实性和风险，事实上为全量底层资产的穿透监管提供了有效支撑，可以看作是一个风险预测与分析场景下的监管科技应用案例。后续，建议易见股份公司继续投入研发力量从两个方面改进系统。一方面是提升源头数据质量，即在应收账款形成过程中，通过深入企业系统和物联网设备的集成，提供数据在企业端的可信可溯源存储，保证源头数据的真实性。另一方面，基于对交易所、监管方和投资人的调研，开发专门的数据分析和可视化模块，提供更深入和直接的资产状况展示，并提供数据集成接口，便于交易所、监管方的系统接入。

（二）信用风险预警系统

为实现快速、全面识别、监测和防范客户信用风险，恒丰银行积极筹划，于 2015 年起，启动了基于大数据和机器学习技术的信用风险预警系统，以加强风险信息归集、监测、审查的准确性、及时性，强化风险预测能力。

1. 系统业务功能。

信用风险预警系统，主要满足以下方面风险预测与分析需求：一是全面、快速整合客户相关信息，准确识别客户及所提供担保的风险；二是实现贷前风险提示、贷中贷后风险监测及预警等客户风险全流程监测，拦截高风险客户；三是通过互联网非结构化信息采集分析技术手段，及时识别客户负面舆情，提升信用风险主动检测及预警能力；四是支持各类风险防控模型的动态回测与验证，确保模型可适应客户风险多样性、易变性、复杂性的局面。

2. 系统架构。

恒丰银行信用风险预警系统主要分为基础数据层、基础技术服务层和应用服务层，其总体架构如图 12 - 26 所示。

基础数据层主要负责行内行外数据接入、存储，通过自建爬虫体系、购买外部服务数据 API 或文件批量推送服务等方式，实现四类风控数据

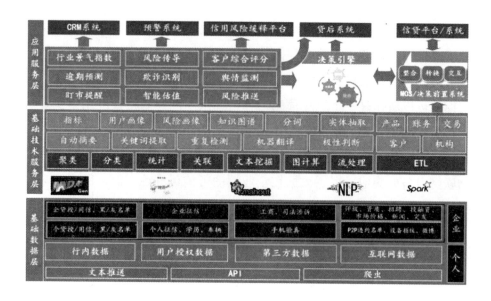

图12-26 恒丰银行信用风险预警系统

的接入：一是企业和个人的基础信息、授用信信息、还款信息和账户信息等行内数据；二是企业和个人征信、学历、车辆等个人信息和电商交易记录等授权数据；三是工商、司法、手机验真等第三方数据；四是企业的评级、资质、招聘、投融资、市场价格、新闻、突发等互联网资讯数据，形成风控专用的风险数据集市，如图12-27所示。

图12-27 恒丰银行信用风险预警系统

基础技术服务层主要负责运用大数据分析和自然语言处理等技术，对基础数据层接入的数据进行三个层次的整合加工：一是将非结构化数据结构化并进行ETL处理，通过文本解析、正则表达式、语义网等技术抽取关注的要素信息，如互联网上政府、行业协会公示的企业资质信息，评级公司公开的企业评级信息等；二是根据需要对文本信息进行分词、实体抽取、自动摘要、关键词提取、重复检测、正负面极性判断、语义分析、文本分类等标记及基础指标加工等处理；三是基于结构化、标记后文本及基础指标，借助文本挖掘、R语言等技术或工具，构建形成客户统一风险视图，如客户授用信指标、还款情况、涉诉情况、经营情况、舆情信息，并通过关系图谱、投资图谱等各种数据的进一步关系强化，进而形成完整的企业/个人知识图谱等。数据处理流程如图12-28所示。

图12-28　数据处理流程

应用服务层主要负责借助各类数据，直接或与其他关联系统交互的方式发挥风控作用。

一是单笔业务的风险防控，涵盖授信业务的贷前、贷中、贷后全生命周期，主要由用户发起，属于被动式风控方式。贷前阶段主要从客户的各类信息中建立关系图谱和投资图谱，并形成完整的客户统一风险视图及风险扫描报告以辅助客户经理做好贷前分析；贷中阶段将综合征信、学历、车辆等各类数据，结合大数据技术形成客户审批建议和授信额度建议等；贷后阶段将根据贷后风控策略定期监测已授信客户风险信号，包括客户履约情况、担保情况、偿债能力变化情况等。

二是批量业务的风险防控，主要应用于贷前调查和贷后风险监测、风险缓释。贷前调查阶段通过对目标客群进行批量风险扫描，快速评估目标客户风险状况，预测新业务发展前景，及时对新业务规划、目标进行相应调整；贷后阶段主要结合客户授信偿还情况、担保情况及其他风险因素变动情况触发贷后进行风险处置及押品系统、风险缓释系统进行担保物的核查、处置。

三是风险的监测、追踪、预警、预测。通过构建行业发展景气指数，并从行业、地域维度分析风险暴发情况，辅助业务规划及相关有权部门调整高风险行业和地域的贷款投向；通过持续追踪国家产业政策的变化，各部门、各地方政府相应细则的落实，紧盯国家、中央层面动向，合理安排信贷投向；通过监测各类突发事件，应用文本挖掘及知识图谱技术从海量文本舆情数据中快速识别客户负面舆情，确定风险类别、风险主体、发生地域等，通知相关部门及时评估事发客户及下游客户风险，启动资产保全措施，及时挽回损失。

3. 系统实施效果。

恒丰银行信用风险预警系统自投产上线以来，经过模型的不断扩充完善、技术的不断升级、系统性能的不断优化，推动了全行风控能力的逐步提升。一是授信审批效率有提升，将原有授信业务发放周期由数天缩短为数小时甚至更短；二是客户风险识别率有所提升，将新增授信业务逾欠率控制在1%以内，且呈逐渐降低态势；三是客户贷前调查成本有降低，经数据统计，风险预审过程可综合节约近80%的人力成本。

总体上，恒丰银行信用风险预警系统综合行内数据整合、第三方数据获取和互联网公开信息主动抓取等手段，探索运用大数据风控技术作为传统风控手段的有益补充。系统还引入机器学习等算法，强化授信全生命周期内对客户各类风险信息的识别与审查，在推动风险识别效率与准确性、降低风控成本，规避人工风险审查过程中潜在的隐瞒客户不良信息等道德风险方面发挥了积极作用，是中小型银行运用监管科技手段提升信贷风险预测与分析能力的典型案例，具备一定向行业推广应用的潜力。未来，建议恒丰银行进一步研究比对传统风控与大数据风控手段在实施效果上的差异，不断提升外部数据质量和互联网数据抓取广度，持续跟踪评价风控模型效果，在业务快速发展推进过程中同步强化合规管控技术手段。

（三）智惠慧眼产品

为提升互联网金融平台的风控能力，银联智惠信息服务（上海）有限公司（以下简称银联智惠）基于海量自有资源并整合外部资源，依托大数据和云计算技术，开发了慧眼系列产品，面向互联网金融平台提供一体化风控解决方案，当前已在北京宜信致诚信用管理有限公司有落地应用，取得了良好效果。

1. 产品业务功能。

慧眼产品定位于基于安全可控架构的综合信贷风控支撑服务系统，通过实现基于多源大数据融合的信贷风控管理，建立全数据生命周期的信贷风控系统，并通过系统监控识别高风险信贷信息，借助信贷风控模型提前预警潜在风险，支撑小额贷款、互联网金融、银行贷款、信用征信等行业贷前、贷中、贷后风控管理体系的优化完善，提升信贷风控能力。基于慧眼产品的信贷风控流程如图 12 - 29 所示：

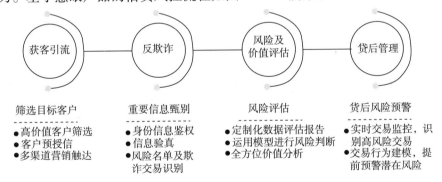

图 12 - 29　银联智惠大数据信贷风控流程图

在获客引流阶段，产品在取得商户或持卡人授权查询前提下，可利用慧眼产品依据常住位置、消费水平、银行卡等级、历史交易行为等特征，筛出风险客户，并推送给有潜在价值的客户，如图 12 - 30 所示。

在反欺诈阶段，产品可对身份信息进行鉴权，包括对应关系、持卡人身份、银行卡有效性验证等；信息验真，包括学历学籍信息、交易账单、工商注册信息验真等；筛查风险名单识别欺诈交易，包括疑似套现、拒付、盗刷行为检测等；交易足迹跟踪，如图 12 - 31 所示。

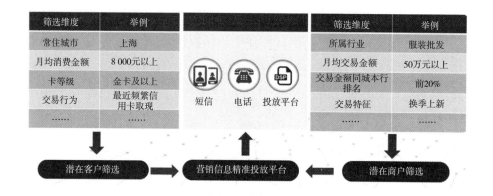

图 12 - 30　消费金融行业解决方案：获客引流

图 12 - 31　消费金融行业解决方案：反欺诈

在风险及价值评估阶段，产品根据商户、持卡人的信息查询到其历史交易数据，通过制定的各项评价指标来完成商户和持卡人的还贷能力评估。商户选取经营稳定性、异常交易、每周交易量、经营变化、同行对比等多项指标。持卡人选取包括资产状况、每月消费情况、消费大类、消费地域分布、交易行为等多项指标，进行还贷能力评估，如图 12 - 32所示。

在贷后管理阶段，慧眼产品将卡号、交易时间、交易金额、交易地点、商户类型等信息作为监控字段加入监控系统，系统依据监控信息对用户的银行卡使用、交易情况进行实时监控，获取用户的交易地点、金

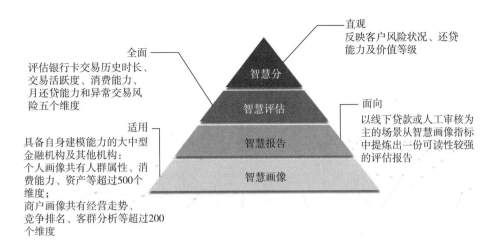

图 12 -32　消费金融行业解决方案：风险及价值评估

额、交易时间等信息，并将获得的交易信息发送给客户，分析情况对贷款人或贷款商户实施还贷、催收、代扣策略，如图 12 - 33 所示。

图 12 -33　消费金融行业解决方案：贷后管理

2. 产品系统架构。

慧眼产品在采集融合银联数据、政府数据、社会组织数据、企业数据等多源化大数据基础上，建立了统一的信贷风控大数据存储系统，并依托数据挖掘和机器学习算法对数据进行挖掘分析，分别针对持卡人和商户两大分析主体，建立了信贷风控模型系统和指标系统，并嵌入各互联网金融公司业务流程和服务环节中，以提高其风控业务的数据支撑能力。产品架构主要分为六个模块：

一是多源大数据采集系统，负责采集多源数据，并对数据进行清洗，实现标准化和数据融合。

二是数据统一存储管理系统，根据采集平台处理后的数据，生成信贷风控支撑平台的基础数据，包括原始数据、整理后数据、计算结果数据等，并对上述数据进行存储和管理。

三是数据分析计算系统，依托数据挖掘能力和机器学习算法进行数据分析，生成包含逻辑回归、商户属性、语义、产业上下游、人群属性、信用评级等模型库，创建包含还款能力、还款意愿、违约成本、信用档案等信贷风控指标。

四是开放数据服务系统，以用户画像和商户画像为核心画像，提供包括增值信息服务查询、画像查询、交易报告查询（当前包含持卡人模型评分、资产状况、每月消费状况、消费大类分布、消费地域分布、交易行为特征、信用相关交易统计等持卡人报告和商户模型评分、核心经营指标、经营稳定性指标、异常交易指标、经营变化趋势、每周交易统计、本市同行对比、客户地域分布、客户忠诚度等商户报告）、智慧反欺诈（当前包含银行卡身份验证、对应关系认证、银行卡交易地点统计、银行卡有效性认证、账单真伪认证等验证算法）等支撑型应用，并支持服务报告、在线查询、接口调用等多种服务方式。

五是数据运营管理系统，运用数据生命周期管理的方式，建立数据标准及质量管理体系，进行数据管理，并依托数据运营管理工具，实现数据运营管理的流程化和自动化。

六是信贷风控支撑与应用，面向信贷风控的应用需求，通过服务报告、在线查询、接口调用等多种服务方式，提供体系化的持卡人、商户画像数据服务，并提供重要信息甄别、风险评估、还贷能力、商户套现甄别、制卡人套现甄别、贷后风险预警等信贷风控支撑应用。

总体上，银联智惠慧眼产品是一套较为完备的信贷风险全流程预测分析的监管科技解决方案，兼顾了客户身份识别应用场景需求。该产品系统梳理了信贷风控需求，融合多源大数据，综合运用多类机器学习模型，最终构建了满足市场需求的信贷风控一体化应用服务平台。后续，建议银联智惠公司进一步做好不同数据源的整合利用，不断优化完善信贷风险数据仓库架构，同时应加强数据隐私的技术保护能力，保留个人对交易信息的脱敏或不入库操作能力。

五、机构内控及合规管理

（一）大数据与智能驱动的合规平台

作为中国互联网金融知名企业之一，蚂蚁金服积累了海量的交易数据。为弥补合规人员专业经验的不足、沉淀合规专业能力，蚂蚁金服经过几年的探索和实践，形成了一套集数据采集、处理、分析、服务能力为一体的合规管理方案和落地平台，综合利用云计算技术、大数据技术和人工智能技术来处理简单、高频、重复的合规工作，将过去发生的合规事件或合规风险进行归纳总结，以节省人力，提高合规管理效率，力促合规管理进入智能化时代。蚂蚁金服的监管合规平台具有如下特点：

1. 基于分布式计算架构构建大数据平台。

监管合规平台在基础设施层采用了分布式计算架构，详见图12-34。为实现稳定、高效的数据处理，蚂蚁金服自主研发建立了一套弹性混合云架构的分布式计算平台，具有丰富的计算能力，包括大数据分布式计算平台 ODPS、实时分布式计算平台 Kepler 以及分布式图计算数据库及平台 Geabase 等。平台具备对数百 PB 级的数据进行分布式处理的能力，并在计算处理时进行语义、逻辑层面的验证，提高数据质量，最后将计算结果输出到在线分布式数据库 OceanBase、关系型数据库 Mysql 或 KV 数据库 HBase 等数据库中。在保留计算结果的同时，平台可通过大数据分析，保持对静态明细数据血缘的追溯，同时强化数据完全一致性以及实时迭代计算能力。分布式图数据库和图计算平台，可支持超大规模复杂关系网络计算中所需的高并发和低延时的读写、分析能力，为构建自动化的监管合规体系奠定了较坚实技术基础。

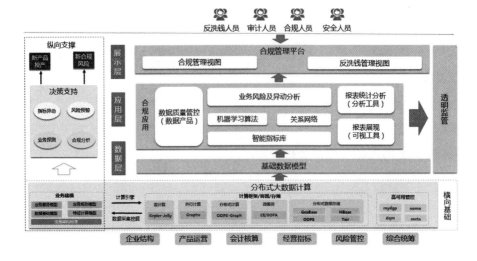

图 12 - 34　大数据与智能驱动的监管合规平台架构图

此外,考虑到数据涵盖客户、商家、支付、订单等不同类型,业务关联关系复杂,蚂蚁金服通过数据关联建模方法,将动态数据与离散系统的链接通过结构化建模语言形成基础元数据,沉淀到一个细粒度化且易于扩展的安全性模型中,支持与各系统、应用程序、存储库集成,并保证主数据信息同步准确。同时,蚂蚁金服通过数据质量保障平台快速部署数据核对、运算异动分析规则,连接上下游数据关系并保障一致性。

2. 基于专家经验及智能模型构建智能指标库。

指标库是一种广泛的数据应用技术。经过多年实践,蚂蚁金服沉淀出一套指标管理标准和落地平台。每个指标代表某类业务特征的一个点,多级指标体系或指标大盘把点结成网,形成指标图谱;每个点通过数据资产指标化,将信息供应链中一个一个的信息节点提炼成数据资产,进行更为精细化、标准化、量化的管理,并可以分解到更细的维度,探查到具体风险的诱因。当新业务的变化或者业务发生异动时,指标上会发生微观反应,可以根据分解更细维度指标进一步发现异动发生的源头和特征,从指标的微观反应结合模型和算法可以进行智能异动分析(见图 12 - 35)。

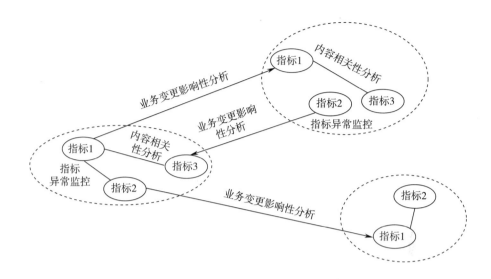

图 12 – 35　智能指标库效果图

3. 基于关系网络构建全业务信息图谱。

关系网络是业务风险分析和智能异动分析的一个有效实践，涉及资金关系、人际、媒介等多种关系网络特征。蚂蚁金服利用大数据和人工智能的优势，建立支持开放式接入的金融领域算法和深度学习框架，提供高效、易用的一站式机器学习 PaaS 平台，以及模型全生命周期管理。为实现业务关联分析，建立了一套大数据的分类信息库标准，通过实施完善的元数据管理，将数据划分为若干主题域，用于管理用户、商户、机构、合约信息、订单信息、交易信息、资金信息等各维度数据核心资产，并沉淀关系网络开放服务能力，在风控、反洗钱 CSI 中识别潜在风险和新领域风险（见图 12 – 36）。

4. 基于自动可视化监管信息报送构建一键式透明监管模式。

蚂蚁金服在沉淀出的中间基础指标库及基础模型之上，依托大数据指标平台与智能算法平台在应用层架构的支撑，将海量信息数据结合指标化定义，可以一键式快速生成监管报表。同时，通过结合可视化技术进行数据分析，实现对数据进行可视化、透明化披露。此外，通过透明监管平台，提供备付金交易明细查询、备付金账户查询、支付宝余额查

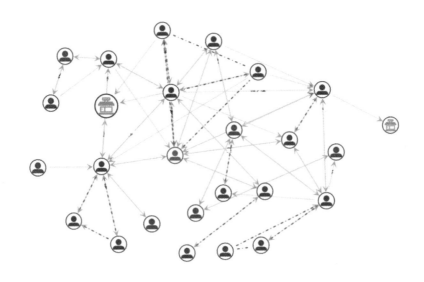

图12-36 关系网络产品效果图

询、非银监管查询等非现场快速核查工具，实现远程、实时、随时、快速核查。

总体上，蚂蚁金服充分发挥自身技术及数据沉淀优势，形成的一整套集大数据采集、处理、分析、服务能力为一体的合规管理方案和落地平台，是中国互联网金融领域具有一定代表性的内控和合规管理监管科技应用实践。由于业务性质和管理方式的不同，该应用实践并不是一个通用的内控和合规管理监管科技解决方案，在金融行业其他机构的可推广性还有待进一步讨论。

（二）金融网络犯罪监测系统

伴随着互联网金融创新业务的快速发展，各类金融网络犯罪现象也愈加猖獗，从内部看，黑色产业链下，内外勾结的现象屡禁不止，金融从业机构的信息系统往往成为黑客和违规员工等犯罪分子盗取机密信息、破坏服务稳定性的入口，金融安全防护面临巨大挑战，亟需引入监管科技手段加以防范；从外部看，互联网金融服务中的反洗钱犯罪，也呈现出网络化、多变性、隐蔽性和复杂性的显著特征，洗钱手法不断推陈出新，严重影响到经济秩序和金融安全稳定，金融机构应对反洗钱执法检查和违规监管处罚的合规成本随之不断上升，也亟需引入监管科技手段降低合规工作压力。

为有效应对网络时代内外部金融犯罪的挑战，增强覆盖事前事中事后全方位风险监测和防范能力，提升风险监测智能化工作水平，平安集团运用大数据和机器学习技术，建立了全方位的金融网络犯罪智能监控体系。

1. 业务违规访问自动监测平台。

考虑在信息系统违规使用过程中，犯罪分子往往伪装成普通系统用户，其身份及行为极具隐蔽性、犯罪行为也极具多样性，很难通过基于内嵌规则的方式识别可疑日志，也很难提取足够多的违规访问日志样本进行标注，面对记录用户行为的海量系统日志，平安集团探索使用无监督聚类学习技术，无需依赖用户行为的标签样本，而是通过对海量日志文本处理以及对系统用户操作深度智能分析，获取用户操作行为轨迹，通过无监督算法深度挖掘用户操作之间的关联关系或将将信息聚集成不同的群体，从而根据关联性和群体特征识别用户异常操作行为，如异常于习惯的操作、异常于群体的操作、异常于系统操作规律的操作等，判断潜在的风险，快速、精准定位海量用户操作中的异常操作行为，实现信息系统网络犯罪的精准识别、防范和打击，其应用框架如下图所示：

在数据处理阶段，利用平安集团大数据分析平台，对海量文本日志进行数据清洗和结构化处理，结合用户属性、办公属性等信息，形成完整的用户操作行为数据；

在特征工程阶段，结合用户操作习惯、专家经验及数据分析方法，在用户、操作时间、操作菜单、操作 IP 等基础特征上，运用主成分分析（PCA）完成特征变换后，形成多维度用户操作特征向量，建立基础指标＋衍生指标的用户操作特征体系。

在算法模型阶段，综合利用 K－means、DBSCAN、GMM 等聚类方法、时间序列分析和关联分析技术，从海量、繁杂的用户操作行为特征中寻找关联关系，智能化的对正常用户与异常用户进行分群分类，挖掘用户操作行为轨迹中的异常行为，精准识别异常操作用户。通过自动化

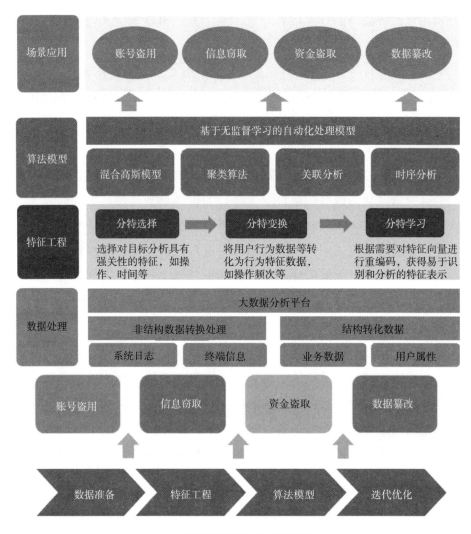

"无监督学习技术"应用框架

图 12 – 37 业务违规访问自动监测平台应用框架

系统输出异常操作行为数据及其历史操作行为数据，并由人工开展进一步的风险核实，发掘未知信息系统犯罪行为，并根据核实结果不断对算法进行优化迭代。

通过算法模型算法的构建，业务违规访问自动监测平台可应用于下述风险的防控：

（1）员工利用权职和多个系统关联漏洞，在系统中进行违规操作：分析识别某些操作在特定用户中出现的概率及关联操作，以识别违反系统操作规律的异常操作行为；

（2）客户敏感信息泄露：通过系统，分析识别获取客户敏感信息的违规行为。

（3）业务数据被篡改等违规操作：分析识别恶意篡改业务数据的违规行为。

（4）用户非授权访问：分析识别绕过系统控制，访问非授权信息等违规行为。

（5）其他账号共享/盗用等风险场景行为。

2. 反洗钱智能监控平台。

随着互联网技术应用及金融服务创新发展，越来越多的金融业务可通过线上非柜面方式开展，给客户提供便利的同时，也给金融机构的客户身份识别及反洗钱风险管控带来了挑战。为提升客户身份识别（KYC）的有效性，一方面，平安集团通过应用人脸识别、声纹识别等生物特征识别的技术手段，积极推行非柜面渠道的"实人认证"模式，并在客户尽职调查中，利用企业大数据等工具加强对实际控制人及受益所有人的追溯识别；另一方面，平安集团探索建立客户洗钱风险画像及监测引擎，在与客户建立业务关系和办理业务环节，实时监测客户洗钱风险并输出早期预警信号，及早识别洗钱犯罪分子，夯实在事前和事中洗钱风险监测和防范能力，有效提升事前洗钱风险监测手段及管控水平。

平安集团反洗钱智能监控平台总体技术架构如下图所示：

监控平台基于内外部大数据建立了上千维度的客户洗钱风险因子体系。因子体系除了客户身份信息、业务产品信息、地域信息、资产信息、交易信息等传统因子以外，还包括行为习惯、社交网络、位置服务信息、司法信息、工商信息等创新因子。通过对内外部数据的搜集、筛选、挖掘以及整合清洗，对客户进行更全面、更立体化的识别，多角度勾勒出客户的特征，形成全方位的客户洗钱风险画像。

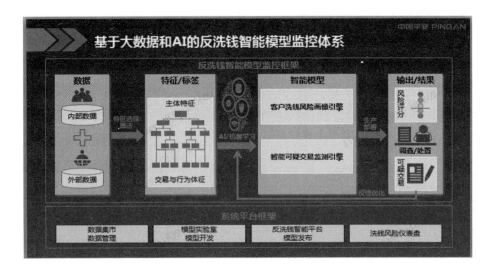

图 12 – 38　反洗钱智能监控平台总体技术架构

　　基于客户洗钱风险因子体系，平安集团还建立了可疑交易智能监测模型。在反洗钱交易监测中，传统的规则模型存在较大局限性，规则精细度不足，难以充分关联挖掘数据层面潜在的反洗钱风险信息，导致误报警过多，无法从根本上提升反洗钱监测效果。平安集团通过综合运用反洗钱"集中做"、"专家做"、"系统做"积累的业务经验和洗钱黑样本特征，提炼总结各类洗钱相关上游犯罪识别要点，通过应用机器学习技术，建立了可疑交易智能模型。模型从交易时间、地点、频率、金额、交易对手、资金交易网络、社交网络关系、舆情信息等多个维度入手，实现复杂交易的关联分析和资金往来交易的还原，一旦出现与洗钱犯罪相关的高风险特征，可疑交易智能模型自动预警，自动输出洗钱风险预测结果以及关键证据，再由人工做进一步分析，大大提升可疑监测分析的精准度和有效性。智能反洗钱模型的总体技术架构如下图所示：

　　在实施过程中，平安集团运用了智能模型学习引擎，创新智能建模新模式，通过与规则类模型的比较评估结果，对智能模型调参、校准，以进一步提升模型精准度和可解释性，不断提升模型智能化水平。智能反洗钱模型实施方式如下图所示：

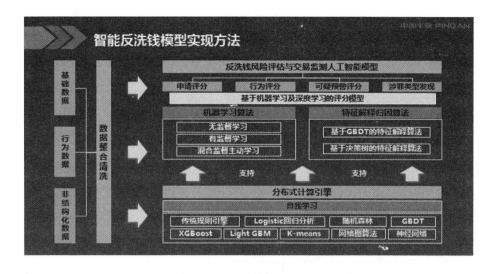

图 12 – 39　智能检测模型总体技术架构

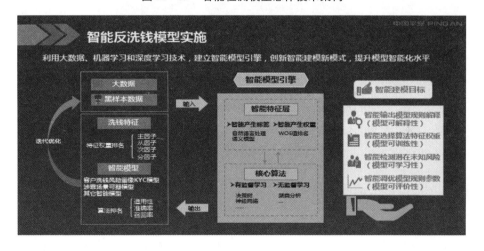

图 12 – 40　智能反洗钱模式实施方式

在异常交易监测预警的跟进处理方面，传统的可疑交易预警缺乏风险程度排序，且每个预警均采用相同的分析调查程序，导致风险程度低的预警占用过多资源，而复杂程度及风险程度高的预警得不到优先响应。平安集团通过应用机器学习模型对触发的可疑交易预警进行智能排序与分类，实现可疑交易预警优化，并根据风险分值高低派发给相应技能水平的调查人员进行后续处理，使资源能够优先投入到风险较高的案例分析中，从而有效提升高风险案件的调查处理时效。对于需要上报的可疑交易，智能监控平台通过分析以往可疑交易案例特征和调查结论，结合语义分析等技术，自动生成初步调查报告。此外，在反洗钱整体风险管理工具应用方面，平安集团基于在线风险监测预警模型和风险数据监测处理的实时动态结果，构建了反洗钱风险管理仪表盘，为反洗钱日常管理和风险监测提供可视化的全景视图。反洗钱管理仪表盘如下图所示：

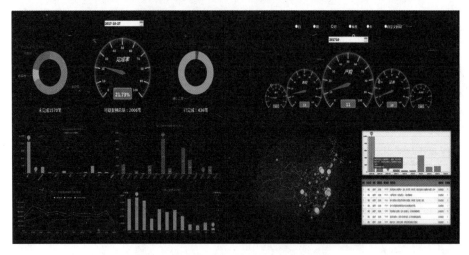

图 12 - 41   反洗钱管理仪表盘

总体上，通过对平安集团金融网络犯罪监测系统的调研可以看到，这是一个侧重内控和合规管理，兼顾客户尽职调查和交易监测场景的综合性监管科技应用案例。通过实践，该系统既可以较好地应对系统账号盗用、信息窃取、资金盗取、数据篡改等利用信息系统犯罪的风险识别和预警，并已成功发现、预警多起员工盗取他人系统账号进行操作、外部犯罪分子使用外挂程序企图盗取公司机密信息的高风险事项，也可以有效识别并拦阻洗钱犯罪行为，全方位防范内外部金融业网络犯罪。未来，建议平安集团继续探索金融网络犯罪监测模型行业推广可能性，通过解耦数据资源与算法模型，探索建立基于监管科技的合规管理通用解决方案的可能性，面向众多拥有数据却存在数据利用技术短板的中小金融机构，提供监管科技技术输出服务。

第四篇　展望篇

党中央、国务院高度重视防范和化解金融风险，习近平总书记多次强调防范金融风险的极端重要性。中央经济工作会明确指出要打好防范化解重大风险攻坚战，重点是防控金融风险。党的十九届三中全会通过的《深化党和国家机构改革方案》将现行金融监管体制改革为"一委一行两会"的格局，目的就是要强化综合监管，优化监管资源配置，守住不发生系统性金融风险的底线。新一届国务院金融稳定发展委员会第一次会议就专门研究部署了打好防范化解重大风险攻坚战。

　　随着大数据、人工智能区块链等技术广泛应用于金融业，金融科技引导的金融创新层出不穷，已成为当前科技发展的重要领域和方向，而它的另一面——监管科技也将在创新的浪潮中乘风破浪，为金融新生态保驾护航。

第十三章　发展原则

2016 年 4 月 19 日，习近平总书记在网络安全和信息化工作座谈会上指出，要以信息化推进国家治理体系和治理能力现代化，用信息化手段感知社会态势、畅通沟通渠道、辅助科学决策。党的十九大进一步明确全面深化改革总目标——完善和发展中国特色社会主义制度、推进国家治理体系和治理能力现代化。综合来看，推进监管科技的发展，必须要以治理能力现代化为最终目标。为了有效应对日新月异的科技发展带来的诸多挑战，我国未来监管科技发展应重点坚持如下几个原则：

一、依法监管原则

党的十九届二中全会审议通过的《中共中央关于修改宪法部分内容的建议》中指出"要把依法治国、依宪治国工作提高到新水平，最为关键的，就是要坚持以党的领导为根本保证，完善全面依法治国领导体制"，将依法治国和依宪治国提到了史无前例的高度。因此，在监管工作中需要牢牢把握"有法可依、有法必依、执法必严、违法必究"的方针，监管科技的应用能够便利监管在法律框架内运行。

在依法裁判方面，可通过大数据等科技的应用，使得执法裁判更加精确和客观，减少人为因素造成的监管自由裁量权滥用，有效减少监管套利和真空，大幅减少执法的主观性、随意性和误判情况。

在违规线索发现和留存方面，通过监管科技的应用，尽可能发现和保留从业机构的违法违规线索和证据，缓解执法难的情况，保证法律的严肃性和威慑性。比如，区块链技术可以更方便地留下违规行为的铁证，使得擦除违规痕迹的努力几近徒劳；人工智能可以充分利用大数据提升业务规则维度和数量、锁定常规手段难以发现的违规线索，提高违规成本、洞察违规苗头，产生强大震慑力。

要保证监管科技法律适用的一致性。目前我国有关监管科技方面的法律规章较少且业务交叉，应当及时进行相关法律法规的建立和梳理，坚持监管一致性的原则，坚持一致的市场准入政策和监管要求，防止监管套利的发生。

二、协同监管原则

近年来，不同金融机构业务关联性不断增强，新金融业态层出不穷，滋生了跨行业、跨市场的新风险。金融科技领域存在无序发展的行业现象和监管真空的管理问题，时时挑战着现行监管的基本规则。在面对跨业态、跨市场、跨区域等业务时，需要进行协同监管，实行多方位、立体式的监管，以便有效地防范交叉性金融风险。当前，监管部门应该加强协调，利用监管科技，提升监管能力。2018 年 7 月 2 日，新一届国务院金融稳定发展委员会成立，形成了为"一委一行两会 + 地方金融监管部门"的金融监管体制格局，全面加强金融监管协调。下一步，应进一步强化监管协同原则，充分利用监管科技手段，补齐监管短板。

（一）金融监管部门之间协同

在当前金融监管力量有限的情况下，要充分利用监管科技手段，加强横向协作和纵向联动，提升跨行业、跨市场、交叉性金融风险的监测、防范和划界能力。2018 年国务院办公厅印发全面推进金融业综合统计工作的意见，明确了多项实质性工作由人民银行牵头，金融监管部门及国家统计局等配合，金融业综合统计工作进入全面部署推进阶段，解决统计标准先行、数据组织集中、监测领域完整、风险预警前瞻、共享机制完善的问题，实现对所有金融机构和金融活动的全流程、全链条动态统计监测。建立国家金融基础数据库，能够进一步强化金融数据治理，有利于各监管部门充分调动监管科技力量，不断提升监管科技在行为监管和审慎监管中应用的广度和深度。

（二）金融监管部门与其他部门之间的协同

金融监管部门需要进一步加强与工信部、网信办以及公安部等各部门之间的联动力度，建立完善议事工作机制，互通有无，加强部际协同。各部门要充分利用监管科技力量推动信息在金融监管体系内部的传递效率，确保信息准确无误、处置及时。建立全国统一的监管科技平台，统一标准，完善协同流程，加强监督指导，做到全国一盘棋，形成提升监管合力，严防监管套利。2018 年 7 月 2 日成立的新一届金融稳定发展委员会不仅集中了金融领域最重要的决策者，还加入了 7 位协作单位成员，包括中央纪委、中组部、公安部等，有效打击威胁金融稳定的金融犯罪活动。

（三）跨地区和跨境监管合作

金融行业属于强监管行业，任何一种新兴技术在金融行业的应用，都可能对现有法律法规和监管框架带来新的挑战。同时，由于金融科技发展的跨界融合属性较强，全球化水平较高，需要强化跨行业和跨国别的监管协调。在金融监管跨地区合作方面，当前很多地方政府建设了监管技术平台。但互联网金融风险已经不仅仅局限于传统的行政地域范围，各地技术平台很难实现全国范围的跟踪监测。未来应当统筹推进监管科技的跨地区应用，不断优化信息传递模式，加强中央与地方以及各地区之前的协同配合，扩大监管科技的应用范围。从金融全球化角度看，当前中国在国际金融监管合作中发挥的作用有限，尤其是在议题设置、标准制定、监管科技创新等方面的影响力还有待提升，未来应更积极主动地参与国际金融监管合作，根据自身金融发展的需要，推动和引领国际金融规则的制定以及监管科技的推广应用。

三、适度监管原则

适度监管的概念主要源于行政法理论中的"比例原则"，主要指的是监管的合法性和必要性，即监管行为应兼顾监管目标的实现和相对人权益的保护。新技术在金融的创新应用，虽然在一定程度上减少了信息不对称的情况，提高了风险定价和风险管理能力，带动了金融服务效率的提升，但由于金融内生的脆弱性和外部规制的滞后性等原因，监管的过程中也暴露了金融风险和金融安全等方面的重大问题。例如，资产证券化领域的过度创新和风险管理的相对滞后，引发了 2008 年国际金融危机。

实践证明，过于宽松的市场环境，势必导致大量风险的产生，而过于严格的监管又会让市场失去应有的活力，导致创新乏力。因此，在强调监管一致性原则的前提下，迫切需要把握好创新发展与风险监管的适度平衡，既打击不法行为，又能宽容金融创新。

（一）监管科技实现精细化监管

适度监管对监管者的能力提出了较高要求。此前的监管尺度主要依靠经验，对人的要求比较高。随着金融行业创新发展，尤其是金融科技的广泛应用，金融产品过度包装，传统监管措施往往难以识别其中的风险，监管者的经验也难以跟上创新发展的步伐，从而进一步加大了监管的难度。因此，监管科技视角中的适度监管需要更多地依靠技术手段和制度安排，实现对金融科技业务风险的可感知、可度量、可监管。

技术的创新和应用实现了监管模式的根本变革：一方面，监管部门可以及时掌握大量数据，实现精细化监管，防止"一管就死、一放就乱"的情况；另一方面，监管部门可以更加精准地预测相关风险，在危机到来之前作出风险提示、预警，为妥善处置赢得时间。

（二）监管科技实现匹配性监管

目前，金融机构通常热衷于评估金融科技新机遇的可行性，但往往受制于监管的不确定性，主要体现在缺乏对非传统商业模式和非标准产品的清晰说明上。以时下颇为热门的"智能投顾"为例，不同于传统的财务咨询，而是依赖于投资组合理论和电脑算法来分析投资者提供的数据，进而自动配置和优化投资组合，但是监管机构如何确保使用算法计算的资产配置的建议是准确而持平的呢？如何有足够的应变方案来处理市场的极端情况？这些均会成为主要的问题。

匹配性监管作为适度监管的核心，指的是监管的行为及其后果要相互匹配。按照法律授权对小额、有限范围募资活动适度简化监管程序。由于金融科技服务对象个人或小微企业为主，交易金额通常较小，复杂程度较低，系统重要性不足。在融资金额、投资者范围有限的情况下，一些国家或地区根据金融科技具体业务模式的风险水平和系统重要性程度，适度简化监管程序，避免其承担不恰当的合规成本。但是，这不是对金融科技的"特定优惠"，而是基于匹配性监管原则的既定监管做法①。如针对不同的科技金融企业，依据其资金、技术、人员、规模等方面的差异实行不同的监管措施，监管科技要力求通过参数化、智能化的设置，做到因地制宜，快速匹配。

四、分类监管原则

由于不同的金融业务在服务对象、经营管理等方面存在较大差异，监管机构要根据金融业务属性，按照业务实质、风险情况进行分类监管。提升监管的针对性和精准性，能够更好地促进从业机构加强合规管理、提高风控水平、培育核心竞争力，使金融更好地服务实体经济，实现长期稳定发展。

（一）应用监管科技可实现穿透式监管，进行业务分类

实现分类监管的前提是科学合理的分类，通过监管科技手段，可实现穿透式监管。虽然现阶段涌现出各种以金融科技为代表的金融创新，但并没有改变金融风险的隐蔽性、突发性和负外部性。究其本质，金融创新有三个不变，即金融的本质功能不变、风险的本质特征不变、监管的本质要求不变。因此，可以依靠大数据和人工智能等监管科技实现穿透式监管，揭示相关金融业务的本质、行为、功能，科学合理地界定各业态的业务边界，落实监管责任，合理监管。

---

① 参见李文红、蒋则沈：中国银行业监督管理委员会工作论文《金融科技发展与监管：一个监管者的视角》，第14页。

（二）应用监管科技提高监管效率，进行风险分级

通过监管科技手段，综合资本充足情况、公司治理与合规管理、动态风险监控、信息系统安全、客户权益保护、信息披露等全链条信息，判断业务属性和风险特征，执行相应的监管规则。以机构风险管理能力为基础，结合其市场竞争力和持续合规状况实现对被监管对象精确刻画和描述，客观体现其潜在的流动性风险、合规风险、市场风险、信用风险、技术风险及操作风险等。监管部门能够据此精准施策，实现对不同机构在业务准入、业务创新等方面采取分级分类的监管方式，以提高监管效率。

五、积极监管原则

纵观金融监管改革历程，金融创新发挥了重要的推动作用。一方面，金融创新在一定程度上对金融监管提出了新的挑战。金融创新意味着要进入新的领域，创新机构往往倾向提高风险偏好。如果金融监管不能及时跟进实现监管创新，金融创新可能诱发"黑天鹅""灰犀牛"等事件，使得区域性风险变为系统性风险。另一方面，金融创新促使金融监管不断改革。金融创新的不断涌现，特别是信息技术进步使金融业与非金融业的界限变得越来越模糊，甚至改变了金融监管运作的基础条件。为此，金融监管必须调整原有监管方式和工具，根据金融创新发展对监管规则及时作出调整，提升监管的有效性。

（一）重视监管方式的科技创新

第一，要做到技术运用上的创新，积极使用新兴技术手段提升监管效率，提高监管能力，打造面向全行业乃至全行业综合性的监管平台。第二，要保障监管科技配套制度实施上的创新，将信息科技的应用向新方式转变，促进监管科技的有效实施，进一步解放生产力。第三，要重视标准体系的创新，健全监管科技行业管理政策体系及相关技术标准体系，制定监管制度数字化的数据元标准和数据交互标准，以支持监管合规要求的穿透式、无缝式自动化处理。第四，要积极培养既理解金融本

质又懂技术原理的复合型人才，善于使用先进的科技手段创新监管方式，培育监管科技发展的生态。

（二）加强监管科技的制度创新

监管科技创新，不仅要做到认识理念上的创新，还要注重吸收和借鉴国外先进的监管经验。例如，可以借鉴英国、新加坡等国家的监管沙箱机制，给予被监管金融创新企业以特许经营权，在充分保障消费者权益的前提下，放松对创新产品和服务的监管限制，以激发金融市场的创新活力，达到创新与监管的动态平衡。监管沙箱的思维模式将在鼓励金融机构和初创企业开发新的金融科技产品和服务方面发挥越来越重要的作用。尽管各个国家的沙箱机构、侧重点和方法各有不同，但是最终沙箱实验的效果使得多数监管机构正在变得更为乐于接受新的金融服务技术和商业模型。

考虑到金融业务对现代科技的应用呈加速趋势，监管部门应密切跟踪研究人工智能和分布式账本等金融科技发展对银行业务模式、风险特征和银行监管的影响，加强对金融科技企业的政策辅导，强化专业资源配置和工作机制建设，做好监管准备。同时，积极参与金融稳定理事会、巴塞尔委员会等国际组织关于金融科技的研究，共同探索如何完善监管规则，改进监管方式，确保监管有效性。

第十四章　发展目标

据不完全统计，2015 年 7 月至 2017 年 5 月，中国金融科技行业的市场投资激增至 92 亿美元，占该行业全球投资最大的份额（见图 14－1）。随着科技投资持续呈现指数式增长，中国有望超越发达国家，发展成为数字化金融市场①。同时，中国还在支付/汇款、保险等领域具有压倒性优势。中国的金融科技活动主要涉及七大垂直领域——支付和电子钱包、供应链和消费金融、P2P 平台贷款、线上基金、线上保险、个人金融管理和线上经纪（见图 14－2）。我国之所以能够取得今天的成就，除了金融科技创新企业迅猛发展外，还得益于监管制度的逐步完善，使得监管机构、金融科技企业以及客户之间建立起了日益密切的关系纽带，从而进一步推动了业务的快速和扩展。

未来，基于目标导向的监管理念，利用金融监管科技发展，实现继承式发展和创新式发展的统一，构建由行政、司法、自律协会、监管科技企业和服务类企业共同参与的"五位一体"发展生态必将越来越重要（见图 14－3）。

一、监管主体的发展

随着国际治理和双边合作的加速推进，各国将厘清监管职责范围，将各种金融科技业务纳入现有的监管框架，并采取有效的措施，鼓励金融科技创新合法合规发展，培育良好的金融科技生态体系②。结合金融

---

① 安永、星展银行报告：《中国金融科技强势崛起——颠覆传统金融服务模式》，2017 年 1 月。

② http://finance.eastmoney.com/news/1372，20160819656515813.html.

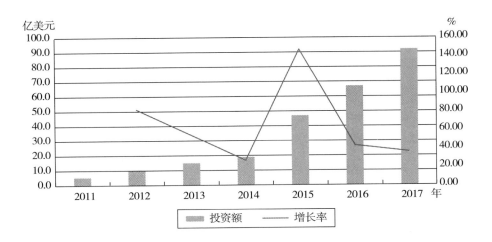

资料来源：智研咨询，方正证券研究所。

图 14 − 1　中国金融科技投资增长迅猛

服务类型	中国	印度	新加坡	印度尼西亚	马来西亚	泰国
支付/汇款	40%	20%	4%	1%	1%	1%
贷款	14%	5%	2%	2%	2%	2%
个人理财	5%	3%	1%*	2%	1%	1%
保险	35%	2%	2%	1%	1%	1%

■ 高度颠覆性　■ 重大威胁　■ 重大关注　■ 新威胁　■ 受到颠覆影响的可能较低

资料来源：星展银行（2016）。

图 14 − 2　使用金融科技服务的银行/金融服务客户百分比

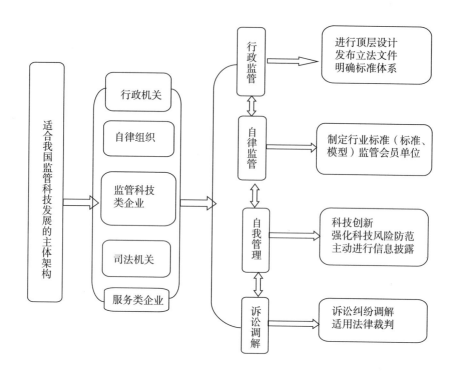

图 14 - 3 监管科技发展的生态系统

科技发展的特点来看，监管主体未来的发展方向将主要表现在以下几个
方面：

（一）数字化：从数据存储到智能中枢

金融是以数据为导向的，大数据的发展势必会对原有结构化数据产
生巨大冲击。当前，大数据已经开始在精准营销、风险控制、风险定价、
量化投资等诸多领域展开了实质性的渗透，形成了较好的商业运用模式。
数据既是金融和科技的载体，也是监管中必不可少的基础要素。不同的
业务场景对于数据的要求也各不相同（见表 14 - 1），如监管数据共享、
身份信息识别和实施风险监测等活动中，需要的信息频率、完整程度等
均有所不同。

表 14-1　　　　　　　　　金融科技与监管的典型场景与作用

技术类别	金融科技		监管科技	
	典型场景	发挥作用	典型场景	发挥作用
人工智能/机器学习	金融信贷	信贷风险自动评估	实施风险监测	根据交易数据和公开信息学习新的违规行为特征
大数据	理财投资咨询	搜集多元化信息，识别客户风险偏好，推荐个性化理财方案	经济形势模拟	动态模型宏观经济形势变化，提供针对金融监管应对策略方案
区块链	票据与供应链金融	解决交易信赖问题，降低成本和操作风险	监管数据共享	实现金融服务机构与监管机构间的信息共享，执行反洗钱规则定价的智能合约
生物科技	金融账户开户	实现客户信息自动化识别	身份识别	提升 KYC 监管要求合规执行的效率和安全性

资料来源：根据方正证券报告整理。

　　未来，监管科技的发展必然需要金融机构平台具备监管接口，赋予监管机构进入金融科技数据平台的权力，今后的监管部门将成为整个金融体系中最大的数据枢纽。

　　第一，搭建数字化基础信息平台的同时，建立高效便捷的数字化服务规范流程。这套设施可用于收集、计算、储存并快速读取组织内部的大量数据，且对数据规模、数据结构以及数据类别的限制较少，可识别度高，可处理大量与 KYC/AML 相关的数据，既包括内部系统的交易元数据、客户信息，也包括外部信息，如来自暗网的威胁情报，来自公开网站、KYC 机构的信息等。在可视化解决方案的帮助下，可以让监管机构迅速察觉新动态，不仅能让监管者迅速观察到已经和正在发生的事件，更能让其预测到即将发生的风险概率，便利监管者动态配置监管资源。

　　第二，统一监管科技的数据标准。目前，各国的相关数据标准协议存在着较大分歧，如 LEI/UPI/OTI 和 ISO 200022 标准等；某些数据的定义和关键监管概念差异巨大，在不同国家展业的金融机构的风险数据难以合并。另外，由于数据的不兼容，监管科技公司无法开发适用于多国的监管解决方案。未来，监管部门需要进一步统一数据标准，有效整合数据资源。

（二）自动化：从"人的监管"发展到"机器监管"

目前，金融机构的规模不断扩大、数量不断增加，金融业务的复杂化日渐增多，跨部门产生的交叉性金融风险使监管成本越来越高，监管部门获取的数据量不断增长，其中高频、非结构化数据急速扩张。原有的通过标准化数据报送或者窗口检查的方式，已经难以满足现实的监管需求。随着大数据和机器学习不断发展，非结构化数据的自动采集和信息提取将在未来成为可能。监管部门利用自动数据系统，实现数据的自动提取和处理分析，并通过设定阈值上限进行主动的报错和预警。同时，该自动化系统还可以根据监管规定的变化，对阈值进行及时调整。这种集海量数据为一体的智能数据终端，核心在于对数据的实时监控和动态反馈，从而实现从"人的监管"转变为"机器的监管"。信息技术创新和进步正在全面重塑金融行业，包括风险定价、量化交易、交易决策以及风险控制等在内的核心业务领域，都呈现出以"机器"替代"人工"的趋势。

（三）智能化：从事前监管到事前、事中、事后监管并存

受技术迭代频繁、金融应用快速创新以及监管者激励约束等因素的影响，金融市场变化往往先于监管举措出台，这种天然滞后性需要更多地借助监管科技手段进行弥补。从智能化程度来考虑，监管可以分为：信息和数据的收集与共享—监管知识发现—监管智慧决策三个阶段。目前的监管尚处于强调监管信息收集和共享的阶段，注重信息透明、公开，对相关数据缺乏深入完整的分析。监管科技的必由之路将是利用大数据和机器学习的智能监管，一键实现从分析到最终决策的过程（见图14－4）。

第一，通过机器学习、自然语言处理和知识图谱等技术，实现对金融市场的智能监管，特别是能够快速预警、分析、处理成交额度、投资者适当性、资金来源等各个层面的异动，有效满足对高效运作的市场活

动进行实时监控及智能化分析的需求。

第二，充分利用数据挖掘、可视化等大数据技术，引入高频时间序列匹配、交易重演、多维度分析等功能，实现精准高效的客户画像。通过从数以亿计的交易数据中，精准锁定异动账户，有效挖掘各类违法违规线索，让跨区域、跨境、跨行业金融犯罪无所遁形。

第三，通过海量数据的多维度比对和深入学习，准确甄别问题金融机构，提前进行风险预警。

资料来源：根据公开资料进行整理。

图 14 - 4　金融科技监管智能化决策关系图

（四）精细化：从条块化管理到点线化

受限于监管资源和监管能力的制约，已有的监管方式难以精准应对金融创新的各项具体需求，监管科技将发挥更加积极的作用。这不仅包括对"混业经营"的单一机构开展"功能监管"，实现对特定业务类型的差异化和专业化监管，同时还包括将业务流程细化拆解进行"原子级"监管。对于每一笔业务交易，不但能够找到合适的监管主体（人工、智能系统），同时还保留相关数据整理和收集的痕迹，随时能够将可能产生的风险和责任落实、细化到各个相关主体。

（五）平台化：从中心化到去中心化、开放化

金融科技在提升金融服务便利性与普惠性的同时，也更易引发操作风险、运行风险、信息安全风险和数据泄露风险。特别是承载金融科技服务的底层技术基础设施，在具有较高趋同性的背景下，技术风险存在高度集中、传导扩散速度快、影响面广等新特征，一旦风险爆发，则有可能随时引发系统性风险。为了有效识别和发现风险，顺应数据集中化的趋势，未来监管会越来越表现为鲜明的平台化特征。由于数据分析和风险识别最大的障碍在于数据的分割和碎片化，监管科技利用大数据、云计算、人工智能等技术搭建构建平台，将能够最大限度地识别风险。

但是，鉴于数据已成为一种资源，对于数据的垄断性占有将带来更多的获利，因此，未来的开放式平台化要坚决避免"寡头式"中心化趋势。第一，若干个统一平台共存。平台的职责是尽可能全面收集和管理信息，由于金融数据的多样性和复杂性，平台应要求数据具备标准化和统一性。第二，平台将体现去中心化的特征，即平台的运行和管理将不限于特定机构，除了行政机构和企业，还会有大量的行业协会、事业单位等积极参与平台的建设和运营。第三，平台要保证一定程度的开放性，对于必要信息可以采用视情况以收费或免费的形式开放。

二、监管对象的发展

（一）持牌合规经营，拥抱监管

传统金融 IT 企业基于长期的服务实践，拥有先天性的金融科技应用优势，熟知金融行业运作方式，通过收购、参股和成立子公司或引入投资的方式获得金融牌照，向金融领域跨界转型。风险防控和合规管理是金融科技创新的前提条件，面对金融科技带来的挑战，未来的监管科技将更加注重在预防风险和鼓励创新之间寻求平衡，形成既鼓励金融创新，又控制金融风险的长效机制。

当前，监管部门已经意识到对金融科技企业加强规范化管理的重要性，资格准入已成为保障金融科技企业持续健康发展的制度性保障。如

监管部门针对网络借贷发展过程中出现的过度借款、重复授信、不当催收和违规经营等问题已经发布了一系列的监管文件，明确统筹监管，在业务上限制网络贷款和 P2P 网贷的经营范围，对不合规的企业将限期整改或吊销证书。2018 年 5 月 23 日，由央行主导、中国互联网金融协会与 8 家市场机构共同发起组建的市场化个人征信机构——百行征信有限公司（信联）正式挂牌成立，由此，个人征信发展也纳入了牌照监管。

（二）博弈走向合作

在原有的监管架构中，更多地体现了监管主体和监管对象之间的对抗和博弈。但是随着区块链等技术的广泛运用，未来被监管主体必将在监管过程中发挥更加主动和建设性的作用，通过与监管者、监管科技开发者的密切协作，共同构筑合作共赢的监管架构。

当前，监管科技市场仍处于起步阶段，还没有被广泛接受的方案。在监管科技产品的开发阶段，行业内的沟通、合作和协调有助于监管部门提出明确、清晰的指引和统一的标准。监管科技产品市场针对性非常强，任何解决方案都离不开金融机构、产品开发者和监管部门的通力合作。同时，设计监管科技解决方案，需要熟悉整个监管框架和各种监管规定的细节，监管层应该创造一个"安全可信"的环境，使得被监管方能够在不破坏两者间关系的同时，向监管层准确反馈数字监管程序中存在的问题和挑战，这就需要创新应用加密传输手段。此外，行业协会、自律组织等加强行业管理的有效形式，也为行业主体共享合规资源、推进监管科技应用创造了有利条件。如北京市网贷协会利用区块链技术在会员之中进行自律、互律，对会员实现了有效监管。

三、新参与者的发展

（一）监管科技企业更加重要

科学技术的传播和应用路径很大程度上基于成本和成熟度。通常情况下，技术创新和商业运用最早出现在风险偏好较高的科技创新型企业，待其经受了市场的检验后，才被政府部门广泛接受和推广。在这个过程中，伴随着技术成本的大幅下降，为监管部门大规模使用提供了可能（见图 14 - 5）。可以发现，区块链、大数据的应用均遵循了这一基本规律。

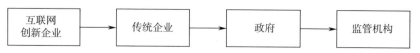

资料来源：根据技术传播路径进行绘制。

图 14 - 5　技术传播路径图示

　　技术应用是一个复杂的组织体系，门槛较高，而监管部门由于预算资金、技术投入、行政编制等方面的硬性约束，很难独立推进新技术的推广应用。在这种条件下，市场化的监管科技企业的作用日益凸显。原有的"监管—被监管机构"双层架构，正在迅速转变为"监管机构—监管科技公司—被监管机构"三层架构。目前，监管科技公司主要集中在客户尽职调查和监管报告自动化两个方面。金融机构具有天然的风险厌恶性和信息高度保密要求，不会轻易将涉及自身核心业务的项目外包给监管科技公司。但是随着技术的发展，未来监管科技公司和监管机构之间的关系势必更加密切。据英国 FCA 预测，在监管科技领域，实时系统嵌入式合规工具，针对优化原有 IT 系统的运用工具都将是未来发展方向，监管科技公司能够发挥作用的义务领域包括但不限于信息管理、交易报告、法务报告、风险数据仓库以及法务缺口分析等。

　　需要特别指出的是，监管科技企业将兼具监管与被监管的双重特性。一方面，该类企业服务于监管部门，其业务与监管部门的职责具有一致性；另一方面，作为以盈利为目标的市场化经营主体，必须接受监管部门的监督。此外，由于该类企业在业务上的特殊性，其还必须承担特殊的监管义务（见图 14 - 6）。

　　（二）各类市场主体活力迸发

　　从技术研发到市场应用层面，金融科技产业链条上涵盖了诸多不同类型的主体，包括金融机构、软硬件服务商、技术企业、监管机构等。

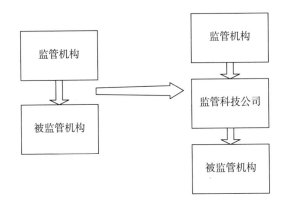

资料来源：根据公开资料进行整理。

图 14－6　监管科技公司与监管和被监管机构关系图

主体类型的多样化，所涉及利益的多元化，客观上增加了产业合作的复杂性和协调难度，需要市场主体持续进行沟通协调，建立有效、深入的合作机制。作为科技创新的主要推动者，市场主体在创新的过程中要注意科技风险的防范，提高合规和风险管理能力。在此过程中，司法部门也将发挥积极作用。一方面，司法机关要主动拥抱金融科技，强化科技伦理、知识产权和技术侵权方面的专业技能，有效化解金融科技领域的民事、行政甚至刑事纠纷；另一方面，司法机关可以通过司法裁判指导性案例等方式推动和影响金融科技，树立法律的权威和尊严。

（三）算法监管作用日益突出

随着金融业的持续发展，大量金融数据实时产生，金融交易的复杂度越来越高，传统监管手段亟待升级。人工智能可以快速处理大量数据，通过机器学习挖掘数据潜在联系，更新知识库，成为大数据条件下金融监管的有效手段。越来越多的监管活动将借助人工智能算法完成，算法监管的重要性将会显著提升。

第一，风险预警。这是人工智能金融监管应用的第一个环节。当人工智能系统发现某金融机构出现风险征兆的时候，就会自动向该机构和监管部门发出预警信号，提醒其采取措施。这个过程类似于持续的压力测试，持续计算金融机构的系统价值、风险场景、风险计价等。现阶段人工智能在预警方面已有初步应用，比如工信部针对互联网金融建设的自动检查预警技术，可以同时跟踪和分析 1 000 多个互联网金融网站。

第二，违规业务处置。当金融机构越过红线时，人工智能系统能够根据预置的规则和授权，及时锁住金融机构的部分业务（如贷款、同业借出、发行理财产品等），从而防止风险扩散；根据相应的预案，采取包括在一定范围内公告某机构的风险状况；执行监管当局的处罚决定；从未分配利润中扣取罚金；公布终止机构高管的任职资格等一系列处置行动。

第三，分析整改状况。在停止部分业务和实施处罚措施以后，人工智能系统会收集和分析该机构整改的情况，及时与相关监管指标对比，计算风险化解的进度和潜在可能性，辅助分析风险的改善状况。

第四，解除处置。当问题机构达到监管指标以后，或处罚措施执行完毕，人工智能便会自动解除处罚，恢复相关业务。

以上的监管流程都是连贯的过程，由人工智能系统在较少的人为干预下自动实施。这样能将整个金融监管工作在时间序列上不间断地连续下去。

四、构建良好监管科技生态系统

监管科技生态系统是一个动态的系统，各主体之间充分交流和沟通是构建该生态系统的关键，政府为社会提供高质量、高效率、安全的信息化服务基础设施与环境有助于推动科技监管透明和公开。

第一，建立统一监管科技信息平台。按照"统一规划、分级建设、基础数据共享"的原则，推动我国中央与地方的信息平台建设，做好不同部门之间、行政部门与科技企业之间以及行业协会之间的衔接工作。

第二，完善信息化服务制度。针对我国在信息化发展中存在着法律法规不健全的突出问题，有针对性地出台电子数据、电子合同、电子质疑投诉等方面的相关立法。

第三，保证公众参与生态治理，加强媒体与公众监督。共享本身意味着通过金融的自我完善和创新提供一条"通往繁荣的理性之路"。在这种模式下，原有的金融机构、科技企业、金融产品、资本市场、法律制度等元素，共同构成一个相关作用和相互配合的整体。有必要充分发动专家团体、社会公众等主体参与进来，推进相关的科技标准的拟定、发布相应的许可，共同参与对未来科技监管模式的设计。重视第三方组织的监管。金融科技将加深金融业、科技企业和市场基础设施运营企业的融合，通过第三方机构的报告和调查数据文件，便于社会公众及时获取相关信息，形成对金融科技企业经营状况和信用情况的有力监管，进一步强化监管效果。

第十五章 憧　憬

在过去的几十年中，我们见证了一连串令人惊叹的科技进步，相比于以往任何时期，地球在生态和历史上都更加呈现为一个联系日益紧密的整体。经济呈现指数增长、科学带来我们超人类的力量，资金变得更容易获得。在中国，科技对于传统金融业态的变革正在不断发生。在这种变革中，不仅金融体系发生了改变，社会秩序也完全改变，科技伦理、日常生活、监管体系甚至人类的心理都会被彻底改观。没有人能够确实知道未来，对于未来所做的预测，也不太可能样样都说得准。但是历史一再让我们看到，很多以为必然会发生的事，常常因为不可预见的阻碍而无法成真，而某些难以想象的情节，最后却变成现实①。

一、打造金融发展的国际高地

第一，利用金融监管科技为有效预警和化解金融风险提供有力武器。2017 年 5 月，中国人民银行成立了金融科技委员会，把强化监管科技应用实践作为丰富金融监管的重要手段，提出了提升跨行业、跨市场交叉性金融风险的甄别、防范和化解能力的具体目标。

第二，利用金融监管科技进一步提高金融服务实体经济的能力。主动使用监管科技力量赋能金融，可以大大提高监管部门和金融机构的风险管理水平，从而配置更多资金投向小微企业、"三农"和贫困地区，更好服务实体经济。大数据技术可以进行征信和数据的印证，区块链技术可以解决信用问题，人工智能技术可以解决效率和真实性问题，随着

---

① ［以色列］尤瓦尔·赫拉利：《人类简史——从动物到上帝》，中信出版社 2014 年版，第367 页。

这些技术的发展，将进一步提升金融的风控能力，降低业务的综合成本，逐步解决融资难的痛点。

第三，利用金融监管科技推动政策顺利实施。金融科技发展本身就潜藏着系统性金融风险，利用监管科技的手段，可以从宏观审慎的角度，将更多具有系统重要性的金融科技纳入宏观审慎的框架中（见图15－1），实现有效监管，推动各项政策顺利实施。《中国区域金融运行报告（2017）》中提出将探索把规模较大、具有系统重要性的互联网金融业务，纳入宏观审慎管理框架，对其进行宏观审慎评估，进行有效监管。

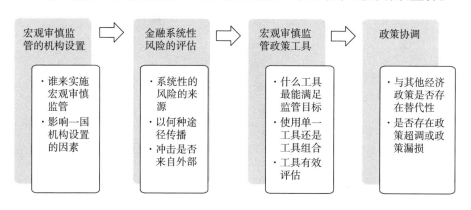

资料来源：根据公开资料进行整理。

图15－1 宏观审慎监管的主要架构

第四，利用金融监管科技提高金融服务水平。未来，随着金融科技和监管科技的发展，金融脱媒将逐步加速，特别是移动支付、互联网理财和大数据技术的推广，将极大地拓展金融机构服务半径，降低审核成本，提高办事效率，在风险可控的条件下，让金融真正走进千家万户，提升金融服务水平。

二、引领监管潮流，保持世界领先

第一，互训人才，积累经验。金融科技领域的监管合作，将是目前国家的主要潮流。我国不仅重视技术创新，而且在细化领域的监管上也与美国发展基本同步，在支付和区块链领域上的监管创新甚至引领了世界潮流（见图15－2和图15－3）。未来我国可以积极探索，与美国、英国等国家就金融科技上的监管经验展开交流和学习，互训人才，形成沟通和交流机制。

注：中国内地、韩国、中国香港、日本、新加坡、澳大利亚、印度已经和其他监管机构签署了国际性的合作协议；新加坡金融管理局（MAS）签署的金融科技合作协议比其他监管机构都要多。虽然这种协议的结果还有待于观察，但是全球监管机构之间的合作毫无疑问已经成为趋势。

资料来源：德勤2017年全球金融科技中心报告。

图15－2　主要国家金融科技监管合作频繁

第二，提供手段，完善规则。自2014年互联网及金融首次被写入政府工作报告以来，人民银行等多部委先后发布《关于促进互联网金融健康发展的指导意见》《互联网金融风险专项整治工作实施方案》以及《关于进一步做好互联网金融专项整治清理整顿工作的通知》等文件。第五次全国金融工作会议还提出要加强互联网金融监管，加强功能监管，更加重视行为监管。在金融科技发展过程中，我国还将不断完善监管科技规则，不断拓展金融监管的有效手段。

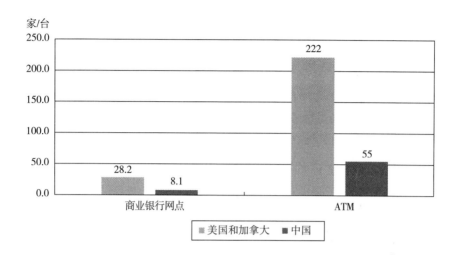

资料来源：世界银行，根据零壹智库报告整理。

图 15 - 3

第三，提升监管水平和能力。目前，在金融科技方面，无论是从行业创新还是监管方面来看，我国都是全球领先的（见图 15 - 4、表 15 - 1）。在层出不穷、令人眼花缭乱的金融创新过程中，必须伴随着监管科技的不断探索，进一步提升效率和能力。监管科技的创新、应用必须随时跟上金融科技发展的步伐，既鼓励金融创新，也能实现风险可控。

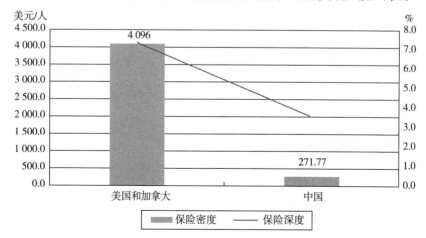

注：保险深度主要指的是人均保费收入，保险密度主要指的是保费收入/GDP。

资料来源：瑞士再保险，根据零壹智库报告整理。

图 15 - 4　保险密度和保险深度比较

表 15 - 1　　　　　　中国在金融科技细分业务的技术和监管比较

业态	项目	中国	美国
区块链	市场主体	市场主体活跃	联盟区块链话语权较大
	技术应用	市场发展刚刚起步,尚待商业化落地	原创技术多
	监管	频频提示风险	
支付	市场主体	移动支付使用和覆盖率遥遥领先	有待提升
	技术应用	二维码应用较多	NFC 应用多
	监管	监管直接介入	注重功能监管
征信	市场主体	行业龙头企业积极参与	寡头垄断
	技术应用	大数据技术应用受限	较为保守
	监管	个人征信尚未发牌	监管体系严密
P2P 网贷	市场主体	遍地开花	屈指可数
	技术应用	技术输出能力强	
	监管	归口银监会	归口证监会
众筹	市场主体	产品平台较多	股权众筹平台较多
	技术应用	捐赠众筹试水区块链	技术应用较少
	监管	有待明确	明确
保险科技	市场主体	重视渠道销售	
	技术应用	初探区块链	重视 UBI
	监管	重视牌照	创业公司机会多
在线财富管理	市场主体	第三方理财平台涌现	传统金融机构当主角
	技术应用	人工智能受到追捧	
	监管	逐步加码	智能投顾技术和政策频出

资料来源：根据零壹智库报告和公开资料整理。

三、打造世界金融科技高地

在德勤《2017 年全球金融科技中心报告》发布的全球金融科技中心排名中，中国上海、深圳上榜。虽然与英国、美国等依旧存在着较大的差距，但是得益于巨大的国内市场规模和近年来众多优秀金融科技企业的兴起，我国已逐渐成为全球金融科技领域的领跑者之一。Money20/20 全球金融科技创新大会中国会址将永久落户杭州，体现出国际上对于中国金融科技未来发展前景的看好。另外，毕马威与 H2 Ventures 的一项排名显示，全球排名前 10 的金融科技企业中有 5 家来自中国。与其他国家相比，中国金融科技企业在信贷和支付等领域发展尤为迅速。相关研究数据显示，2016 年，中国第三方移动支付规模达到 38 万亿元，是同期美国移动支付规模的近 50 倍。随着中国经济向高质量发展方向的迈进，市场对优质、便捷和多样性金融服务的需求越来越高，中国金融科技的业务布局将向着智能投顾、区块链、生物识别和监管科技等更加广阔的方向发展（见图 15 – 5）。

注：从全球金融科技中心指数得分来看（该报告根据全球金融中心指数，全球营商指数和全球创新指数，经过加权之后得出了金融科技中心指数得分，得分越低说明该金融科技中心越有利于金融科技的发展），伦敦和新加坡得分均为 11 分，并列第一，其余前十名依次为纽约（14 分）、硅谷（18 分）、芝加哥（20 分）、中国香港（22 分）、苏黎世（41 分）、悉尼（45 分）、法兰克福（46 分）、多伦多（50 分）。中国有两个城市入选，分别是上海（得分 119 分）和深圳（得分 125 分）。

资料来源：德勤 2017 年全球金融科技中心报告。

图 15 – 5　世界主要金融科技中心指数排名

目前，金融领域的很多痛点问题都需要通过新技术的开发和模式创新实现突破，这将推动金融监管科技的发展进一步回归技术本源，通过持续创新的技术为金融服务赋能，利用持续创新的技术高效解决监管和合规性要求。

与此同时，拥有科技优势的金融科技企业同拥有资本和专业服务优势的传统金融机构之间将开展日益紧密的协作，在推动传统金融机构实现战略转型的同时，也可以帮助金融科技企业融入更加广阔的金融生态。最终目标是推动我国新时代金融业在金融科技和监管科技的新动能助力下，实现更加健康可持续的发展，成为建设中国现代化经济体系及形成全面开放新格局的主力军。

参考文献

［1］张亦春，许文彬．风险与金融风险的经济学再考察［J］．金融研究，2002（3）：65－73.

［2］刘迎霜．金融创新时代的金融监管法制变革趋向——次贷危机的启示［J］．浙江社会科学，2012（4）：60.

［3］张晓燕．2008年金融危机后美国、英国和欧盟金融监管体制的改革经验［J］．清华金融评论，2014（5）：37.

［4］卜永祥："中国金融监管体制沿革：逻辑、绩效与反思"［EB/OL］．财新网，http：//opinion．caixin．com/2016－03－03/100915512．html.

［5］张家林．金融监管科技：基本原理及发展展望．2017.

［6］杜宁，沈筱彦，王一鹤．监管科技概念及作用［J］．中国金融，2017（16）.

［7］徐琳．RegTech的起源及动因分析．南湖互联网金融学院．

［8］全球金融监管趋严，RegTech将如何在当下的金融市场发挥作用？［EB/OL］．http：//www．sohu．com/a/207186743_240534.

［9］沈一飞、王志峰．监管科技的实施机制与场景［J］．当代金融家，2017（11）.

［10］习辉．国际监管科技经验及对我国的建议［J］．当代金融家，2017（11）.

［11］李东荣．金融科技发展要稳中求进［EB/OL］．http：//finance．sina．com．cn/roll/2017－07－19/doc－ifyiakur9553672．shtml.

［12］中关村互联网金融研究院．区块链与云计算、大数据、物联网、人工智能等前沿技术如何互相成就？［EB/OL］．http：//8btc．com/

article – 3983 – 1. html.

　[13] 林子雨．大数据技术原理与应用 ［M］．北京：人民邮电出版社，2015．

　[14] 卢昌海．云计算浅谈 ［EB/OL］．http：//www. changhai. org/articles/technology/misc/cloud_computing. php.

　[15] 孙国峰．从 FinTech 到 RegTech ［J］．清华金融评论，2017 (5)：93 – 96.

　[16] 王斌锋，苏金树，陈琳．云计算数据中心网络设计综述 ［J］．计算机研究与发展，2016，53 (9)：2085 – 2106.

　[17] 邓罡，龚正虎，王宏．现代数据中心网络特征研究 ［J］．计算机研究与发展，2014，51 (2)：395 – 407.

　[18] 罗军舟，金嘉晖，宋爱波等．云计算：体系架构与关键技术 ［J］．通信学报，2011，32 (7)：3 – 21.

　[19] 姚前．SDN 增添金融科技新动力 ［J］．中国金融，2018 (4).

　[20] 徐保民，倪旭光．云计算发展态势与关键技术进展 ［J］．中国科学院院刊，2015，30 (2)：170 – 180.

　[21] 王庆波．云计算宝典技术与实践 ［M］．北京：电子工业出版社，2011．

　[22] 刘鹏．浅谈云计算技术原理和体系结构 ［EB/OL］．http：//cloud. 51cto. com/art/201607/515058. htm.

　[23] 中国信息通信研究院．云计算关键行业应用报告（2017 年）［EB/OL］．http：//www. chinacloud. cn/upload/17092108184894. pdf.

　[24] 新浪财经．招行兴业杀入金融云服务　正面对决阿里腾讯 ［EB/OL］．http：//finance. sina. com. cn/roll/2017 – 06 – 30/doc – ifyhryex5518707. shtml.

　[25] 姜茸，马自飞，李彤等．云计算安全风险因素挖掘及应对策略 ［J］．现代情报，2015，35 (1)：85 – 90.

　[26] 何卫华．深入剖析虚拟化安全 ［J］．计算机安全，2013 (7)：

63－66.

［27］鞠海玲，孙庭凯．分布式数据库系统的安全机制［J］．计算机工程与应用，2000，36（3）：98－100.

［28］张玉清，王晓菲，刘雪峰等．云计算环境安全综述［J］．软件学报，2016，27（6）：1328－1348.

［29］景晓军．智能信息安全［M］．北京：国防工业出版社，2016.

［30］李艳琦．基于服务风险的云服务商信任评价研究［J］．科学技术与工程，2017，17（16）：100－106.

［31］王正宏．云的风险：云计算的技术风险分析［J］．互联网法律通信，2010（9）：59.

［32］京东金融研究院．金融科技报告：行业发展与法律前沿［EB/OL］．http：//e. jd. com/30351539. html.

［33］梁涛．保险"互联网＋"尚存寡头垄断风险［EB/OL］．http：//news. cnstock. com/news，bwkx－201712－4159300. htm.

［34］海通证券．FinTech 产业图谱（二）：监管科技（RegTech）［EB/OL］．http：//mp. weixin. qq. com/s? __ biz＝MzUyNTAxODM1OA＝＝&mid＝2247483698&idx＝1&sn＝6fbbfe95581de8ecf4bd08eb12cd8f9f&chksm＝fa2534abcd52bdbd15aec7016473d62c4b453e2065be7cdbc592d3a45e1802b6fc09783f157a&mpshare＝1&scene＝1&srcid＝0403Ku8oMq8zYBPKYztaiK9O&pass _ ticket＝Q98sDowzccyanuDsejHjW2UCaQC% 2BiXUbThIhHwC0ea% 2BPbhqjxCMZrqmMf8lnLbH5#rd.

［35］李文红，蒋则沈．金融科技（FinTech）发展与监管：一个监管者的视角［J］．金融监管研究，2017（3）：1－13.

［36］［以色列］尤瓦尔·赫拉利．人类简史［M］．北京：中信出版社，2014.

［37］TalkingData，智能数据时代企业大数据战略与实战［M］．北京：机械工业出版社，2017.

［38］全国高性能计算学术年会（HPC CHINA 2017），2017 年中国

高性能计算机 TOP100 排行榜［EB/OL］. 2017 年 10 月 19 日，http：//www. sohu. com/a/198969200 _ 374240.

［39］林子雨，大数据技术原理与应用［M］. 北京：人民邮电出版社，2017.

［40］我国地方政府大数据发展规划分析报告［EB/OL］. 大数据发展促进委员会，2017 年 3 月，http：//www. useit. com. cn/thread － 15061 － 1 － 1. html.

［41］2010—2017 大数据领域投融资情况分析［EB/OL］. 中国投资咨询网，2017 年 8 月 14 日，http：//www. ocn. com. cn/touzi/chanye/201708/gvwmr14084232. shtml.

［42］2017 年中国政府行业大数据应用市场研究报告［EB/OL］. IDC 公司，http：//www. sohu. com/a/168117833 _ 718123.

［43］［英］Viktor Mayer－Schonberger，Kenneth Cukier. 大数据时代［M］. 浙江：浙江人民出版社，2013.

［44］2016 年大数据产业生态大会.

［45］［美］Boris Lublinsky，Kevin T. Smith，Alexey Yakubovich. Hadoop 高级编程——构建与实现大数据解决方案［M］. 北京：清华大学出版社，2014.

［46］何平平，车云月. 大数据金融与征信［M］. 北京：清华大学出版社，2017.

［47］麦肯锡公司，中国数字经济报告［EB/OL］. 2017 年 12 月，http：//www. sohu. com/a/209765368 _ 470089.

［48］《银行业金融机构数据治理指引（征求意见稿）》［EB/OL］. 2018 年 3 月，http：//www. cbrc. gov. cn/.

［49］华尔街见闻，交易员的末日！高盛称一名"程序猿"能顶四名"交易猿"［EB/OL］. 2017 年 2 月 9 日，http：//fx. weex. in/weex/node/288662？from = wscnapp.

［50］证监会上市公司监管部巡视员、副主任，中证监测总经理赵

立新在"技术驱动下的普惠金融创新"论坛上的讲话［EB/OL］. 2017
年6月3日，http：//www. sohu. com/a/146148145 _ 498839.

［51］Facebook 信息泄露事件背后：你可能正在变成被大数据操纵
的"奴隶"［EB/OL］. 2018 年 3 月，http：//baijia. baidu. com/s？id =
1595920109888870959&wfr = pc&fr = new _ lst.

［52］冯登国，张敏，李昊. 大数据安全与隐私保护［J］. 计算机学
报，2014.

［53］《警惕大数据中的"陷阱"》 ［EB/OL］. 2016 年 1 月，ht-
tp：//cloud. chinabyte. com/news/392/12605392. shtml.

［54］大数据让我越来越穷：买了会员更贵，用得越多越亏！大公
司真的套路深［EB/OL］. 2018 年 3 月，http：//k. 21cn. com/share/
2017/1221/20/06eb5e85a7b10dcec8d93684. shtml.

［55］姜茸，马自飞，李彤等. 云计算安全风险因素挖掘及应对策
略［J］. 现代情报，2015，35（1）：85 – 90.

［56］中国银监会原主席刘明康 2017 年 12 月 19 日在 2017 中国深圳
FinTech（金融科技）全球峰会上的讲话.

［57］http：//www. zhihu. com/question/27645858，刘巍然 – 学酥，
来源：知乎，2015 年 10 月.

［58］王小云，刘明洁. 格密码学研究［J］. 密码学报，2014（1）.

［59］推"冒烟指数"严打非法集资［EB/OL］. 北京晨报，ht-
tp：//news. sina. com. cn/o/2015 – 06 – 12/013931941244. shtml.

［60］张家林. 金融监管科技：基本原理及发展展望［EB/OL］.
2017 年 1 月，首发于微信公众号：中国金融四十人论坛。

［61］吴文雄在 2017 中国国际大数据大会的发言，大数据开启新金
融共享时代［EB/OL］. 2018 年 3 月.

［62］Kaplan Jerry. 人工智能时代［M］. 北京：湛庐文化出版社、
浙江：浙江人民出版社，2016.

［63］零壹智库. 中国金融反欺诈技术应用报告.

[64] 孙国峰. RegTech 的核心是人工智能监管 2017 [EB/OL]. http://opinion. caixin. com/2017 – 07 – 10/101113104. html.

[65] 唐松. 网络舆情技术在金融行业中的应用探讨 [J]. 金融经济月刊, 2012 (6)：122 – 124.

[66] 喻国明, 马思源. 人工智能提升网络舆情分析能力 [J]. 网络传播, 2017 (2)：85 – 87.

[67] 从中本聪的白皮书来重新审视区块链 [EB/OL]. http://www. sohu. com/a/55278765 _ 286863.

[68] 什么是区块链技术, 区块链技术是什么意思 [EB/OL]. http://jingyan. baidu. com/article/1e5468f97b0779484961b7ea. html.

[69] 王硕. 区块链技术在金融领域的研究现状及创新趋势分析 [J]. 上海金融, 2016 (2)：26 – 29.

[70] 徐忠, 孙国峰, 姚前. 金融科技：发展趋势与监管 [J]. 金融博览, 2017 (9).

[71] 宋士正, 臧铖. 区块链热潮下的冷思考 [J]. 中国银行业, 2016 (12)：33 – 35.

[72] 张苑. 区块链技术对我国金融业发展的影响研究 [J]. 国际金融, 2016 (5)：41 – 45.

[73] 你想知道的区块链：技术演进史、到底是什么、运作原理、5大关键技术 [EB/OL]. http://www. guopeiwang. com/Article/ArticleDetial/20484.

[74] 何大勇. 波士顿咨询何大勇：区块链并非全新技术, 也不能完全去中介 [EB/OL]. http://www. sohu. com/a/129635233 _ 465408.

[75] 中国信息通信研究院. 互联网网络架构发展白皮书（2017 年）[EB/OL]. http://www. docin. com/p – 2061783668. html.

[76] 区块链服务器多少带宽才能保证区块链运行 [EB/OL]. http://www. idcbest. com/servernews/11001231. html.

[77] 何宝宏. 预见区块链的 2018 [EB/OL]. http://www.

cnii. com. cn/technology/2017 – 12/15/content _ 2023283. htm.

[78] 陈一稀. 区块链技术的"不可能三角"及需要注意的问题研究 [J]. 浙江金融, 2016 (2)：17 – 20.

[79] velaciela. 人的缺陷与去中心化的命运 [EB/OL]. http：//www. 8btc. com/defects _ of _ human _ and _ the _ fate _ of _ decentralization.

[80] 新浪科技. 研究：近 400 万枚比特币永久丢失 占比最高 23% [EB/OL]. http：//tech. sina. com. cn/i/2017 – 11 – 27/doc – ifypceiq3572959. shtml.

[81] 王莹. 区块链对金融业的影响与展望 [J]. 吉林金融研究, 2016 (12)：6 – 10.

[82] 黄锐. 金融区块链技术的监管研究 [J]. 学术论坛, 2016, 38 (10)：53 – 59.

[83] 创业家. 币安们的"惊慌 48 小时" [EB/OL]. http：//mp. weixin. qq. com/s？ _ _ biz = MTI0OTM2NDUwMQ = = &mid = 2653466361&idx = 2&sn = 5e81c9a54548dfd440915ea02a31b15a&chksm = 799433834ee3ba958f8434e3d1a7d22f13eb6dffc3e3266285c16b49bae142a3484 b60b5ff3e&mpshare = 1&scene = 1&srcid = 0316cLITWHfhzjZF56AFguzS&pass _ ticket = bDNCMZCf2t6I% 2FygWZPfSxasrBZl6% 2FYfjFwnPYKK86DqO3Svi YNEOEAu7NT5cDzZR#rd.

[84] 凤凰网. "币安被盗"敲响数字货币安全警钟, 中心化的交易所真的安全吗？ [EB/OL]. http：//mini. eastday. com/mobile/180308210140132. html.

[85] 杨东. 链金有法：区块链商业实践与法律指南 [M]. 北京：北京航空航天大学出版社, 2017.

[86] 刘亮吴. 区块链金融：应用风险与监管 [R]. 2017.

[87] 孙国峰. 区块链七大领域应用, 助力监管科技化 [EB/OL]. http：//www. iyiou. com/p/63019.

[88] 郭薇. 政府监管与行业自律——论行业协会在市场治理中的功

能与实现条件［D］.南开大学，2010.

［89］曹天元.上帝掷骰子吗？量子物理史话（全新修订精装珍藏）［J］.中国科技信息，2013（23）.

［90］韩迪.如何用通俗语言解释什么是量子通信［EB/OL］.http：//www.zhihu.com/question/20919153.

［91］吴国林.量子技术的哲学意蕴［J］.哲学动态，2013（8）.

［92］李熙涵.量子直接通信［J］.物理学报，2015，64（16）：39－55.

［93］王金东，张智明.量子密钥分发系统的现实无条件安全性［J］.量子电子学报，2014，31（4）：449－458.

［94］徐华彬，周媛媛.量子网络方案研究［J］.光通信技术，2017，41（5）.

［95］张亮亮，张翌维，梁洁等.新量子技术时代下的信息安全［J］.计算机科学，2017，44（7）.

［96］裴士辉，赵永哲，赵宏伟.基于遍历矩阵的公钥加密方案［J］.电子学报，2010，38（8）：1908－1913.

［97］果壳科学人.5分钟看懂量子计算机，你需要这个漫画［EB/OL］.http：//www.sohu.com/a/140252715_465226.

［98］许瑞.量子数字签名研究［D］.中国科学技术大学，2012.

［99］王剑，张权，唐朝京.量子数字签名研究进展［J］.量子光学学报，2006，12（3）：129－134.

［100］黄龙光.量子信息科学的发展　挑战与机遇并存［EB/OL］.http：//www.360doc.com/content/16/1104/06/13068799_603790057.shtml.

［101］叶丰源.量子特性与量子信息技术［J］.科技视界，2016（27）：458－459.

［102］陈晖，徐兵杰，王运兵.量子信息技术及其应用探讨［J］.中国电子科学研究院学报，2012，7（5）：441－445.

［103］量子计算使未来原子钟更加精确［EB/OL］.http：//songshuhui. net/archives/55216.

[104] 人民银行等十部门. 关于促进互联网金融健康发展的指导意见 [EB/OL]. http：//www. gov. cn/xinwen/2015 – 07/18/content ＿2899360. htm.

[105] 曹硕. RegTech：金融科技服务合规监管的新趋势 [J]. 证券市场导报, 2017 (6).

[106] 陈广山. 监管科技的现状与应用方向 [J]. 金融科技时代, 2017 (9)：29 – 31.

[107] 蔺鹏, 孟娜娜, 马丽斌. 监管科技的数据逻辑、技术应用及发展路径 [J]. 南方金融, 2017 (10)：59 – 65.

[108] 益言. 监管科技的发展现状、技术运用场景和政策应对 [J]. 中国货币市场, 2017 (9)：63 – 66.

[109] 零壹智库. 2017 中国金融反欺诈技术应用报告 [EB/OL]. http：//www. docin. com/p – 1996704147. html.

[110] 电商安全生态联盟. 2017 电子商务生态安全白皮书 [EB/OL]. http：//b2b. toocle. com/detail – –6409923. html.

[111] 蒋佳秀. RegTech 技术在风险管理领域的应用 [EB/OL]. http：//www. sohu. com/a/167231398 ＿774221.

[112] 网贷之家. 互联网金融风险预警系统大热　背后有四大难点 [EB/OL]. http：//www. sohu. com/a/126185915 ＿319643.

[113] 爱分析. 一文看懂金融科技全球格局分布 [EB/OL]. http：//www. 360doc. com/content/16/0914/00/30681898 ＿590636375. shtml.

[114] 零壹财经. 2017 全球金融科技发展指数和投融资年报 [EB/OL]. http：//www. 199it. com/archives/687880. html.

[115] 靳晓鹏. 工商银行：数据可视化开拓风险大数据应用新价值 [J]. 中国银行业, 2017 (1)：77 – 78.

[116] 腾讯云. 反欺诈 AF [EB/OL]. http：//cloud. tencent. com/product/af.

［117］李仁杰，计葵生，杨峻等．投资者适当性管理实践［J］．中国金融，2016（18）：88－89．

［118］上海证券报．祭出"秘密武器"陆金所升级风控迎上市［EB/OL］．http：//money. 163. com/17/0119/06/CB4ELSF9002580S6. html.

［119］布谷 TIME. 陆金所推出"坚果财智分"，分数不够不能买产品［EB/OL］．http：//mt. sohu. com/20161109/n472733966. shtml.

［120］首都金融．北京探路区块链网贷监管［D］. 2016.

［121］搜狐．海星链助力全球首个监管科技 RegTech 商用平台投产［EB/OL］．http：//www. sohu. com/a/159644834 _99925487.

［122］吴少龙．深交所：逐步提升科技化智能化监管水平［EB/OL］．http：//stock. 10jqka. com. cn/20170930/c600684066. shtml.

［123］王晓，21 世纪经济报道．监管科技应用之贵州样本：大数据、人工智能助力防范互金风险［EB/OL］．http：//money. 163. com/17/0602/05/CLTDQ55B002580S6. html.

［124］恒丰银行．恒丰银行——基于大数据技术的信用风险预警系统［EB/OL］．http：//baijiahao. baidu. com/s？id＝1571243887617908&wfr＝spider&for＝pc.

［125］银联智惠．宜信——可信金融风控 SMART－ITFIN 大数据支撑应用［EB/OL］．http：//baijiahao. baidu. com/s？id＝1568392417053145&wfr＝spider&for＝pc.

［126］童玲．大数据与智能驱动的合规平台实践［J］．金融电子化，2017（5）：72－74.

［127］Mishkin F S. The economics of money, banking and financial markets［J］. Prentice Hall, 2004, 1（First Quarter）：227－243.

［128］FinTech：Describing the Landscape and a Framework for Analysis. Financial Stability Board, 2016.

［129］Deloitte. RegTech is the new FinTech? How agile regulatory technology is helping firms better understand and manage their risks? 2016.

[130] Science Government Office for. FinTech futures: the UK as a world leader in financial technologies. 2015.

[131] Authority Financial Conduct. RegTech 2016 [EB/OL]. Available from: http://www.fca.org.uk/firms/project – innovate – innovation – hub/regtech.

[132] Finance Institute of International. REGTECH: Exploring Solutions for Regulatory Challenges. 2015.

[133] Meyer L. Michael. RegTech 1 2 3 [EB/OL]. http://www.linkedin.com/pulse/regtech – 1 – 2 – 3 – 1 – michael – meyer – cfa? trk = prof – post.

[134] Board F S. Financial Stability Implications from FinTech [EB/OL]. http://www.fsb.org/2017/06/financial – stability – implications – from – fintech/.

[135] Commissions I O O S. IOSCO Research Report on Financial Technologies (Fintech) [J]. 2017.

[136] Science G O f. FinTech futures: the UK as a world leader in financial technologies [R]. 2015.

[137] Finance I O I. REGTECH IN FINANCIAL SERVICES: TECHNOLOGY SOLUTIONS FOR COMPLIANCE AND REPORTING [R]. 2016.

[138] Authority F C. Call for input on supporting the development and adopters of RegTech [J]. 2016.

[139] IIF. Regtech in Financial Services: Solutions for Compliance and Reporting [EB/OL]. http://www.iif.com/publication/research – note/ regtech – financial – services – solutions – compliance – and – reporting.

[140] RamnathK. Chellappa. Intermediaries in Cloud – Computing: A New Computing Paradigm [C]. INFORMS Annual Meeting, 1997.

[141] LM Vaquero L R – M, M Lindner , M Lindner. A break in the clouds: towards a cloud definition [J]. Acm Sigcomm Computer Communica-

tion Review, 2008, 39 (1): 50 – 55.

[142] Richard Evans J G. DeepMind AI Reduces Google Data Centre Cooling Bill by 40% [EB/OL]. http: //deepmind. com/blog/deepmind – ai – reduces – google – data – centre – cooling – bill – 40/.

[143] Buyya R, Yeo C S, Venugopal S. Market – oriented cloud compu- ting: Vision, hype, and reality for delivering it services as computing utilities [C]. High Performance Computing and Communications, 2008. HPCC'08. 10th IEEE International Conference on, 2008: 5 – 13.

[144] Christy Pettey L G. Gartner Says Worldwide Public Cloud Services Market to Grow 18 Percent in 2017 [EB/OL]. http: //www. gartner. com/ newsroom/id/3616417.

[145] Rob van der Meulen C P. Gartner Forecasts Worldwide Public Cloud Services Revenue to Reach $260 Billion in 2017 [EB/OL]. http: // www. gartner. com/newsroom/id/3815165.

[146] Columbus L. Cloud Computing Market Projected To Reach $411B By 2020 [EB/OL]. http: //www. forbes. com/sites/louiscolumbus/2017/ 10/18/cloud – computing – market – projected – to – reach – 411b – by – 2020/#1b3418e78f29.

[147] Basch C A, Bruesewitz B J, Siegel K, et al. Financial risk predic- tion systems and methods therefor. Google Patents, 2000.

[148] Gibbard D. Introducing RegTech: Cloud – based Tools For Regu- latory Compliance [EB/OL]. http: //www. darkreading. com/black – hat – europe – 2016—introducing – regtech – cloud – based – tools – for – regulatory – compliance/d/d – id/1327275? piddl _ msgorder = thrd.

[149] Rampton J. EVERYTHING YOU NEED TO KNOW ABOUT REGTECH – THE NEW FINTECH [EB/OL]. http: //due. com/blog/eve- rything – need – regtech – new – fintech/.

[150] Deloitte. RegTech is the new FinTech? How agile regulatory tech-

nology is helping firms better understand and manage their risks? [EB/OL].

[151] S González – Bailón, N Wang, A Rivero, J Borge – Holthoefer, et, Assessing the bias in samples of large online networks [EB/OL]. http://www. researchgate. net/publication/260608318 _ Assessing _ the _ Bias _ in _ Samples _ of _ Large _ Online _ Networks.

[152] BASCH C A, BRUESEWITZ B J, SIEGEL K, et al Financial rish prediction systems and methods therefor [M]. Google Patents. 2000.

[153] Shai Halevi, Victor Shoup, Faster Homomorphic Linear Transformations in HElib [EB/OL]. 2018. 3. 5 http://eprint. iacr. org/2018/244. pdf.

[154] Szegedy Christian, Zaremba Wojciech, Sutskever Ilya, Bruna Joan, Erhan Dumitru, Goodfellow Ian, Fergus Rob, editors. Intriguing properties of neural networks, 2013.

[155] Cellan – Jones Rory. Stephen Hawking warns artificial intelligence could end mankind 2014. Available from: http://www. bbc. com/news/technology – 30290540.

[156] Rawlinson Kevin. Microsoft's Bill Gates insists AI is a threat 2015. Available from: http://www. bbc. com/news/31047780.

[157] Stolfo Salvatore, Fan David W, Lee Wenke, Prodromidis Andreas, Chan P, editors. Credit card fraud detection using meta – learning: Issues and initial results. AAAI – 97 Workshop on Fraud Detection and Risk Management; 1997.

[158] Dheepa V, Dhanapal R. Analysis of credit card fraud detection methods. International journal of recent trends in engineering. 2009, 2 (3): 126 – 128.

[159] Raj S Benson Edwin, Portia A Annie, editors. Analysis on credit card fraud detection methods. Computer, Communication and Electrical Technology (ICCCET), 2011 International Conference on; 2011 : IEEE.

［160］ Sonepat HCE, Sonepat S. Analysis on Credit Card Fraud Detection Methods. International Journal of Computer Trends and. 2014.

［161］ Murdande Shruti, Sonawane Pradip. ANALYSIS ON CREDIT CARD FRAUD DETECTION TECHNIQUE. International Education and Research Journal. 2016, 2 (1): 105 – 106.

［162］ Alver Clinton. Application: Addressing Anti – Money Laundering and Counter – Terrorism Financing (AML/CTF) Laws Using Voice Biometrics. Journal of Financial Services Technology, The. 2007, 1 (1): 83.

［163］ van Liebergen Bart. Machine learning: A revolution in risk management and compliance? Journal of Financial Transformation. 2017 (45): 60 – 107.

［164］ Henderson M Todd, Tung Frederick. Pay for Regulator Performance. S Cal L Rev. 2011 (85): 1003.

［165］ Tam Kar Yan, Kiang Melody. Predicting bank failures: A neural network approach. Applied Artificial Intelligence an International Journal. 1990, 4 (4): 265 – 282.

［166］ Galindo Jorge, Tamayo Pablo. Credit risk assessment using statistical and machine learning: basic methodology and risk modeling applications. Computational Economics. 2000, 15 (1): 107 – 143.

［167］ Wang Gang, Ma Jian. A hybrid ensemble approach for enterprise credit risk assessment based on Support Vector Machine. Expert Systems with Applications. 2012, 39 (5): 5325 – 5331.

［168］ BlackRock to use machine learning to gauge liquidity risk. Available from: http://www.risk.net/asset – management/5307586/blackrock – to – use – machine – learning – to – gauge – liquidity.

［169］ Das Sanjiv Ranjan, Kim Seoyoung, Kothari Bhushan. Zero – Revelation RegTech: Detecting Risk through Linguistic Analysis of Corporate Emails and News. 2017.

[170] Nakamoto S. Bitcoin: A peer – to – peer electronic cash system, 2008.

[171] Bitcoin. org. Some things you need to know [EB/OL]. http: // bitcoin. org/en/you – need – to – know.

[172] Arvind Narayanan J C. Bitcoin's Academic Pedigree [J]. acmqueue, 2017, 15 (4).

[173] Peck M E. Blockchain world – Do you need a blockchain? This chart will tell you if the technology can solve your problem [J]. IEEE Spectrum, 2017, 54 (10): 38 – 60.

[174] Cie ś la K. Bitcoin trading volume [EB/OL]. http: // data. bitcoinity. org/markets/volume/2y? c = e&t = b.

[175] Swan M. Blockchain: Blueprint for a new economy [M]. "O'Reilly Media, Inc. ", 2015.

[176] O'Shields R. Smart Contracts: Legal Agreements for the Blockchain [J]. NC Banking Inst. , 2017, 21: 177.

[177] Levitt A. The Block Chain – A New Regulatory Paradigm [EB/OL]. http: //blog. blockchain. com/2015/09/10/the – block – chain – a – new – regulatory – paradigm/.

[178] Mary Kopczynski B R, Brendan Roberts. Blockchain as a Regulatory Solution Suggested Use Case: Qualified Financial Contract Recordkeeping [R]. 2017.

[179] Bennett C H. Quantum cryptography : Public key distribution and coin tossing [C]. International Conference on Computer System and Signal Processing, IEEE, 1984: 175 – 179.

[180] Lo H K, Ma X, Chen K. Decoy state quantum key distribution [J]. International Journal of Quantum Information, 2005, 3 (supp01).

[181] POPPE A, PEEV M, MAURHART O. OUTLINE OF THE SECO-QC QUANTUM – KEY – DISTRIBUTION NETWORK IN VIENNA [J]. In-

ternational Journal of Quantum Information, 2008, 6 (2): 209 –218.

[182] Stucki D, Legre M, Buntschu F, et al. Long term performance of the SwissQuantum quantum key distribution network in a field environment [J]. New Journal of Physics, 2012, 13 (12): 123001 –123018 (18).

[183] Fujiwara M, Ishizuka H, Miki S, et al. Field demonstration of quantum key distribution in the Tokyo QKD Network [J]. Optics Express, 2011, 19 (11): 10387 –10409.

[184] Deutsch D. Quantum Theory, the Church – Turing Principle and the Universal Quantum Computer [J]. Proceedings of the Royal Society A Mathematical Physical & Engineering Sciences, 1985, 400 (1818): 97 –117.

[185] Deutsch, Jozsa. Rapid Solution of Problems by Quantum Computation [J]. Proc. r. soc. london, 1992, 439 (439): 553 –558.

[186] Bernstein E, Vazirani U. Quantum Complexity Theory [M]. Society for Industrial and Applied Mathematics, 1997: 1411 – 1473.

[187] Shor P W. Polynomial – Time Algorithms for Prime Factorization and Discrete Logarithms on a Quantum Computer [M]. Society for Industrial and Applied Mathematics, 1999: 303 –332.

[188] Jordan S. quantum algorithm zoo [EB/OL]. http://math. nist. gov/quantum/zoo/#Deutsch.

[189] Yao C C. Quantum circuit complexity (PDF) [M]. 1993: 352 – 361.

[190] Nielsen M A, Chuang I L. Quantum Computation and Quantum Information: 10th Anniversary Edition [J]. International Journal of Parallel E-mergent & Distributed Systems, 2011, 21 (1): 1 –59.

[191] IBM. Now testing: prototype 50 qubit processor [EB/OL]. http://www. research. ibm. com/ibm – q/.

[192] Moran C C. Quintuple: a Python 5 – qubit quantum computer sim-

ulator to facilitate cloud quantum computing [J]. 2016.

[193] Johnson M W, Amin M H, Gildert S, et al. Quantum annealing with manufactured spins [J]. Nature, 2011, 473 (7346): 194 – 198.

[194] Proos J, Zalka C. Shor's discrete logarithm quantum algorithm for elliptic curves [J]. Quantum Information & Computation, 2012, 3 (4): 317 – 344.

[195] Mart iN – LoóPez E, Laing A, Lawson T, et al. Experimental realisation of Shor's quantum factoring algorithm using qubit recycling [J]. Nature Photonics, 2012, 6 (11): 1.

[196] Mosca M. Quantum Computing: A New Threat to Cybersecurity [EB/OL]. http: //globalriskinstitute. org/publications/quantum – computing – cybersecurity/.

[197] Masanes L. Universally composable privacy amplification from causality constraints [J]. Physical Review Letters, 2009, 102 (14): 140501.

[198] Surhone L M, Tennoe M T, Henssonow S F. Communication Theory of Secrecy Systems [J]. Bell Labs Technical Journal, 1949, 28 (4): 656 – 715.

[199] Elliott C, Yeh H. DARPA Quantum Network Testbed [J]. Darpa Quantum Network Testbed, 2007.

[200] Chuang I, Gottesman D. Quantum digital signatures. US, 2007.

[201] Collins R J, Clarke P J, Dunjko V, et al. Experimental Demonstration of Quantum Digital Signatures [J]. Proceedings of SPIE – The International Society for Optical Engineering, 2012, 8542 (1): 1174.

[202] Dunjko V, Wallden P, Andersson E. Quantum digital signatures without quantum memory [J]. Physical Review Letters, 2014, 112 (4): 040502.

[203] Yin H L, Fu Y, Chen Z B. Practical Quantum Digital Signature [J]. 2016, 93 (3).

[204] Kiktenko E O, Pozhar N O, Anufriev M N, et al. Quantum – secured blockchain [J]. 2017.

[205] Jacob Biamonte P W, Nicola Pancotti, Patrick Rebentrost, Nathan Wiebe, Seth Lloyd. Quantum machine learning [J]. Nature, 2017, (549): 195 – 202.

[206] Dirjish M. FYI: Quantum Sensor Market Set To Score $329.4 Mil By 2025 [EB/OL].

[207] Science t G O f. The Quantum Age: Technological Opportunities [R]. 2016.

[208] Atomic ledger breakthrough for blockchain [EB/OL]. http://www.strath.ac.uk/whystrathclyde/news/atomicledgerbreakthroughfor-blockchain/.

[209] Buck J. Blockchain Tech Used for Nanosecond Timestamp Stock Trades [EB/OL]. http://cointelegraph.com/news/blockchain – tech – used – for – nanosecond – timestamp – stock – trades.

[210] BCBS. Implications of fintech developments for banks and bank supervisors [EB/OL]. http://www.bis.org/bcbs/publ/d415.htm.

[211] IIF. Regtech in Financial Services: Solutions for Compliance and Reporting [EB/OL]. http://www.iif.com/publication/research – note/regtech – financial – services – solutions – compliance – and – reporting.

[212] Jan – Maarten. RegTech is real and 120 + startups to prove it [EB/OL]. http://www.linkedin.com/pulse/regtech – real – 120 – startups – prove – jan – maarten – jm – mulder – 1.

[213] Hugé F – K, Laurent P. RegTech Universe – Take a closer look at who is orbiting the RegTech space [EB/OL]. http://www2.deloitte.com/lu/en/pages/technology/articles/regtech – companies – compliance.html.

[214] Insights C. The State of Regtech [EB/OL]. http://www.cbinsights.com/research/briefing/state – of – regulatory – technology –

regtech/.

　[215] KPMG. The Pulse of Fintech － Q2 2017 [EB/OL]. http：// home. kpmg. com/xx/en/home/insights/2017/07/the － pulse － of － fintech － q2 － 2017. html.

　[216] Insights C. Fintech Trends to Watch in 2018 [EB/OL]. http：// www. cbinsights. com/research/report/fintech － trends － 2018/.

　[217] PlanetCompliance. The 100 most influential RegTechs [EB/OL]. http：//www. rise. global/the － regtechs － power － 100/r/latest.

　[218] Global F. WELCOME TO THE GLOBAL REGTECH REVIEW & THE REGTECH100 [EB/OL]. http：//www. RegTech100. com.

后　记

　　写作是工作之余一件快乐的选择。每晚嘟嘟在书桌上写作业，我在旁边的饭桌上写书；每个周末与志同道合的小伙伴们，一起畅谈对金融、科技与监管的收获和感悟，共同研究书稿，这些都成了近九个多月中最美好的记忆。

　　写作是对工作一个很好的沉淀与升华。通过对架构的构思，我们尽量从"大历史"的角度梳理了金融、科技与监管相互影响、共同发展的历程，尝试提炼出规律；通过对细节的推敲，我们广泛研究、悉心求证，探索对有不同声音的事物予以本质的分析和判断。

　　这本书在一年前还是心里一颗小小的"种子"，今天长成了一棵"树"，期望能够成材。成长过程中，得到了众多师长、专家和同事的共同浇灌与栽培。

　　首先要感谢我的"娘家人"和"婆家人"。2017年3月份，人民银行范一飞副行长在人民银行科技工作会上提出"监管科技"的思路，为我们的写作指明了方向。其后科技司李伟司长、杨竑巡视员、姚前副司长和陈立吾副司长都从不同的方面对工作做了部署与安排，李兴锋处长、杨富玉处长等分别从课题、标准等角度对金融科技进行落实，这一切都是本书写作的坚实基础。自2017年5月份我挂职海淀区区长助理以来，于军书记、戴彬彬区长、孟景伟常务副区长和分管科技与金融工作的李长萍副区长高度重视科技金融与金融科技工作，在区政府办沙海江主任、区金融办刘建民主任和海淀园林剑华主任的帮助下，我走访和约谈了近百家高新技术企业和金融机构，在这块金融与科技的热土上如饥似渴地汲取了营养。

我们启动写书时，"监管科技"还是一个全新的领域，不仅没有任何体系化的资料可以借鉴，国内外也未形成相对成熟的最佳实践。为整理思路，我们请教了很多专家，感谢李东荣先生、巴曙松先生、张健华先生、初本德先生、范文仲先生、宋汉光先生、陈钟先生、柳青女士、姚余栋先生、周金黄先生、杨帆先生、刘勇先生对我们毫无保留的指导。

同时，为了提升技术的专业性，我们请了业内顶级专家分别对本书相应技术内容部分进行把关，如 ACM 国际大学生程序设计竞赛一等奖获得者、第四范式创始人戴文渊把关人工智能一章，原 IBM 研究院专家、易见天树 CIO 刘天成把关区块链一章，国家千人计划专家、航天信息首席科学家邓海把关物联网一章，博士后导师、云脑抗量子首席科学家邱望洁把关量子技术一章，外经贸统计学院研究生导师、民生银行数字化中心总经理王彦博把关大数据一章。

很多专业人士获得所在机构授权，为我们提供了宝贵的第一手材料。感谢百度刘凡、蚂蚁金服李明凯、因果树李姜元鸿、中国银联杨锋、京东金融贾清龙、法海风控高强。

由于工作量巨大，为保障基础材料质量，我们还请了一些高材生对基础材料进行收集和整理，感谢中财牛淑雅硕士，外经贸李羽翔博士，上财陈雨桦硕士，云南大学范小洁硕士，南开侯鑫彧博士，天财姚舜达硕士、袁佳硕士，浙财程立华硕士，挖财网络技术有限公司王凤岩、李瑞雪、毛健。

我的团队是一个"豪华阵容"，成员们在自身领域多已成"大咖"。但在写作过程中，他们甘当团队中普通一员，相互启发，相互补位。我们每一次线上线下的交流都十分烧脑，即使常常难掩疲倦之色，也都会由衷地为彼此每一步进展而喝彩，为相互激发出的新灵感而雀跃欢呼，一颗颗年轻的心始终激情四溢。

最后，我们最应该感谢的是一直默默陪伴并支持我们的家人。在我们潜心研究，定期研讨的过程中，是他们承担起家庭琐事，保障了大后方的稳定，我们才得以专注和全力以赴。

　　尽管我们投入了大量精力在本书的写作上，但因时间和专业水平所限，仍然难免存在一些错误，后续我们会不断完善，希望广大读者不吝赐教指正。

2018 年 6 月于海淀

作者简介

杜　宁：北京大学计算机系毕业，高级工程师，国家电子业务标准委专家，北京市青联委员。曾供职于中国人民银行办公厅和科技司，在海淀区挂职任区长助理。长期从事网上银行、银行卡与电子支付、移动金融和互联网金融工作，组织了多项全国性重点技术应用推广工程，撰写过十余本专业著作和上百篇金融科技行业和国家标准。

沈一飞：博士，高级工程师。2006年进入中国人民银行工作，参与人民银行征信系统、中央银行会计核算系统、国库等系统建设，承担中国金融业信息技术"十二五"、"十三五"规划研究工作。曾担任金融信息化研究所所长，先后完成国家金融信息安全、移动金融等多项课题。2015年，加入中国互联网金融协会筹建工作组负责业务、研究等工作，现任中国互联网协会业务一部负责人。

王志峰：博士，挖财网络技术有限公司副总裁兼研究院执行院长，兼任亚太资产管理高峰论坛学术委员会秘书长，武汉大学、华中科技大学、对外经贸大学等高校客座教授，中国互联网金融协会理事、中国管理科学学会理事、中国老年学会涉老金融委员会理事，GPFI（普惠金融全球合作伙伴，G20国集团普惠金融行动计划执行组织）中方支持小组成员。在国内外学术刊物和报刊发表专业论文30余篇。

沈筱彦：北京邮电大学博士，曾在网易公司从事搜索和机器翻译研发工作，现供职于中国人民银行科技司，参与组织了量子通信和区块链等多项技术在金融行业和行内的试点应用工作。

孟庆顺：南开大学生物科学专业学士，天津大学计算机专业硕士，高级工程师，具有事生物信息学研究、应用系统开发、信息化项目管理等方面工作经验，曾赴香港金融管理局（HKMA）科技部门交流工作。现供职于中国人民银行。

赵 文：毕业于西安交通大学国际金融专业、中国人民大学金融专业、日本国立政策研究大学院公共政策专业。先后供职于中国人民银行办公厅和货币政策二司，有丰富的公文写作和审核工作经验，长期从事汇率政策、金融双向开放、人民币国际化、资本项目可兑换等问题的研究，参与相关政策制定工作。曾赴北京市丰台区政府挂职任区长助理参与制定促进金融类、科技类企业创新发展的机关政策。

曾智萍：毕业于中国人民大学国际金融专业、北京大学光华管理学院、澳大利亚国立大学。现为银监会国际部处长。从事金融监管工作近二十年，有着丰富的银行监管、国际合作和谈判以及对外金融交往经验。曾在海淀区政府挂职区长助理，深入了解科技企业的成长和发展以及金融企业的创新转型，在科技金融发展路径和科技监管国际实践领域积累了丰富的研究成果。

张 林：《中国金融》杂志副编审，二十多年从业经验，长期负责金融科技、支付清算、数字货币、国际金融、外汇管理、征信管理等栏目策划组稿，编辑刊发了大量具有专业性和权威性的相关文章，主持策划了金融IC卡、移动支付、上海国际金融中心建设、票据市场建设等专刊。

任 妍：中国人民大学商学院硕士，高级工程师，就职于中国人民银行金融信息中心，从事金融业大数据相关工作。曾在人力资源与社会保障部和北京市金融工作局交流工作，先后承担多项国家级信息化项目建设工作。

　　李子达：2009 年毕业于瑞典皇家理工学院，获片上系统（system on chip）专业硕士学位。在智能 IC 卡及移动支付行业从业多年，曾分别在技术、产品、市场等部门任职，对金融安全支付体系及信息安全领域有很深的见解。《中国金融集成电路（IC）卡规范》PBOC3．0 主要起草人之一。目前在互联网信息安全企业任职。

　　王一鹤：新西兰奥克兰大学计算机科学学士、英国威尔士大学计算机网络硕士，毕业论文《A Power Efficient Routing Protocol for Wireless Sensor Networks》（低能耗无线传感器网络路由协议）于 2011 年被以安全、数字化学习、互联网和网络为主题的协作型研究论文集（SEIN 2011）收录，同时受邀赴德国富特旺根应用科技大学参加第 7 届学术报告会并做演讲。曾先后在银联数据服务有限公司运营管理部和北京办事处等部门任职，长期从事银行信用卡产品的运维与技术支持工作，曾担任渤海银行信用卡系统实施项目主要负责人。

　　张国兴：毕业于外交学院，获经济学硕士，中级经济师。长期从事地方金融管理、金融风险与资本市场建设服务方面工作。在中国最发达的互联网金融区域从事互联网金融管理与风险化解处置工作，参与编写的《互联网金融》获得第二届金融图书"金羊奖"。在金融科技初现端倪之时即关注其发展，潜心研究其发展规律及发展方向，在科技金融、金融科技与监管科技等方面有独到的见解。